高等职业教育旅游及餐饮管理类专业系列教材

福建省精品课程配套教材

饭店人力资源管理

第2版

主　编　沈文馥

参　编　王亚均　张少卿　王艺能

机　械　工　业　出　版　社

根据当前高职教育教学改革倡导的基于工作过程系统化的课程开发思想，在省级精品课程“饭店人力资源管理”长期探索的基础上，这本新思路教改教材与读者见面了。本教材的特色在于以项目为载体，以任务为驱动，以学生为主体，突出学生能力素质的培养。在内容的选取上，根据职业情景和旅游及酒店管理专业学生的职业发展需求，选取了饭店机构设置及人员配置、饭店人力资源规划、招聘与配置、饭店人力资源培训、饭店绩效管理、薪酬与激励、劳动关系管理及职业生涯规划设计8个模块，辅以课外阅读、课堂训练与测评，内容新颖、系统，具有较强的可操作性。

本书适合高职院校和应用型本科院校旅游及酒店管理专业学生学习使用，也可作为旅游业从业人员培训及职业资格考试教材。

为方便教学，本书配备电子课件等教学资源。凡选用本书作为教材的教师均可登录机械工业出版社教育服务网 www.cmpedu.com 免费下载。如下载中出现问题，或对电子课件有宝贵建议，欢迎致电 010-88379375。

图书在版编目（CIP）数据

饭店人力资源管理/沈文馥主编．—2 版．—北京：机械工业出版社，2012.7（2021. 1 重印）

高等职业教育旅游及餐饮管理类专业系列教材

ISBN 978-7-111-39096-1

Ⅰ．①饭…　Ⅱ．①沈…　Ⅲ．①饭店—人力资源管理—高等职业教育—教材　Ⅳ．①F719.2

中国版本图书馆 CIP 数据核字（2012）第 152570 号

机械工业出版社（北京市百万庄大街 22 号　邮政编码 100037）
策划编辑：徐春涛　责任编辑：张　亮
封面设计：马精明　责任印制：常天培
涿州市般润文化传播有限公司印刷
2021 年 1 月第 2 版第 9 次印刷
184mm×260mm · 17.25 印张 · 421 千字
标准书号：ISBN 978-7-111-39096-1
定价：45.00 元

电话服务　　网络服务
客服电话：010-88361066　　机　工　官　网：www.cmpbook.com
010-88379833　　机　工　官　博：weibo.com/cmp1952
010-68326294　　金　书　网：www.golden-book.com
封底无防伪标均为盗版　　机工教育服务网：www.cmpedu.com

前 言

当前，以高职院校为代表的职业教育正面临新的突破性发展。按照“以就业为导向，以服务为宗旨”的职业教育目标，具有“系统的应用知识”而不是具有“学院的专业知识”或“专业理论”，成为高职学生与普通高校学生的分水岭。基于这一要求，新的职业教育课程的设计原则是：以职业活动为导向，以能力素质为目标，以学生为主体，以项目为载体，以情景实训为手段，实施知识、理论、实践一体化的教学。

随着我国饭店业完成从数量扩张到质量竞争的转变，饭店的服务管理水平显得愈来愈突出。人力资源是饭店业的第一资源，从为饭店业培养适时、适用的专业人才着眼，编写一本适合高职学生学习应用的，有针对性和可操作性的教材尤为迫切。基于此，本书力求体现以下特色：

（1）职业活动导向。注重与行业的紧密结合，尽可能融入当前行业的需求和最新变化，突出管理方法和操作技能的训练，课程内容尽可能取材于职业岗位活动和实际工作流程。

（2）突出能力目标。设计“能力的实训过程”，注重学生实际工作能力的培养。

（3）项目载体。设计、选择8个贯穿课程的模块，作为训练学生职业岗位综合能力的主要载体。单项项目尽可能是大型项目的子项目，尽可能用接近学生未来岗位的项目任务来训练。

（4）用任务训练职业岗位能力。在内容上紧扣饭店人力资源管理的工作流程，按操作要求进行延伸，并在每个项目（任务）后，设计了实践教学环节，要求学生完成所有的项目和任务。

（5）以学生为主体。根据课程评价标准，体现课程所有活动以学生为主体的原则。

（6）一体化的课程设计。教材的演绎按照“模块→项目→任务”的逻辑顺序展开，每个模块中，项目（任务）的编写遵循“能力目标、知识目标、态度情感与价值观目标→任务描述→任务实施→任务分析→相关知识→任务结论→课堂训练与测评”的体例进行，彰显“做中学，学中教”的高职教改特点。

本书共分8个模块，建议教学课时68学时。漳州职业技术学院沈文馥教授负责大纲制定、全书的统稿及审校，并具体负责模块1、4、5、7、8的编写工作，再版时负责对全书进行重校和补充（约22万字）；漳州职业技术学院王亚均讲师负责模块2、3的编写工作（约7万字）；张少卿讲师负责或参与模块4、6、8的编写工作（约9万字）；王艺能讲师参与模块7的编写工作（约2万字）。

本书在编写过程中得到同行专家和机械工业出版社徐春涛编辑的关心指导，再版时参考、借鉴了国内外部分专家、学者的最新研究成果，在此一并致谢。

由于编写水平有限，书中不当之处，敬请读者不吝赐教。

编 者

目　　录

模块1

饭店机构设置及人员配置

教学目标

- **能力目标**

  能够熟悉不同类型饭店的机构设置；能够熟悉饭店人员配置及工作职责。

- **知识目标**

  理解饭店人力资源和人力资源管理对饭店发展的重要意义；了解传统人事管理与人力资源管理的区别与联系；了解饭店人力资源管理的任务和内容。

- **态度情感与价值观目标**

  熟悉饭店人力资源管理的运行环境。

项目 1 饭店机构设置

任务 1 熟悉饭店组织机构

任务描述

第二次世界大战后，西方饭店经营思想随着人口、生活方式、经济发展等因素的变化而不断演变。20 世纪 70 年代，随着大众营销时代的到来，由福特公司最先采用并证明有效的标准化概念在各行各业广泛运用开来。饭店业也同样发现标准化的客房具有易于维护和易于复制的优点，它能使饭店集团通过连锁化经营获得规模经济，因此，标准化的饭店产品和服务成为当时饭店业流行的做法，顾客也愿意接受标准化的概念。到了 20 世纪 80 年代，西方饭店市场供过于求，物有所值成为顾客选择饭店的主要依据，饭店经营者开始从其他产业借鉴先进的管理方法。而 20 世纪 80 年代末以来，西方顾客的需求出现了多样化的趋势。为了满足顾客不同的需要，一些饭店运用了流程再造的思想重新设计了饭店的组织结构，同时以补缺营销取代了大众营销，即饭店更为专注于某个或者某些十分狭小的细分市场，关注个人服务，让顾客在饭店产品的设计与传递中扮演积极的角色，创造独特的消费经历。

饭店的组织结构应如何设置，才能顺应 21 世纪个性化消费的潮流呢？

任务实施

饭店组织机构的设置如图 1-1～图 1-4 所示：

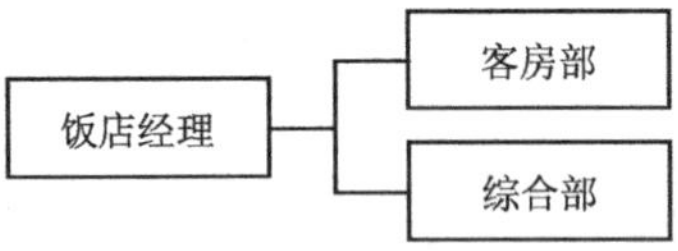

图 1-1 经济型饭店的组织机构设置图

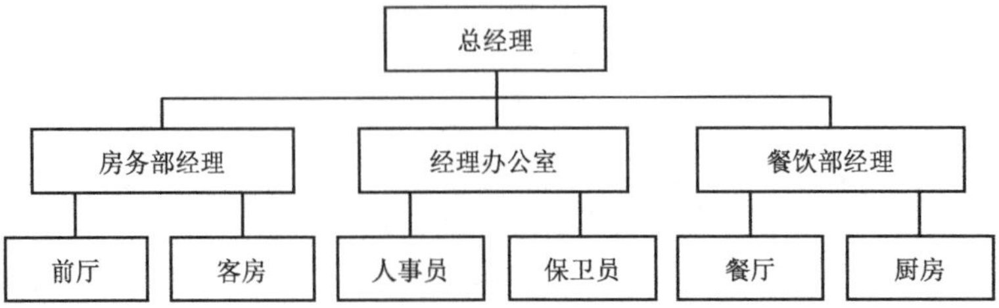

图 1-2 小型饭店组织机构设置图

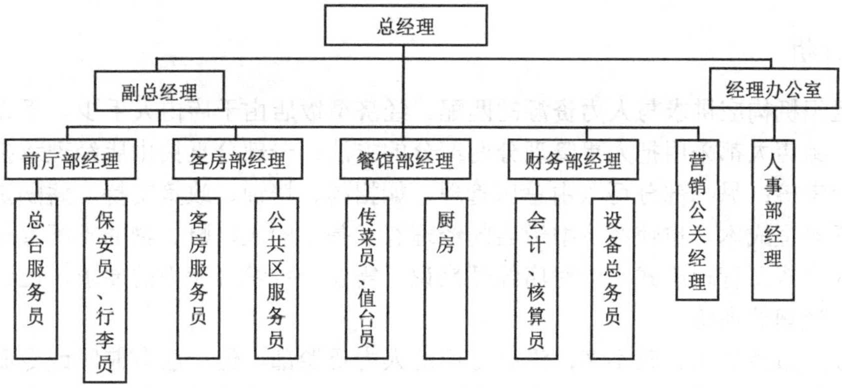

图 1-3　中型饭店组织机构设置图

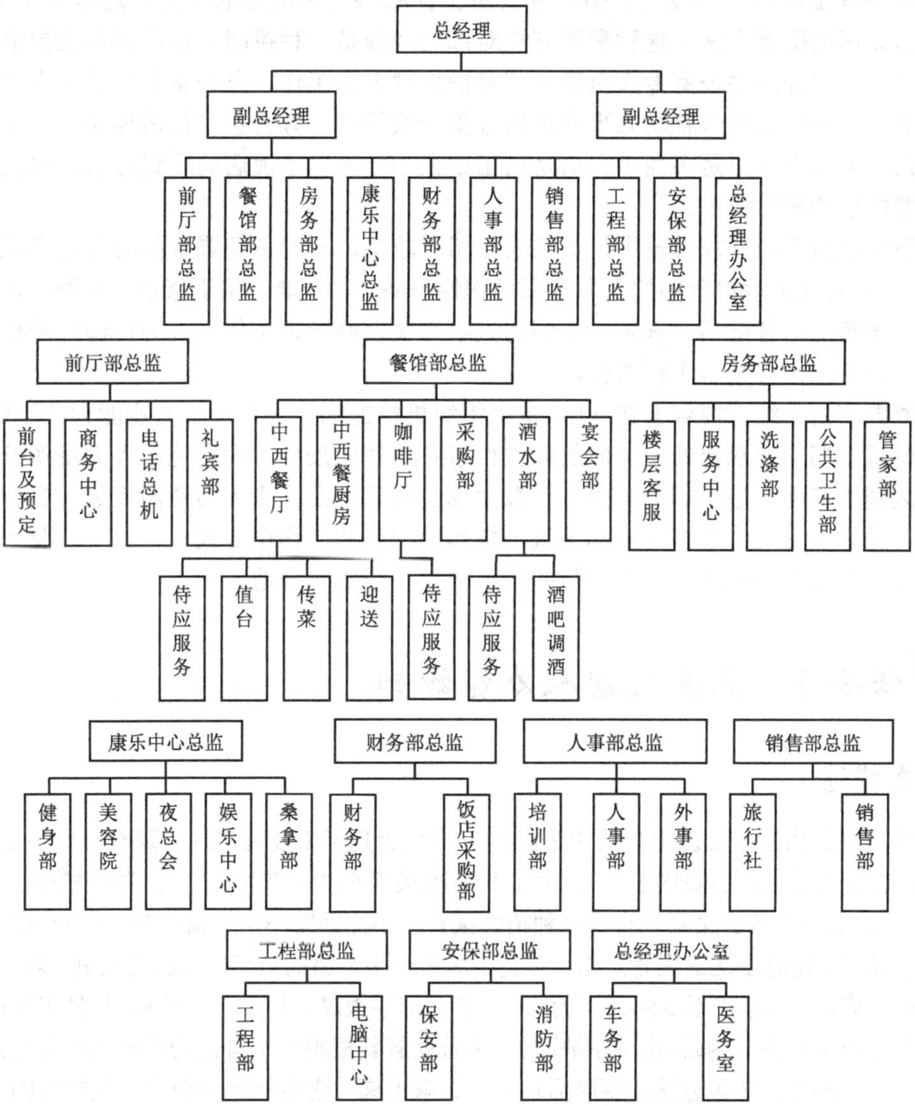

图 1-4　大型饭店组织机构设置图

任务分析

饭店组织机构应讲求与人力资源的匹配。经济型饭店由于店内人手少，不设置专人管理人事。连锁店大都采用把人事管理分两部分的方法：一部分直接由店经理承担，如工资核算、绩效考核；另一部分可以由总店管理，如招聘、培训、政策支持、薪酬定位。这样可大大降低管理成本，也使经济型饭店的经理有了基本的人、财、物的支配管理权，是一种高效的人力资源管理模式。但对店经理来说，需要一种综合能力的要求，应该在上岗前有一段实习经理的训练。

小型饭店虽然员工总数不多，没有专门的人力资源部，但一般有兼职或专职人员管人事。这个岗位一般设置在经理办公室。有几种方法实现它的功能：①由办公室主任兼任，大部分事务性工作由部门经理承担，办公室主任起协调和汇总的作用。这是员工数在 50 人以下的饭店的配置方法，这种配置方法对部门经理是一种挑战，部门经理上岗前需要一定的培训。②由经理办公室专人负责大部分操作性人事工作，办公室主任承担人力资源部经理的责任，各部门经理辅助人事专员做好第一线管理，办公室主任需要学习一定的人事管理知识，人事专员应是多面手。这是员工数在 100 人以下饭店的配置方法，也是国内大部分小型饭店的实际情况。

中型饭店由于经营规模较大，员工人数相对较多，一般都配置专门的人力资源管理部门，有 2～3 人分工承担全部的人力资源操作性事务，如招聘、培训管理、薪酬分配、绩效管理、档案管理，各部门经理辅助不同的人事专员做好管理工作。人力资源部经理可以专人担任，也可以由办公室主任兼任。

大型饭店由于经营内容五花八门，带来组织机构的细化和对员工专业能力的不同要求，对人力资源部门的要求已经由一般的操作性事务管理向战略管理转化。人力资源开发和整合成为区别于其他类型饭店的难点，一般由副总经理全面负责人力资源规划、整合，人力资源部门经理负责人力资源开发和协调，操作性的事务工作由专人负责。一般整个人力资源部门工作人员在 4～10 人，有专门的培训中心、经费和场地。

任务 2　熟悉饭店人力资源部

任务描述

老黄是某饭店的一位新上任的董事经理。该饭店几年来发展迅速，现有几家下属分店。上任后，老黄先考察总店餐饮部。在餐厅，他看见员工小沈正在按客人姓名放婚宴的席卡，就问：“你们店的菜是什么菜系？有哪几种招牌菜？”小沈回答不出，借口自己是新来的，所以只知道端盘子。这时小沈的主管走来，夸奖小沈是个很不错的员工。随后几天里，老黄走访了下属几个分店，发现存在不少问题：分店的员工跳槽率很高，主管忙于事务，与员工沟通很少。分店在聘用员工时各自为政，出现空缺职位，主管就赶紧招聘一个自认为是合格的人员来填补。招聘时不采用科学的选拔方法，招聘后培训 3 天就上岗。老黄回到办公室，觉得很困惑。

在你看来，总店是否要设人力资源部？试画出饭店人力资源部的组织结构设置图。

任务实施

饭店人力资源部组织结构设置图如图 1-5 所示：

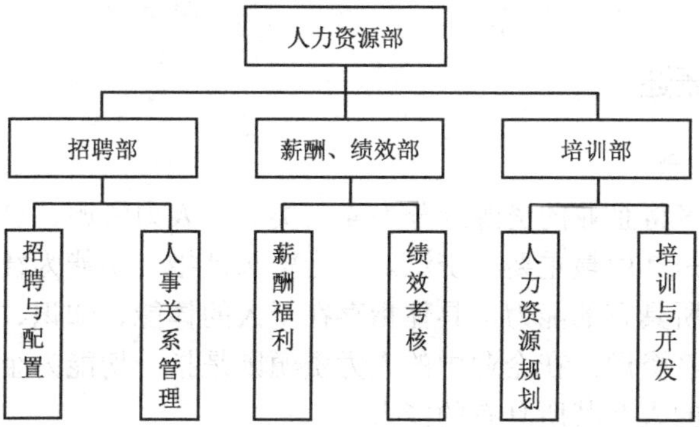

图 1-5　饭店人力资源部组织结构示意图

任务分析

随着知识经济及网络化、经济全球化的发展，饭店的人力资源管理工作从后台走向前台。饭店人力资源管理者的职责已经逐渐从作业性、行政性事务中解放出来，更多地从事战略性人力资源管理。饭店再造、组织结构重组、规模精简的变革大潮都要求人力资源经理成为首席执行官的战略伙伴，帮助决策者制定计划、实施组织变革。人力资源管理人员越来越多地参与饭店战略规划，组织业务活动，领导饭店变革，建立竞争优势，传播职能技术，担当起员工宣传者和倡议者的角色，并对员工绩效和生产率负责。一些操作性的事务则采用人事代理和外包的方法，以减轻人力资源管理的人工成本。总之，饭店人力资源部逐渐从过去那种行政、总务、福利委员会角色转变成为学习型组织和教育的推动者、高层主管的咨询顾问、战略业务伙伴、管理职能专家和变革的倡导者等。

饭店的管理实践表明，只有建立起科学的价值评估体系和价值分配体系，才能形成有效的激励机制，从而推动饭店员工，特别是饭店职业经理人和知识创新者，为饭店创造更多的价值。人力资源管理的核心是价值创造、价值评价和价值分配。

相关知识

小资料

人力资源对企业生存和发展的意义

现代管理大师彼得·德鲁克曾经说过：“企业只有一项真正的资源——人。”IBM 公司总裁华生也说过：“你可以搬走我的机器，烧毁我的厂房，但只要留下我的员工，我就可以有再生的机会。”可见人力资源是企业生存的关键资源。现代企业的生存是一种竞争性生存，人力资源对企业竞争力起着重要作用。依据美国田纳西大学工商管理学院管理学教授劳伦斯·巴克雷曼的观点：“为了成功，企业组织必须获取并维持其对竞争对手的优势。这种竞争优势可以用两个途径达到：一是成本优势；二是产品差异化。”人力资源对企业成本优势和产品差异优势意义同样重大。

思考：如何理解人力资源对企业成本优势和产品差异优势的意义？

一、人力资源概述

1. 人力资源的概念

当代经济学家大多将企业的资源划分为4大类，即人力资源、自然资源、资本资源和信息资源，人力资源是其中最重要的资源。人力资源是指一切能为社会制造财富，能为社会提供劳务的人及其所具有的能力，具体指存在于人的体能、知识、技能、能力、个性行为特征等载体中的经济资源。在企业中的人力资源则是指一切能为企业创造财富，能为社会提供企业规定服务的人及其所具有的能力。

2. 人力资源的特性

（1）能动性　人力资源在企业经济活动中属于能动性资源，是最积极最活跃的主动性生产要素。如前所说，人力资源存在于人的生命中，是具有生命力的资源，因而与企业中其他物质资源有着本质的区别，并由此决定了其在企业生产、服务、经营各项社会经济活动中具有的主导地位。企业人力资源的能动性主要表现在职业选择、自我学习、自我完善和积极工作等方面；创造性的劳动、服务意识和敬业精神是企业人力资源最重要的方面，也是企业人力资源潜力发挥的关键因素。

（2）再生性　人力资源表现为可再生资源，既可以通过休息、饮食来恢复消耗掉的人力资源，也可以通过学习来提高和恢复已有人力资源的质量。企业人力资源同其他行业人力资源一样，会因员工身体疲劳呈现出生理衰老、体质下降、感官退化等不可逆转的生理规律，由于行业的特殊性（24小时不间断工作），以及对员工在生理、心理上的特殊要求，在员工使用上要通过劳动保护、医疗保健等积极预防措施，以减缓员工体质下降；也可以通过各项有效的培训和教育，在相当程度上提高企业人力资源的个体和整体素质，最大范围地延长企业人力资源的使用期限，最大限度地发挥企业人力资源的使用价值。

（3）时效性　人力资源在它的生命周期中，有幼年、青年、壮年和老年各个时期不同的工作能力表现，有明显的体力、智力的差异及能力、经验的差异。这些时效性特征向企业人力资源管理提出了人才使用培养和再使用再培养的各项战略与战术的不同任务。它要求人力资源管理者能充分利用老员工的经验，带好新职工，让他们尽快学会各项复杂的技术，提高人际交往能力和服务能力；也要求人力资源管理者能积极发挥青年员工学习能力强、身体素质好、文化程度高的优势，完成中老年员工无法胜任的工作，并且让那些经过一定实践锻炼的优秀中青年员工在生命周期的黄金时段成为企业发展的中坚力量。

（4）两重性　企业人力资源是企业经营的生产资源，也是企业投资的结果，它与其他资源一样具有投入产出规律。企业人力资源的开发和维持是企业的投资行为，而人力资源的使用和创造财富是生产行为。企业员工的招募、培训、管理，不管能否为企业创造效益，都需要消耗企业成本；而企业员工的生产、经营、服务行为又受到年龄、能力、机会及岗位设置等多种因素的影响。因此，充分重视和处理好企业人力资源生产与消费的关系，以及数量与质量的关系，是企业开发利用和管理人力资源的重要任务。

（5）社会性　企业人力资源作为一种社会资源，更由于企业作为社会经济、生活的集中反映，从而表现出强大的社会性。企业作为人力资源使用比较密集的社会行业，其提供的众多就业岗位和机会历来被社会视为对整个社会的重要贡献。从宏观方面分析，企业人力资源的形成、配置和使用无不受到社会经济生活和文化及风俗等各种因素的影响；从微观方面分析，企业人力资源实际上往往是一个独立构成的相对自主的小社会。它既以接待顾客的经营单位进行人际跨文化交流，又在企业员工内部进行着精神、制度、人际、价值、团队和利益等多元文化交流与整合活动。企业文化就是这种种活动的集中表现。

二、饭店人力资源管理

小资料　**从人事管理到人力资源管理**

传统的人事管理早期主要是人事档案管理，如记录员工的进出、工资晋升、职务升降、岗位变动及奖惩制度等情况。企业的人事部门主要职能往往被人们看作记录性的档案管理。此后，人事管理又出现了一种被称为“反映性管理”的职能，如员工受工伤、出现劳动纠纷等均可以通过“反映”得到解决。人事管理在很长一段时期里仍然处于一种被动的和缺乏灵活性的管理模式中，它至多停留在“反映”的程度上。应当指出，人事管理作为企业管理中的重要一环，是在管理活动过程中逐渐发展和完善起来的，它在决策中的地位日益重要。近几十年来，随着知识经济的蓬勃兴起，企业界的有识之士越来越认识到员工对企业兴衰存亡的决定性作用，并逐步确立了“以人为本”的企业管理指导思想，针对人事管理传统模式的被动性、缺乏灵活性的弊端，欧洲各国率先对人事管理做了较大的变革，提出了人力资源管理的新模式。

饭店行业流行一句话，关键的时候需要关键的人出现在关键的地方解决关键的问题。这话有很多理解，走动式管理啊，现场管理啊，服务意识啊，关键时候啊，不一而足。其实还有一层是补位。你想啊，客人到了大堂，行李员不在，大堂副理上；到了前台，接待收银忙不过来，大堂副理上，前厅经理上；到了餐厅，没人领位，餐饮总监上，实在没人，甚至总经理也得上。我们常说饭店的总经理是最大的服务员，是超级服务员，关键的时候有帮客人订房、带房、点菜、传菜。总经理是饭店最关键的人，最有本事解决关键的问题。从总经理之下的各级管理人员自不必说了，员工忙不过来的时候，自然是应当顶上来，服务才没有空白点，客人的感觉才最好。有些时候，甚至我们还专门要让管理人员冲在第一线，既做给员工看，也做给客人看。

可惜的是，很多饭店做不到这一点，管理人员过分看重专职专责，一个萝卜一个坑，总是让员工冲在最前面，美其名曰自己在后面统筹指挥。

思考：什么是饭店人力资源管理？

1．饭店人力资源管理的概念

饭店人力资源管理是饭店组织中的一项基本管理职能；是对饭店人力资源进行获取、

保持、评价、发展和调整等一系列活动的过程；是依据科学的原理和方法，依靠饭店组织机构和组织手段，使每位管理者和员工正确认识自己在组织中应完成的任务和担负的责任，并设法最大限度地调动员工的积极性，发挥其才能和潜力，从而实现饭店的既定经济效益和社会效益。

2. 饭店人力资源管理的特点

（1）是对人的管理　饭店业是一个劳动密集型的产业，饭店人力资源管理直接面对的是个性、习惯、爱好、兴趣等千差万别的一个个员工，而员工直接面对的又是形形色色的具有不同个性的客人。只有当员工能够为客人提供令其满意的服务时，饭店才能赢得并留住客人，达到饭店管理的目标；而只有满意的员工才能自觉地为客人提供满意的服务。因此，人力资源管理必须树立以人为本的意识，正确认识员工。①要认识到员工是自然人，有自然人的基本需求；②认识到员工也是社会人，需要被尊重与自豪感等，同时其成长生活的环境对其价值取向也有着根深蒂固的影响；③还应认识到员工是职业人，是饭店的员工，应适应饭店的要求，具有饭店人的职业习惯和特点等。

（2）是科学化的管理　现代饭店人力资源管理是一项复杂、综合性的系统工程，所以，饭店人力资源管理必须建立起一整套标准化、程序化、制度化和定量化的管理系统作为保证，进行科学化的管理。

1）标准化是指对饭店所有工作制定的有关数量、质量、时间、态度等的详细、具体、统一的要求，如录用员工要有素质条件标准，岗位培训应有合格标准，服务工作要有质量标准，各部门要有定员标准等。

2）程序化是对管理或者工作的过程进行科学的分段，并规定各阶段的先后顺序以及每个阶段的工作内容、要达到的标准、责任者和完成时间。

3）制度化是指人力资源管理工作要建立起严密的规章制度，以保证录用、招聘、考核、选拔等项工作顺利进行。

4）定量化是指管理者要经常进行测试和统计，进行定量分析，以制定或者修改定额，进行合理定员，使饭店考核系统有科学的数量依据等。

（3）是全员性的管理　饭店人力资源管理是全员性管理，不仅包括饭店人力资源部或人事部对全体员工的培训与考核，还包括饭店全体管理人员对下属的督导与管理。这就是说，人力资源管理是饭店全体管理人员的职责之一。因此，饭店的每一位管理人员都应该了解和掌握人力资源管理的理论、方法以及人力资源管理的职能，通过选用、培训、激励员工，为员工创造展示才能的机会和条件，调动员工的工作积极性。

（4）是动态的管理　饭店人力资源管理的范畴相对来说是比较大的。应该说，凡是与饭店员工的需求和供应有关的问题，都是饭店人力资源管理研究的对象。饭店人力资源管理的动态管理特点是指管理者不仅要根据饭店的整体目标选拔合适人才，对饭店员工的录用、培训、奖惩、晋升和离职等全过程进行管理；更要注重在员工工作的动态过程中的管理，其中包括如何创造一个良好的工作环境，调动员工的工作积极性，指导员工工作，改善员工生活条件，发展员工潜在的各项能力等。这就要求饭店在经营过程中，注重“软件”应用，重视员工的心理需求，了解员工的情绪变动和思想动态，并采取相应措施调动员工的工作积极性，使全体员工发挥出潜在的能力。所以，这是一种在动态中进行的全面的管理活动。

3. 饭店人力资源管理的任务和内容

饭店人力资源管理工作大致可分为两个方面，一种是事务性的，另一种是战略性的。事务性管理工作指考勤、人事档案管理、绩效考评、薪资福利等行政性和总务性的工作；战略性管理工作指人力资源的战略规划，政策的制定、执行，对中高层主管的甄选，员工的教育、培训，饭店及员工的生涯规划，组织发展，为业务发展开发、留住人才等工作。现在，一些非核心的传统事务性人力资源管理工作已从传统事务中分离出去，由相关部门外包给社会专门的机构，人力资源部就可以专注于系统性、全局性的战略工作。具体来说，饭店人力资源管理工作主要包括：

（1）饭店人力资源规划　这是饭店人力资源开发与管理过程的初始环节，是人力资源开发与管理各项活动的起点。搞好饭店人力资源规划对搞好饭店人力资源整体管理，取得饭店人力资源效益和实现饭店的多种效益，都具有重要作用。饭店人力资源规划有狭义和广义之分。狭义的饭店人力资源规划，是指饭店从自身的发展目标出发，根据其内部环境的变化，预测饭店未来发展对人力资源的需求以及为满足这种需求提供人力资源的活动过程。简单地说，狭义的饭店资源规划是人力资源预测，并使之平衡的过程。对饭店而言，我们可以把它当作是饭店各类工作人员的补充规划。广义的饭店人力资源规划的内容很多，可以分为饭店的人力资源目标规划、饭店变革与饭店发展规划、人力资源开发规划、人力资源供给与需求平衡计划、劳动生产率发展计划、人事调配晋升计划、员工绩效考评与职业生涯规划、员工薪酬福利保险与激励计划、定编定岗定员与劳动定额计划等。

（2）饭店人力资源配置　这是将饭店人力资源投入到各个局部的工作岗位，使之与物质资源相结合，形成现实的经济运动。饭店人力资源的科学配置，是饭店人力资源生产与开发之后的关键环节，也是饭店人力资源经济运动的核心。从经济学角度看，每一生产要素都应当在可能的情况下得到充分运用，并要与其他要素之间有一个较好的配比关系，以取得最大的效益。从宏观角度说，饭店人力资源的配置就是达到充分就业和合理使用，以形成良好结构，保证饭店顺利发展的需要，取得经济的最大效益和自身比较高的使用效率。

（3）饭店人力资源的开发与培训　饭店人力资源的开发工作是一项十分重要的工作，它既是全民教育和职业教育的重要组成部分，同时又有利于饭店的长远发展，对于现代饭店的全面发展有着重要的意义。饭店人力资源的开发主要是通过对饭店员工进行培训实现的，通过培训，可以提高员工文化和技术素质，降低损耗和劳动力成本。经常对员工进行有计划、有针对性的教育培训，也可以使其提高认识，改进工作表现，缓解工作压力，降低事故的发生，从而减少员工流动，降低劳动力成本和改进服务质量。此外，培训也可以为饭店员工的自身发展提供条件：①可以增长才干，增加收入；②可以为晋升创造条件；③培训可以提高职业安全感。在具有现代化设备设施的饭店中工作，仅有热情是不够的，光凭着胆大就敢随意摆弄操作具有一定危险性的机器设备更是不可取的。通过饭店人力资源开发和培训，可以使饭店员工熟悉业务，成为内行，不仅对工作有自豪感，还可使员工人身和饭店财产安全得到保证。

（4）饭店员工绩效管理　绩效管理是一个现代人力资源管理的概念，它与传统意义上的绩效考评有一定差异。从管理理念上看，绩效管理是传统的员工绩效考评的升华，它不仅有利于员工的能力开发与职业发展，也是饭店实现其战略目标的重要手段与途径，是饭店赢得竞争优势的中心环节。

（5）饭店员工的薪酬管理　薪酬是指员工因为受雇佣而获得的各种形式的报偿。薪酬的合理确定和科学管理是饭店人力资源管理中最重要、最复杂、最核心的内容和环节。薪酬的内涵十分丰富，其核心组成部分包括工资、奖金和福利。饭店薪酬管理包括薪酬水平管理、薪酬形态管理和薪酬体系管理。设计一套科学合理的薪酬体系是饭店人力资源开发与管理的重要课题。饭店的薪酬设计要关注两大主题：①对内薪酬相对公平；②对外薪酬具有竞争力。薪酬设计的流程包括职务分析、职位评价、薪酬调查、薪酬水平定位、确定薪酬结构以及薪酬体系的实施和调整。

（6）饭店员工劳动关系管理　饭店员工劳动关系是指劳动关系主体双方依法享有的权利与义务。劳动关系有广义与狭义之分。广义劳动关系是指社会分工协作关系；狭义劳动关系是指劳动者与企业或组织之间由于交易所形成的权利义务关系，这种关系具有相对稳定性并受到法律保护。建立劳动关系应遵循平等就业原则、互选原则、公开竞争就业原则、照顾特殊群体就业原则、禁止未成年人就业原则、先培训后就业原则。

三、饭店人力资源管理的发展趋势

小资料　**惠普的经验**

1970 年美国面临经济衰退，惠普公司的订单无法满足公司的产能，这种情况下一般的做法是立刻裁减员工。但惠普公司创办人之一的大卫·普克并没有这样做，而是与员工沟通协商，采取将每 2 周工作 10 天的方式减少为 9 天，并且将多余的人力转派至其他仍在成长的部门。为帮助公司渡过难关，员工上上下下自愿减薪 10%。6 个月之后，订单恢复正常水准，这时大家又调回正常的工作天数。

思考：请结合惠普的经验谈谈你的感想。

课外阅读

案例 1　青蛙和蝎子

从前，有一个地方住着一只蝎子和一只青蛙。

蝎子想过池塘，但不会游泳。于是，它爬到青蛙面前央求道："劳驾，青蛙先生，你能驮着我过池塘吗？"

"我当然能。"青蛙回答。"但在目前情况下，我必须拒绝，因为你可能在我游泳时蜇我。"

"可我为什么要这样做呢？"蝎子反问，"蜇你对我毫无好处，因为你死了我就会沉没。"

青蛙虽然知道蝎子是多么狠毒，但又觉得它说得也有道理。青蛙想，也许蝎子这一次会收起毒刺，于是就同意了。蝎子爬到青蛙背上，它俩开始横渡池塘。就在它们游到池塘中央时，蝎子突然弯起尾巴蜇了青蛙一口。伤势严重的青蛙大喊道："你为什么要蜇我呢？蜇我对你毫无好处，因为我死了你就会沉没。"

"我知道。"蝎子一面下沉一面说，"但我是蝎子，我必须蜇你。这是我的天性。"

传统智慧鼓励你像青蛙一样思维。它对你耳语，人的天性是可以改变的。任何一个人，只要肯下功夫，想干什么就能干什么。作为一名经理，你的天职就是促成这种改变。你要制定一套规章制度来控制员工的不良倾向。你要教会他们各种技能，以填补他们的空缺。而优秀经理们对此断然摒弃。他们铭记在心的，恰恰是青蛙所忘掉的：每个人都像蝎子一样本性难移。他们认识到，每个人各有自己的动机，以及独特的思维方式和交往风格。他们知道，改造一个人是有限度的。但是，他们并不为这些差异而悲哀，也不试图消除它们，而是加以利用。他们力图帮助每个人在其独特天性的基础上持续进步。

简单地说，以下是成千上万的优秀经理一致认可的真知灼见：

① 人是不会改变的。

② 不要为填补空缺而枉费心机。

③ 应多多发挥现有优势。

④ 做到这一点已经不容易了。

这种真知灼见是革命性的。它说明为什么优秀经理不相信每个人都有无限的潜力；为什么他们不去帮助员工修补各自的弱点；为什么他们要对每个员工打破“金科玉律”，以及为什么他们有所偏爱。一句话，它说明为什么优秀经理们要打破传统智慧的所有常规。

联系到经理的四项核心活动，传统智慧也是“挖错了地方”。传统智慧鼓励你：

① 选拔一个人——根据他的经验、智力和决心。

② 提出要求——通过规定正确的步骤。

③ 激励他——通过帮助他识别和克服弱点。

④ 培养他——通过帮助他学习和获得提升。

表面看，上述建议并无不当。事实上，许多经理和公司对此笃信不疑。可是，所有这些都偏离了目标。

优秀经理的做法应该是：

① 选拔人时，他们重在选才干——而不仅仅看经验、智力或决心。

② 提出要求时，他们重在界定正确的结果——而不是正确的步骤。

③ 激励人时，他们重在发挥优势——而不是克服弱点。

④ 培养人时，他们重在帮助他寻找最适合他的位置——而不是一味往上爬。

案例 2 麦肯锡 7S 模型

20 世纪七八十年代，美国人饱受了经济不景气、失业的苦恼，同时听够了有关日本企业成功经营的艺术等各种说法，也在努力寻找着适合于本国企业发展振兴的法宝。托马斯 • J • 彼得斯（Thomas J. Peters）和小罗伯特 • H • 沃特曼（Robert H. Waterman），这两位斯坦福大学的管理硕士、长期服务于美国著名的麦肯锡管理顾问公司的学者，访问了美国历史悠久、最优秀的 62 家大公司，又以获利能力和成长的速度为准则，挑出了 43 家杰出的模范公司，其中包括 IBM、德州仪器、惠普、麦当劳、柯达、杜邦等各行业中的翘楚。他们对这些企业进行了深入调查，并与商学院的教授进行讨论，以麦肯锡顾问公司研究中心设计的企业组织 7 要素（简称 7S 模型）为研究的框架，总结了这些成功企业的一些共同特点，写出了《追求卓越——美国企业成功的秘诀》一书，使众多的美国企业重新找回了失落的信心。

7S模型指出了企业在发展过程中必须全面地考虑各方面的情况，包括结构（Structure）、制度（Systems）、风格（Style）、员工（Staff）、技能（Skills）、战略（Strategy）、共同价值观（Shared Values）。也就是说，企业仅具有明确的战略和深思熟虑的行动计划是远远不够的，因为企业还可能会在战略执行过程中失误，如图1-6所示。因此，战略只是其中的一个要素。

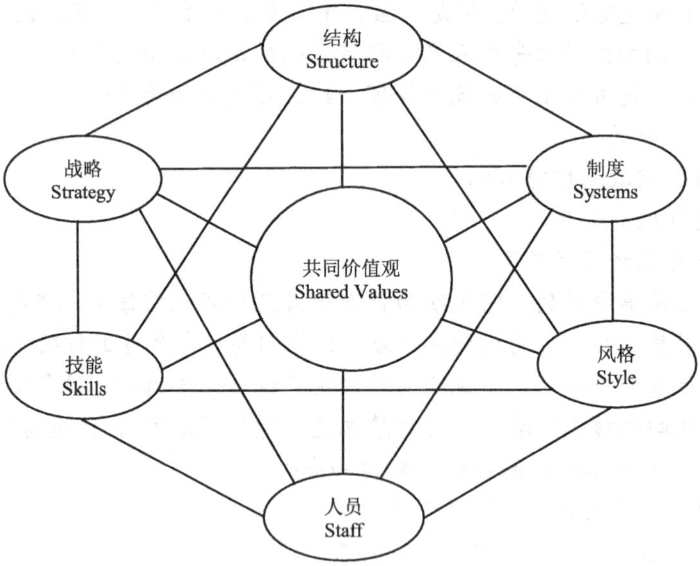

图1-6　7S模型

在模型中，战略、结构和制度被认为是企业成功的“硬件”，风格、人员、技能和共同价值观被认为是企业成功经营的“软件”。麦肯锡的7S模型提醒世界各国的经理们，软件和硬件同样重要，两位学者指出，各公司长期以来忽略的人性，如非理性、固执、直觉、喜欢非正式的组织等，其实都可以加以管理，这与各公司的成败息息相关，绝不能忽略。

案例3　香港酒店待客之道

香港的酒店有一整套严格的管理制度。如果管理员工生病，凭员工证和就诊单到指定地点就医。就诊单记载有员工离开饭店的时间，医生看病要注明员工到达和离开诊所的时间，同时将诊断结果写在上面。若需休息，也注明建议休息天数，部门据此进行安排。再如换休，如有特殊情况，允许换休。但事先需双方写出申请，填调休单。经部门经理同意后，方可调休。员工不允许串岗，不得进入客房或其他经营点，如有特殊情况需要进入，必须经大堂副理批准，否则视为违纪。

香港酒店工作程序也非常严格。行李部几乎每做一件事都要登记、签名。送客人进房时，必须记下客人房号、行李件数、时间。如果为客人叫了出租车，还需将车号记下，最后签上自己的名字。为客人寄存行李、送留客等必须登记，而且执行起来很严格。

1．如果把活留到明天你就不能留到明天

香港的酒店客房与员工比例，基本上是1:1，可见员工工作负荷之大，工作效率之高。客房部每个员工每天要做15个房间，最多的做17个房间。员工早上7:00上班直到下午4:00，除了1小时用餐时间外，必须拼命地工作，否则在上班期间就不能把活干完，经常忙得连去厕所的5分钟也不愿“浪费”。活未干完是不能下班的，想互相帮助一下，也不允许，因为到别人岗位上去是违纪的。更不能把活留到明天，如果把活留到明天，你就不能留到明天。餐厅每天的工作时间是9小时，但由于餐厅的生意特别好，每天实际工作时间达12小时以上。

中餐厅零餐服务，每个服务员至少看4张台，20个餐位，平均翻台两次，同时还有二三十人在等候，如遇节假日等候的客人竟多达100人左右。服务时常常是给第一台客人斟茶，想着给第二台客人换骨碟，眼睛还要看着第三张台是否有需要，服务时常常是急促的小跑。即使这样，部长或经理还经常催促动作加快。

2．上班不能干私事，要干私事就不用上班

香港员工的敬业精神值得称道，酒店经常加班，没有任何一个员工发牢骚、说怪话，或推诿不干。从没人计较个人得失，而总是以工作为重，认真负责地把工作干完，决不会擅自离开岗位。客房每个领班一天要检查88个房间，有的多达98间，员工无须领班多重复一件事、多说一句话，自己的事都知道怎样去做，决不会拖拉，而且力求做好。

一位香港员工请一位同事代他上两小时班，同事答应了。但当该员工向主管请假时，主管认为理由不充分，并说同事下了班即应回去休息，不予准假，那员工还欲作解释，主管严厉地说道：“不要再解释了，继续上班。”那位员工便立即回到岗位上，没有流露出丝毫的不高兴。下班后又见到他们两人很亲热地一块吃夜宵、喝酒、猜拳。第二天上班时，站到各自的岗位上，又是那么严肃、认真。香港员工对所从事的职业非常认真，干一行爱一行。他们常说：“上班不能干私事，要干私事就不用上班。”某餐厅因生意火爆，餐位不够，就用纸箱搭了一些餐台。由于固体燃料滑落，纸箱着火，发生火警，而当天经理休息不上班，但作为部门负责人对安全负有不可推卸的责任，为此受到了责令引咎辞职的处理。香港酒店的管理就这样责任分明，该谁负责就由谁负责，从不互相推诿。

3．用“Yes”而不用“Ya”

香港酒店的服务非常讲究质量，比较注重特色，突出个性服务。总机接电话时语言规范，语音柔和，富有感情，节日期间还加上祝福语。比如春节期间，就加上“恭喜发财”，并分别用国语、粤语、英语向不同地域的来客问候，令宾客倍感亲切。即使内部联络也很有礼貌，而且在细节方面也很注意。如回答客人要求时，说“好的”，在英语就不用“Ya”，而用“Yes”。因为客人是“上帝”，我们是为“上帝”服务的，用“Ya”就显得有些随便、不经意。转入客房的电话，总机都要问一声：“请问您找的客人贵姓？”餐厅的服务也颇具特色，如某中餐厅在3月份推出川菜系列时，他们用竹片做菜牌，竹笼装小食，极富地方色彩，给人一种身临其境的感觉，没有到过四川、没有吃过川菜的人，也觉得它就是正宗的、地道的川菜。

4．从推销一碗白饭做起

香港酒店的员工具有较强的销售意识，能自觉地促销。他们的信条是“从推销一碗白饭做起”。以推销酒水为例，餐厅制作了一张酒水销售表，表上标有每位服务员的姓名，以及推销饮料的数量、日期；月末统计，每月一换，推销数量多的可获得酒店奖励。

酒店多在机场设销售点，接送客人往返，如果客人通过设在机场的服务台订房，还可享受优惠服务，有效地促进了客房销售。中餐厅晚餐多为婚宴，他们借此机会不断地推出新创的粤菜品种，并起了优美、吉祥的名字。西餐厅平均每两个月就推出新的美食节，而且价廉物美，不仅吸引了住店客人，更招来了不少当地客人，生意非常红火。

5. **每一样东西都要用到最后一分钟**

香港的酒店认为，最大的浪费是人力的浪费。一个人做的工作，绝不会安排两个人去做，真正做到合理用工。他们对每人的工作量和工作时间都详细核算。如客房部每一个服务员负责清理 15 个房间，每个领班负责 88 个房间，加上换休人员没有一个多余的人。如果一个服务员病了，就由领班顶替做房，主管则代领班查房。一个服务员完成自己的任务后，如有多余的时间还常要安排去做补房和“例菜”。行李部对人员使用也很节约，分为早上、中午、下午几种不同的班次。中午和下午客人较多时，人手就多一些，晚上就少一点，有时晚班仅一个领班和一名行李员。每当有大批团队行李运到时，大家都放下手里的事情，一起突击把行李拉进来，然后再各就各位。餐厅至洗碗间的过道上贴有各种餐具的图片，标有各自的价格，使每个管理者和员工意识到损坏一件餐具，就意味着扔掉多少血汗钱，形象生动地对员工灌输节约意识。餐厅的餐具不是想换就换，而要事先计划这批新餐具的使用，能否让餐厅赚钱，不能赚钱就坚决不换。

任务结论

饭店人力资源是指一切能为饭店创造财富，能为社会提供饭店规定服务的人及其所具有的能力。饭店人力资源对饭店生存和发展有着重要意义。饭店业是一个劳动密集型产业，人力资源是饭店获取并保持成本优势的控制因素，是饭店获取和保持产品差别优势的决定性因素，是制约饭店管理效率的关键因素，更是饭店在经济发展日新月异的时代立于不败之地的宝贵财富。

饭店人力资源管理是饭店组织中的一项基本管理职能，是对饭店人力资源进行获取、保持、评价、发展和调整等一系列活动的过程。饭店人力资源管理工作大致可分为两个方面，一种是事务性的，另一种是战略性的。现代饭店人力资源管理的趋势，是建立起科学的价值评估体系和价值分配体系，从而推动饭店员工，特别是饭店职业经理人和知识创新者，为饭店创造更多的价值。

项目 2　饭店人员配置

任务 1　饭店员工配置

任务描述

曾经有一家一流的酒店尝试用自我管理的班组代替传统的经理管理。每个班组由管家、前台职员、门童、维修人员和餐饮服务员等均匀搭配构成。每个班组的员工将实行自我管理，包括制定工作进度表、分派任务，并相互管教。为了鼓励相互支持，所有的奖励和表扬都在班组一级进行。为了鼓励个人成长，每名员工加薪的唯一途径是学会班组的各个工种。所有这套运作由几名经理负责监控。

这是一个不无创意的计划，只不过有一个缺点——不灵。最好的管家不想当前台职员，他们喜欢清理房间；前台职员不喜欢餐饮服务；而餐饮服务员换到前台后，不仅自己一筹莫展，更难于容忍前台职员糟蹋他们心爱的餐厅。结果，每个员工都感到自己错位。由于大家关注的是团队，而不是个人绩效，每个人不再感到自己有什么重要。于是，他们开始争吵，客人们开始抱怨。而剩下的几位经理为了帮助每个岗位上的新手，捉襟见肘，疲于奔命。

这家酒店为了用一种精心设计的班组结构取代优秀经理的有效管理而付出了沉重代价。不幸的是，许多别的公司现在面临类似命运，尽管其下滑的途径有所不同。这些公司把优秀经理的作用交给另一些部门，如人力资源部和培训部。于是这些部门设计出一套复杂的选拔系统和各类技能培训班，而让经理们去集中精力“完成工作”。根据这种观点，经理们已经够忙了，无须再去操心如何准确选拔和培养员工。

虽然这种想法用心良苦，但事实证明，免除经理的上述职能，最终会使公司失去活力。健全的公司是在每个经理与员工之间建立牢固的纽带。如果经理在选拔员工上没有发言权，如果他不对员工当前的成功和未来的成长投资，那么，这种纽带就会枯萎。

这并不是说，人力资源部门和培训部门不应向经理们提供各种工具、系统和培训。它们固然应当，但它们的工作要点应是教会经理们使用这些工具，而不是用这些工具或部门来取代经理。

人力资源管理部门应如何协调解决上面出现的问题？怎样才能做到合理配置员工？

任务实施

饭店人力资源配置，要遵循以下原则：

1. 充分投入原则

该原则主要是指将人力资源给予充分的投入和运用，以达到其供给基本上能够被需求所吸收。换句话说，人力资源既有就业要求又有从业能力，基本上都能取得职业岗位，达到充分就业和充分运用的状态。在饭店人力资源处于供不应求和供求平衡状态时，一般来说比较容易达到充分利用；在供过于求的状态下，则应当通过各种措施扩大需求，增加投入，尽量减少人力资源的闲置和浪费。

2. 合理运用原则

饭店人力资源的合理使用应当包括员工的潜能发挥、员工社会地位的提高，以及有关劳动的各种社会关系的协调等，即有着一定社会效益的内涵。

3. 良性结构原则

该原则是指调节现有各个局部的人力资源，将追加的人力资源投入到不同方向，以形成良性的人力资源使用结构。不论是宏观的部门还是微观的饭店，都应当达到良性结构状态。在宏观的人力资源处于良性结构的情况下，人力资源状况能够适应社会经济发展的需要，并能有利于饭店在较长时间内保持协调，从而取得较大的经济效益。

4. 提高效益原则

这是重要的经济学原则，由于人力资源在经济运动中的重要地位，提高其使用效率就尤为重要。提高经济效益就是要改善资源利用不充分的问题，如低效劳动、零效劳动、负效劳动等，显然是人力资源运用很不合理的状况。

任务分析

在饭店服务中，有几个简单的方程式能够帮助员工理解自己所处地位和对待客人态度的重要性。饭店员工应当认识到自己在饭店所扮演的重要角色，而不能把自己当作简单的一个普通的员工。

（1）每个员工的良好形象=饭店整体良好形象，即 1=100。这一方程式的含义是，饭店的任何一个员工都是饭店形象的代表，饭店员工对待客人的一言一行都代表着饭店的管理水平、全体饭店员工的素质和饭店的整体服务水平。

（2）饭店整体良好形象+一个员工的恶劣表现=0，即 100–1=0。这一方程式的含义是，饭店的服务形象是由一个个员工共同来决定的，即使其他员工表现出色，但只要其中任何一个员工表现恶劣都会使饭店形象受到严重损失。

（3）客人满意=各个服务员工表现的乘积。在这一方程式中，饭店员工表现出色，服务优质，其得分为 100；表现恶劣，态度极差，得分则为 0。饭店的形象并不是每个员工的表现简单相加的结果，而是一个乘积。

（4）“规范服务+超常服务=优质服务”，即优质服务是在规范服务的基础上有超乎常规的表现，不但是一次服务中的优质，而且还特别强调不同层次服务前后质量的一致性。饭店员工所具备的种种素质必须足以达到饭店优质服务所提出的高要求；而对于饭店管理者来说，则需要具备高超的管理能力，能够经常拿出富有创意的策划，紧密把握饭店市场竞争的每一点动向，细微地掌握客人需求的最新变化，同时能够通过强有力的组织措施、组织手段将优质服务的高要求彻底地贯彻下去。

任务 2　设计员工工作职责

任务描述

饭店行业有着区别于其他行业的特殊性，如果没有好的心态来面对饭店服务这一行业，就无法做好饭店服务工作。饭店行业的特点在于：①饭店是无选择地必须热情地为他人提供服务的行业；②饭店是提供全方位服务的行业；③饭店是没有任何权力的服务行业；④饭店是与人近距离打交道的行业。

如何根据饭店行业的特点，设计饭店员工的工作职责？

任务实施

饭店员工岗位职责，主要应包括：

（1）本岗位的职能、重要性及其在饭店中所处的位置。

（2）本岗位的工作对象、具体任务、工作标准、效率要求、质量要求、服务态度及其应当承担的责任、职责范围。

（3）本岗位的工作流程、工作规定、奖惩措施、安全及国家行政机关对相应行业的管理规定。

（4）本岗位工作任务所涉及的饭店相关的硬件设施、设备工具的操作和管理，机电等设备工具的使用，应当知晓的原理、性能和用途，即"三知"，另外还应当会使用、会简单维修、会日常保养，即"三会"。

（5）饭店软管理措施如相关票据、账单、表格的填写方法、填写要求和填写规定。

下面以饭店人力资源部为例予以说明：

（1）人力资源部经理岗位职责　①企业人力资源发展规划；②企业各部门人力资源需求预测与控制工作；③企业各部门主要岗位工作分析及其组织；④指挥、协调、控制部门内各职能体系的工作；⑤处理人力资源部同其他部门的内、外部关系。

（2）人事助理岗位职责　①日常员工行为管理工作；②员工考勤管理工作；③员工档案管理工作；④员工录用、离职管理工作。

（3）招聘助理岗位职责　①人员招聘与甄选；②员工编制管理；③岗位设置与职位分析。

（4）薪酬助理岗位职责　①定期核算一线人员、管理人员以及营销人员的工资；②各工资体系要素控制与信息收集分析；③员工养老、失业保险等"四险一金"的核算；④员工薪酬与激励；⑤员工福利管理；⑥薪酬工资体系建设与完善。

（5）培训助理岗位职责　①根据各部门的培训需求，结合企业现有情况拟定培训计划并组织实施；②新员工的培训和跟踪评价；③培训课程的设置和开发工作；④员工奖惩审核；⑤其他宣传工作；⑥企业文化建设工作。

（6）绩效考核助理岗位职责　①建立健全科学、合理的绩效综合测评指标体系；②完善考核制度，有序地组织绩效考核工作；③反馈考核结果，对人员调整提供建议，提高组织整体工作效率。

（7）劳动关系助理岗位职责　①定期或不定期做好员工调查活动，了解一线员工生产和生活情况；②处理员工投诉，审核各类员工纠纷处理结果；③协调劳资关系，处理工伤事故；④深入了解员工的思想活动，定期或不定期组织各项活动，丰富员工业余生活，提高员工积极性。

任务分析

饭店的管理与发展，其实可以简单地归结为3个层面：

（1）顾客　是饭店生存的基础，是起点，也是终点。顾客是一个饭店能够存在的最基本的决定因素。一个饭店可以做不好细节，可以没有文化，但不能没有顾客。所有关于服务的理论系统，其核心的东西都是如何服务好顾客，这似乎已经成为全球通则了。

（2）细节　是饭店延续经营的基础，是饭店能够坚持下来的关键。服务细节做不好，顾客会逐渐流失，最后饭店就会关门。细节最能体现服务的最基本要求，细节是"真刀实枪"的，而且最容易理解，同时又是最容易被管理者忽略的。

（3）文化　是饭店创新发展、永续经营的原动力。未来，没有独特文化的饭店将逐渐被淘汰出局。文化是一个宽泛的概念，严格来讲，每个饭店都有自己的文化，这里说的文化是特指那种独特的、有个性的文化和良好的乃至优秀的文化。独特、个性是从外面来看的，如目前日渐风行的主题饭店，这些饭店所展示出来的文化就是一种独特的、有个性的文化；而良好的乃至优秀的文化是从饭店企业内部来看的，是饭店的企业文化，是一种管理文化。文化，因为有些虚、有些泛、有些摸不着边，所以被很多“务实”的饭店管理者所忽视。现实中，不少经营成功的饭店，看上去似乎没有多少文化的因素在起关键作用。但是，如果这个饭店要想持续地发展下去，必定要着意创建、培养一种文化的力量。

具体分 3 个层次，每个层次的重点有所不同：

1）一线服务员（包括基层操作型管理人员，如领班、主管）。他们的重点是心中坚定地保持“顾客至上”的理念，同时精益求精地做好本岗位的细节服务工作。

2）中层管理者（即部门总监、经理）。他们的重点在于如何让细节服务不断地完善，并做好细节培训，以便更好地服务顾客，同时推动、营造和谐的企业文化氛围。

3）饭店高管层。他们在一以贯之地倡导顾客理念和细节理念的同时，重点考虑酒店对外展示的文化形象和对内的企业文化创建问题，因为这是一个方向性的问题。

相关知识

小资料 **饭店的服务效率**

1．前厅

（1）不管是客人前来登记入住还是向饭店进行咨询，一旦客人步入饭店前厅服务台，饭店员工就必须在 60 秒内对客人进行问候，表示饭店对客人的欢迎。

（2）当客人前来办理入住登记手续时，饭店员工应当予以热情的接待，同时还要限定服务时间，要求能为客人快速办完入住手续。

（3）当客人办理结账及收款事宜时，饭店员工应当高效率完成。

（4）饭店员工应当在电话铃响 3 声时，便将电话接通，同时总台必须提供 24 小时的电话服务。

2．客房

（1）当客人临时提出加床、增添浴巾的服务时，饭店员工必须在服务需求发出 10 分钟内将客人所需的物品送入客房内。

（2）客房部员工整理床铺要达到舒适、方便、整洁、安全等标准，同时必须将整理一间客房的服务时间限制在 25～30 分钟之内。

3．餐厅

（1）餐厅服务员必须在客人进入餐厅落座以后 2 分钟之内迎接客人，送上菜谱，等候客人点菜。

（2）从客人点完菜到第一道菜送到餐桌，早餐必须限定在 10 分钟之内，中餐、晚餐则须限制在 15 分钟内。

（3）客人就餐离席后，餐厅员工迅速将餐桌收拾完毕，并在清桌后完成重新摆台，全部时间不得超过 4 分钟。

（4）客人在客房内进行电话点餐，餐厅员工要在电话订餐完毕后一定时间内将客人所需点菜及时送到位。早餐送达间隔时间为 25 分钟，午餐送达间隔时间为 30 分钟，晚餐送达间隔时间为 35 分钟。

4. 大堂酒吧或酒廊

（1）饭店员工要在客人落座后 30 秒之内前往迎候客人，为客人提供服务。

（2）在客人点好所需要的酒水后，饭店员工一般要在 3 分钟之内将酒水送到客人桌上；如果出现营业高峰，员工也应当在 5 分钟之内完成服务。

（3）当客人用完酒水后，饭店员工要迅速完成清桌工作，准备迎接新的客人，完成这些工作必须在 2 分钟以内。

5. 工程维修

（1）工程维修人员要在客人打电话通知前厅或总机后 5 分钟之内，赶到客人所住的客房，询问情况，展开维修服务。

（2）当餐厅、会议厅等公共场所向工程维修人员发出维修通知后，维修员工要在 15 分钟之内到达需要维修的地点，及时展开维修工作。

（3）当客人需要使用饭店多功能厅召开大小型研讨会或进行贸易洽谈时，饭店工程人员应在会议开始一小时之前完成全部布置工作，确保多功能厅或会议厅的音响、灯光正常运作。

思考：你是否有在饭店进行工学结合的经历？请结合你的经验谈谈如何体现饭店的优质服务？

一、饭店员工必备的基本素质

1．员工服务知识

饭店服务知识是饭店员工为了更好地提供服务而应当知道的各种与服务有关的信息总和。掌握饭店服务知识是饭店各项工作得以开展的最基础性的东西，只有在了解了丰富知识的基础上，才能顺利地向客人提供优质服务。

员工服务知识培训内容主要有：

（1）饭店及饭店所处环境的基本情况　一般而言，当客人对陌生的环境能够很快了解时，客人心理就会产生稳定感，而这种稳定感便来源于饭店员工对相应环境背景知识的掌握。饭店员工必须掌握的环境方面的知识主要有：

1）饭店公共设施、营业场所的分布及其功能。

2）饭店所能提供的主要服务项目、特色服务及各服务项目的分布。

3）饭店各服务项目的具体服务内容、服务时限、服务部门及联系方式。

4）饭店所处的地理位置，饭店所处城市的交通、旅游、文化、娱乐、购物场所的分布，以及到达这些场所的方式、途径。

5）饭店的组织结构、各部门的相关职能、下属机构及相关高层管理人员的情况。

6）饭店的管理目标、服务宗旨及其相关文化。

（2）员工应具备的文化知识　包括历史知识、地理知识、国际知识、语言知识等方面，从而使饭店员工在面对不同的客人时，能够塑造与客人背景相应的服务角色，与客人进行良好的沟通。饭店员工除了利用业余时间从书本上学习知识外，还可以在平时接待客人中积累，同时饭店也应当进行有针对性的培训。

（3）饭店员工岗位职责。

2．员工从业能力

（1）驾驭自如的语言能力　语言是饭店员工与客人建立良好关系、留下深刻印象的重要工具和途径，它本身还反映和传达饭店的企业文化、员工的精神状态等辅助信息。饭店员工的语言能力的运用主要体现在以下几个方面：

1）语气。饭店员工在用语言表达时，要注意语气的自然流畅、和蔼可亲，在语速上保持匀速表达，任何时候都要心平气和，礼貌有加。

2）语法。语法运用要正确，主要指语句成分的结构搭配准确无误。

3）逻辑。逻辑讲的是语句的因果关系、递进关系等方面的正确使用。这是语言表达中一个非常重要的方面，逻辑不清或错误的句子很容易被客人误解。

4）身体语言。身体语言在表达中起着非常重要的作用。在人际交往中，身体语言甚至在某种程度上超过了口头语言本身的重要性。饭店员工在运用语言表达时，应当恰当地使用身体语言，共同构造出让客人感到易于接受和感到满意的表达氛围。

5）表达时机和表达对象。饭店员工应当根据客人需要的服务项目、饭店的地点、客人的身份、客人的心理状态等具体情况采用适当得体的语言进行表达。

（2）牢牢吸引客人的交际能力　人际交往所产生的魅力是非常强大的，它使客人对饭店员工及饭店产生非常深刻的印象；而良好的交际能力则是饭店员工在服务中实现这些目标的重要基础。

1）饭店员工在与客人的交往中，首先应把客人当作“熟悉的陌生人”。每一位新来的客人尽管对于饭店员工都是陌生的，但在交往时，却要把客人当作已经相处很长时间的老朋友来看待。这样，饭店员工在提供服务时，便会摆脱过于机械的客套和被动的应付状态，使客人感觉到一种比较自然的但又出自真心诚意的礼遇。

2）给客人留下美好的第一印象。第一印象对人际交往的建立和维持是非常重要的，给人记忆最深的常常是第一次接触所留下的印象。而仪表、仪态的优美，真诚的微笑，无微不至的礼貌则是给客人留下美好第一印象的关键。

3）人际关系的建立还应当有始有终，持之以恒。每一个饭店员工都应当持之以恒地与客人建立良好的人际关系，不能因自己一时的失误和思考的不周而使客人感到怠慢，从而断送自己在其他时候以及其他员工与客人所建立的良好人际关系。

（3）敏锐的观察能力　观察能力的实质就在于善于想客人之所想，将自己置身于客人的处境中，在客人开口言明之前将服务及时、妥帖地送到。饭店员工敏锐的观察能力主要体现在以下方面：

1）善于观察客人身份、外貌。客人是千差万别的，不同年龄、不同性别、不同职业的客人对服务的需求也是不同的。客人在不同的场合、不同的状态下，其需求也是不一样的。

2）善于观察客人语言，从中捕捉客人的服务需求。饭店员工从与客人的交际谈话或客人之间的谈话、客人的自言自语中，往往可以辨别出客人的心理状态、喜好、兴趣及欠满意的地方。

3）善于观察客人的情绪。不适当的亦步亦趋，只会使客人感到心理上的压力。所以，既要使客人感到饭店员工的服务无处不在，又要使客人感到轻松自如，这样才能使客人既感到自由空间的被尊重，又时时能体会到饭店关切性的服务。

4）善于观察客人心理状态。客人的心理非常微妙地体现在客人的言行举止中，饭店员工在观察那些有声的语言的同时，还要注意通过客人的行为、动作、仪态等无声的语言来揣度客人细微的心理。

（4）深刻的记忆能力　深刻的记忆能力可以为客人提供及时、准确的服务。在饭店服务中，客人常常会向饭店员工提出一些如饭店服务项目、服务设施、特色菜肴、烟酒茶、点心的价格特点或周边的城市交通、旅游等方面的问题，饭店员工此时就要以自己平时从经验中得来的或有目的的积累为客人一一解答，使客人能够及时了解自己所需要的各种信息。有时，客人会有一些托付饭店员工办理的事宜，在这些服务项目的提出到提供之间有一个或长或短的时间差，这时就需要饭店员工能牢牢地记住客人所需的服务，并在稍后的时间中准确地予以提供，不会使客人所需的服务被迫延时或干脆因为被遗忘而得不到满足。

深刻的记忆能力也可以使饭店员工在提供服务中运用自如，不出差错。饭店中各部门的服务工作已经形成了比较稳定和成熟的服务程序和服务规范，只有严格地履行这些服务要求，饭店服务工作才会做得完美得体。这就需要饭店员工牢记相对复杂的服务规范，在这个基础上才能谈得上在服务中娴熟自如地运用。

深刻的记忆能力还可以使饭店的服务资源能够得到最大程度的挖掘利用。饭店相对复杂的服务设施的分布、特色对于初来乍到的客人来说，是比较陌生的。但作为饭店员工却应当对其中的服务设施了如指掌，在客人需要的时候，饭店员工就可以如数家珍地一一加以介绍，从而使饭店的服务资源能够尽快地为客人所知、所用。

客人是一个异常复杂的群体，他们的喜好、个性特点等是千差万别的，因此饭店对为客人所提供的服务也是因人而异的，这就需要饭店员工对客人的情况有一定程度的了解。当一位再次光临饭店的或第二次消费同一项目的客人到来，饭店员工便可以根据自己的记忆能力迅速地把握客人的特征，从而能够为客人提供更有效、更有针对性的服务。

最后，深刻的记忆能力还可以使客人能够从员工的细节记忆中感受到自己的重要性和被尊重。如果一位客人的姓名、籍贯、职业、性格、兴趣爱好、饮食习惯等被饭店员工记住，并在与客人的交往中能够被饭店员工恰当地表现出来，客人将会感到有种受尊重、受重视感，从中感受到自己存在的意义与价值，这有助于客人对饭店产生相当良好的印象。

（5）灵活机智的应变能力　灵活机智的应变能力，对饭店员工而言，主要表现在突发事件的处理上。遇上突发事件，饭店员工应当做到：

1）迅速了解矛盾产生的原因，客人的动机，并善意地加以疏导。

2）用克制与礼貌的方式劝说客人心平气和地商量解决，这样的态度常常是使客人愤愤之情得以平息的“镇静剂”。

3）尽快采取各种方法使矛盾迅速得到解决，使客人能得到较满意的答案，并尽量使事情的影响控制在最小的范围，在其他客人面前树立饭店坦诚、大度、友好的服务形象。

4）饭店员工应当本着“客人永远是对的”宗旨，善于站在客人的立场上，在维护饭店声誉的基础上尽量设身处地为客人着想，而不要过多地想维护自己的面子。因此，在处理突发性事件时，不管过错在自己方还是在客人方，员工均要作适当的让步。

（6）主动热情的营销能力　饭店员工除了完成自己的本职工作外，还应当主动地向客人介绍饭店的各种服务项目，向客人推销饭店。虽然饭店设有专门的人员进行营销，但他们的主要职责是一种外部营销，内部营销则需要各个岗位的员工共同来做：

1）饭店员工应当对饭店的各项服务有一个通盘的了解，并善于观察、分析客人的消费需求、消费心理，在客人感兴趣的情况下，让饭店的项目产品得到充分的知悉和销售。

2）饭店员工不能坐等客人要求提供服务，而应当善于抓住机会向客人推销饭店的各种服务产品、服务设施，充分挖掘客人的消费潜力。

3）只有全员都关心饭店的营销，处处感受一种市场意识，饭店员工才能抓住每一个时机做好对客人的内部营销工作。

3. 员工从业观念

树立正确的观念对于饭店员工来说是非常重要的，它不仅能有效地防止饭店员工在工作中的消极行为，而且有助于使饭店员工的工作变得更有针对性和更有意义。

（1）大局观念

1）每个员工都要树立牢固的大局观念，时时想着饭店的整体利益，考虑饭店的整体形象，不为图个人一时之快，使饭店受到不应有的损失。

2）饭店员工应当认识到自己言行对整个饭店的意义，做好了获益就大，做差了饭店就受损。每个员工都是饭店这座大厦的支柱，只有每一个人都充分发挥自己的才干，饭店的经营基础才会异常牢固，饭店的经营才会蒸蒸日上。

（2）主人翁观念

1）要想饭店之所想，把饭店的整体目标当作自己的目标，努力在岗位上履行自己的职责，不仅使饭店整个服务链不在自己的岗位上受到损失，并要使自己的这一环为饭店的整体形象做出突出的贡献。

2）要想客人之所想，把客人所需要的服务及时、完善、高效地提供到位，使客人在饭店受到热情的礼遇和完满的接待，使客人慕名而来，尽兴而去。

3）要想饭店客人之所未想，把饭店所可能获得的和可能受到的损失都与自己的利益得失联系起来，在充分履行岗位职责的基础上，把那些饭店所没有想到的，规定所没有涉及的，别人所没有想到的或考虑不周的，客人所没有想到的等，都要纳入自己的服务范围。

（3）商品观念　饭店员工从较深的层次上认清饭店服务的特殊商品的本质，有着特殊的意义：

1）饭店是一种生产商品、销售商品的行业，所以就要遵守商品生产销售的规律。最重要的就是生产的产品必须符合客人的需求。因此每个饭店员工都要尽自己最大努力生产出符合客人需要的产品，以其中的高价值含量博得客人的满意。

2）饭店是一种提供给客人享受的产品，并且客人为这种商品的生产进行了成本上的补偿，饭店员工就要使自己参与提供的这种商品让客人体会到物有所值的感觉。饭店员工如果在提供服务中态度粗鲁，礼节不周，便会使饭店服务产品的价值含量大打折扣，以这种价值含量不高的产品去向客人索取高要求的成本补偿，则是一种不公平的交易行为。

3）饭店的产品包括有形和无形两个部分，特别是无形的那部分是饭店产品区别于其他行业的一个重要特征，因此饭店员工就要对饭店所提供的无形产品给予特别的重视，意识到自己的一言一行都是构成饭店商品价值、使饭店产品价值升值的重要因素。

4）饭店服务是饭店与客人获得双赢的经营过程。饭店员工在为客人服务的过程中通过自己的付出，使劳动得到了增值；客人通过物质与精神上的享受获得了身心上的满足。饭店与饭店员工所获得的不仅是成本上的补偿和经济上的收益，即有形的收益，还通过这种商品交换过程获得了另外一种特殊的无形收益，即饭店优质产品的提供使自己在社会中声名远播，这是一种高价值的无形资产。饭店的这种无形收益是更重要、更长远的。而作为饭店员工，则从客人的满意评价中获得成就感，这是简单的经济收获所无法替代的。

（4）市场观念　树立市场观念要求饭店员工要做到：

1）对市场需求进行细分。来饭店的每一位客人的需要都不一样，这样便使市场呈现出多样性和复杂性，这就需要饭店对市场进行细分，对不同需要的客人提供相应的服务。

2）准确把握市场周期变化规律。如果饭店不能根据市场的变化及时地推出适合市场的服务，就容易被市场所淘汰。饭店要使自己适合于市场，就要在设备、服务及食品饮料的使用价值这 3 个方面下功夫，根据市场的周期和产品的变化规律，及时地对饭店的某些服务和管理作必要的调整更新。

3）重视市场心理，及时推陈出新。

（5）质量观念　饭店员工树立质量观念，应当对饭店产品的质量有一个全面而深刻的认识：

1）饭店产品质量构成的特殊性。工业产品的质量重在产品实物本身，以及围绕产品所衍生出来的售前和售后服务的质量。而饭店产品却不一样，它既包括实物产品部分的质量，又包括饭店设备设施的质量、安全保卫的质量、饭店员工服务水平的质量。在所有的质量中，饭店员工服务水平的质量是最为重要的，它最终表现为客人享受饭店提供的服务后所感受到的舒适度与满意度。

2）饭店产品质量的整体性。整体性是指一个人的过错会使全体员工的劳动付之东流。因为饭店产品的生产和消费是及时性的，它与工业产品有很大的区别，饭店产品质量是由一次次服务质量综合构成的，每一次服务的质量使用都是一次性的，不像其他产品一样可以更换返修，即其质量具有不可补偿性，并随着时间的延续，付出的补偿成本成倍翻升。

（6）效益观念　饭店员工树立效益观念，应当注意到以下几个方面：

1）通过市场的不断扩大和客人的不断增多，最大限度地摊薄成本，使成本得到及时补偿。

2）通过饭店员工劳动效率的提高使效益增加。饭店员工如果能高效率地开展工作，就会为客人提供更多的服务，使员工始终保持高昂的士气，直接或间接地使饭店的效益得到增加。

3）通过成本的节省来增加饭店的效益。成本是易变的，花出去就是成本，省下来就是效益。当然，节约控制的前提是不影响饭店服务的质量。

4）处理好长期效益与短期效益的关系。在一线直接面对客人的饭店员工都会从客人的数量中直接感觉到饭店的效益，这是直接的效益、可见的效益；但与此同时，还有一种效益是短期内所看不到的、间接的、长远的效益。这种效益来源于两个方面，一是饭店员工令客人感到满意的服务，这种周到的服务既产生了直接的效益，也产生着间接的效益，它使饭店在客人心目中留下了非常良好的印象，为饭店长远的效益打下了良好的基础。二是长远效益还产生于饭店所开展的营销推广活动，饭店为了获得持续的发展，不断占有、巩固和稳定市场，要通过公关部门开展大量的工作，可是这一劳动的消耗并不像单纯的饭店一线工作那样能产生直接的效益，它所发挥的作用最终要在一段时间后通过一线员工的努力才能体现出来。这些长远的潜在的效益对饭店来讲是更为重要的，饭店员工确立效益观念就应当将两者很好地结合到一起，使饭店的效益获得持续发展的动力。

4．员工从业心理

（1）态度　态度是饭店员工从业心理中一个重要的组成部分，是否能树立正确的从业态度，决定着饭店员工从业中的努力程度、待人接物的情绪等：

1）有的员工认为饭店是专门给人赔笑脸的行业，地位低下，工作起来没干劲，这是一种非常消极的从业态度。饭店员工确实应当对客人笑脸相迎，这是饭店的服务业性质所决定的，也是人与人之间表达尊重的方式。但对客人笑脸相迎并不意味着饭店员工就低人一等，而是让客人在饭店有一种宾至如归的感觉，让客人感觉到饭店对他的欢迎、态度的友好与热忱。

2）有些饭店员工对客人不是采取一视同仁的态度，而是因人而异，对贵客热情备至，对一般客人则冷脸相迎。客人之间彼此不论背景、地位、经济状况、国籍、外观衣着如何，在人格上都是平等的，如果饭店员工在服务中厚此薄彼，那么受到轻慢的客人必然会对饭店留下不好的印象，使饭店的发展受到损失。

（2）意志　意志是一个人在面对事物时所表现出来的克服困难、坚定目标的决心，这是一种非常成熟的从业心理状态。饭店员工意志的培养主要表现在以下几个方面：

1）恒心。饭店员工虽然每天所面临的客人不一样，但所从事的工作具有相当的重复性，如果没有足够的恒心作支持，就容易畏难而退，对客人的服务工作就无法很好地开展。

2）耐心。当客人产生误会时，要耐心地向客人解释，直到客人理解为止；当客人所询问的事情没有听明白时，饭店员工要耐心地将事情说清楚，直到客人得到满意的答复为止。

3）自律。自律就是将工作要求内化为自己的言行举止。所谓内化，强调的是在无须外来监督管理的前提下，充分地发挥自己的主观能动性，自觉、自主地将工作做得井井有条。

4）自控。每个饭店员工都有自己的情感、尊严和正当权利，在饭店服务工作中，经常会碰到客人与员工之间发生的误会，有时候原因可能出现在客人身上。这时饭店员工产生的情绪，采取一定的行为，可能是合理的。但这一关系所涉及的双方也不是纯粹的人与人的关系，而是员工与客人、服务与被服务、拥有权利者和承担义务者的关系，因此这类矛盾的处理方式、处理主导思想就要强调饭店员工的自控意识。

（3）情感　情感是一个人对所从事的工作，以及与工作相关人和事的喜欢、爱好、厌恶等积极或消极的情绪。情感是坚定意志的基础，是紧紧联系员工与饭店的纽带，是促使员工忘我地投入工作的催化剂。它主要表现在以下两方面：

1）作为一名饭店员工，首先应当充分地认识到饭店服务业的光荣、高尚。

2）饭店员工应当热爱自己的同事，处理好与上、下级的关系。拥有良好的与同事和上、下级的关系，有助于自己在工作中时时保持愉快、健康的心态；如果员工之间因为关系不和谐，则会影响对客人的整体服务，给客人留下不好的印象。

二、员工工作手册

1．员工入职培训

（1）新员工在上岗之前应对饭店全面了解，熟悉饭店的规章制度，树立基本的服务意识。

（2）培训期间需要打卡，不得漏打或者代打。

（3）进出饭店要走员工通道，使用员工电梯，不准使用客用设施，不准在任何一个非服务区域内出现。

（4）在培训教室内不准吸烟、进食，也不得大声喧哗、吵闹。

（5）服装整洁、大方。

（6）参加培训的员工需认真做好笔记。

（7）在培训结束时将进行考核，考核通过者方可进入工作岗位。

（8）若在培训期间严重违反规定者，饭店将不予录用。

2. 员工奖惩制度

奖惩制度包括员工奖励和员工纪律处分。

（1）奖励形式　主要有饭店通报、大会表扬、授予称号、颁发奖品与奖金、晋升工资或职务。奖励行为包括：①拾金不昧，为饭店赢得声誉；②维护饭店正常秩序，揭发、检举坏人坏事；③工作中坚持原则，秉公办事，廉洁奉公；④积极参加培训并获得优异成绩；⑤全年出满勤，安全无事故，表现良好；⑥为客人提供优质服务，工作积极、认真负责，受到客人表扬；⑦发现事故苗头，及时汇报，防止重大事故发生；⑧严格控制开支，节约费用，成绩显著；⑨在技术革新、设备改造方面做出成绩；⑩为饭店的发展和服务质量的提升提出合理化的建议，并经实施有显著成效；⑪为保护和抢救国家、饭店、客人财产及生命安全奋不顾身；⑫在技术考核方面成绩特别优秀；⑬努力拓展业务，使饭店取得较好经济效益；⑭在其他方面有突出贡献。

（2）员工纪律处分

1）口头警告，具体涉及以下行为：①进出饭店拒绝保安部员工的检查；②上下班不打卡或委托他人打卡、代替他人打卡；③上班不佩戴名牌工卡；④上班时仪容仪表不整，如歪带名牌工卡、头发不整、手插口袋、倚靠墙壁、佩戴除婚戒之外饰物、浓妆艳抹、穿拖鞋上班等；⑤上班迟到、早退；⑥不按指定的员工通道出入；⑦上班时打私人电话或私自会客；⑧上岗前或下班后无故在饭店内逗留；⑨在公共区域逗留串岗，使用客人设施；⑩与客人交谈有不礼貌的行为举止，如在客人面前梳头、打呵欠、伸懒腰、吹口哨、剪指甲等；⑪上班时间吃零食、看报纸、聊天等；⑫下班时间私自穿制服在饭店内消费；⑬随地吐痰，乱扔果皮、纸屑、烟头等杂物；⑭在客用场所内粗言秽语、高声喧哗、争吵或嬉笑唱歌；⑮工作时服务效率差，工作粗心；⑯在非吸烟区吸烟。

2）书面警告，具体涉及以下行为：①一个月内迟到、早退3次；②工作不认真，纪律松懈，工作时间听、做与工作无关的事情；③对上级有不礼貌言行举止；④不服从上级的合法、合理命令；⑤与客人发生争执或对客人不礼貌；⑥工作疏忽使饭店财产受到损失；⑦擅自动用客人使用的物品或器具；⑧擅自翻动客人物品；⑨出示假病假条；⑩未经部门经理同意擅自调班、调休；⑪严重违反饭店员工餐厅或宿舍管理条例；⑫非工作需要，未经同意进入客房；⑬擅离岗位；⑭当班时打瞌睡；⑮泄露饭店机密；⑯工作时间喝酒或酒后上班；⑰对可能发生的事情不汇报或隐瞒；⑱违反饭店的安全条例与安全管理制度；⑲将客人、同事财物遗失、破坏，却没有及时上报，对调查提供假信息；⑳未经批准在自己的更衣柜内存放饭店、客人或其他员工财物。

3）严重警告，具体涉及以下行为：①一个月内连续旷工 3 天；②在饭店内挑拨打架事件；③未经许可擅自使用饭店长途电话、传真机、复印机和电脑等；④未经许可擅自将饭店财产移到别处；⑤拒不接受上级或有关部门的调查；⑥损坏客人与饭店财产；⑦对聚众赌博或其他违法行为知情不报，不规劝，互相包庇；⑧管理不善，造成饭店严重损失；⑨违反安全防火规章，造成事故隐患；⑩利用公职谋私利；⑪私自经商，倒买倒卖；⑫向客人索取财物、小费等；⑬偷钱、伪造单据、与客人串谋损害饭店利益；⑭传播、收看黄色淫秽书刊、录像等黄色物品；⑮酗酒、赌博。

4）开除或辞退，具体涉及以下行为：①当班时间在饭店内饮酒；②在饭店内销售私人物品；③服务态度恶劣，受到客人书面投诉并经调查属实；④偷窃财物，未构成犯罪的；⑤私换外币；⑥涂改或假造单据、饭店公文，搬弄是非，诽谤他人，影响团结；⑦在饭店范围内打架斗殴；⑧蓄意破坏饭店设备设施；⑨未经批准，私自兼职；⑩不按规定保管或使用剧毒、易燃、易爆物品；⑪玩忽职守，违章操作，给饭店造成经济损失和责任事故；⑫因管理指挥不当，造成客人对饭店服务质量问题进行投诉并经调查属实；⑬在饭店内外有损害饭店形象的言行举止；⑭丢失饭店重要钥匙、印章、单据；⑮明知险情却不及时报告，或接到命令后未及时执行；⑯经常违反饭店规定，屡教不改者；⑰触犯《治安管理条例》及国家法律。

3．员工的基本福利

（1）医疗制度

1）员工当班时间因病需要就诊，应先向其直接上司汇报，并征求上司同意后方可到医务室就诊。

2）员工就诊时应配合医生，不得与饭店医务室医生发生冲突，或与医生纠缠，以要求医生开具病假条或要求外出就诊。

3）员工当班时间因病外出就诊，必须有饭店医务室的证明方可，否则部门不得擅自做主让员工外出就诊。

4）经医务室诊断需要外出就诊的，需到饭店指定的医院就诊；否则，饭店不予报销相关费用。外出就诊后，需及时将相关的证明交回医务室予以确认。

5）员工外出就诊或急诊，应在当日上班时间前通知部门主管并征得其同意，无论病休时间长短，均需于每天回饭店复诊，并将相关的病历证明交医务室予以确认。若有特殊原因者，也可请同事或亲朋好友及时向饭店请假。

6）所有已确认的病假证明，由部门在月底连同考勤表送交人力资源部。

7）员工外诊，如病情经医务室诊断无需住院时，其医疗费自理。

8）员工由工作造成的工伤医疗费将由饭店依国家相关规定全额报销。

9）经医务室诊断需要外出就诊的，需到指定的医院治疗，否则所有医疗费自理。

10）住院仅限饭店医务室指定的医院，住院时只能住普通病房，住院治疗病情稳定后，医院方认可可以离院的，应立即出院；否则自医院通知之日起，所发生的医疗费不给予报销。

11）饭店员工一年内的限额报销医疗费用为 3 000 元，超出部分自理，每年的限额不能累积。

（2）带薪休假

1）法定假期。员工可享受国家规定的一年 11 天法定假期。根据《全国年节及纪念日放假办法》，全体公民放假的节日是：

① 新年，放假 1 天（1 月 1 日）。

② 春节，放假 3 天（农历除夕、正月初一、正月初二）。

③ 清明节，放假 1 天（农历清明当日）。

④ 劳动节，放假 1 天（5 月 1 日）。

⑤ 端午节，放假 1 天（农历端午当日）。

⑥ 中秋节，放假 1 天（农历中秋当日）。

⑦ 国庆节，放假 3 天（10 月 1 日、2 日、3 日）。

2）婚假。国家法定婚假规定是：

① 按法定结婚年龄（女 20 周岁，男 22 周岁）结婚的，可享受 3 天婚假。

② 结婚时男女双方不在一地工作的，可视路程远近，另给予路程假。

③ 在探亲假（探父母）期间结婚的，不另给假期。

④ 婚假包括公休假和法定假。

⑤ 符合上述条件的劳动者享有休婚假的权利，劳动合同中具体约定不能对抗该权利，即如侵犯了劳动者的休婚假权利的，合同条款无效。

对晚婚婚假，法定晚婚婚假规定：

① 符合晚婚年龄（女 23 周岁，男 25 周岁）的，可享受晚婚婚假 15 天（含 3 天法定婚假）。

②《人口与计划生育法》第 25 条规定：公民晚婚晚育，可以获得延长婚假、生育假的奖励或者其他福利待遇。

3）丧假。丧假为 3 天，申请条件为申请者直系亲属去世，即配偶、子女、父母、配偶父母、兄弟姐妹、祖父母、外祖父母。

4）产假。劳动法第 62 条规定："女职工生育享受不少于 90 天的产假。"《女职工劳动保护规定》第 8 条规定："女职工产假为 90 天，其中产前休假 15 天。难产的，增加产假 15 天。多胞胎生育的，每多生育一个婴儿，增加产假 15 天。"根据以上规定，法定的产假期为 90 天。用人单位可以根据本单位实际情况对产假时间另行规定，但不得低于法定标准。如果因为特殊情况休假超过 90 天的，只要有医院证明就可以向单位请病假，但病假期间不能享受产假待遇。

原劳动部还下发了一份《劳动部关于女职工生育待遇若干问题的通知》，对女职工产假、产假期间待遇及适用范围等问题作出更为详细的解释：

① 怀孕不满 4 个月流产时，应当根据医务部门的意见，给予 15 天至 30 天的产假；怀孕满 4 个月以上流产时，给予 42 天产假。产假期间，工资照发。

② 产假期满，因身体原因仍不能工作的，经过医务部门证明后，其超过产假期间的待遇，按照职工患病的有关规定处理。

在现行的劳动法中，只有女职工生育可以休产假的规定，并没有男职工休陪产假的明确规定。男士带薪休陪产假目前在法律上还是空白。一般情况下，正常的是 3 天，若妻子属于晚育（生育时满 24 周岁），则再奖励 7 天，共 10 天。

5）工伤假。员工工伤假期享受全薪待遇，但员工的工伤需经饭店医务室及指定医院的确认。

6）年休假。饭店不同级别的员工可享受不同时间长短的年假，主管级（包括主管级）以下的人员每工作满 1 年的，可享受 1 年 8 天年休假；主管级以上的员工每工作满 1 年的，可享受 1 年 12 天的年休假；每工作超过 1 年的，增加 1 天年休假，但最终不得超过 15 天。

员工休年假期间，如遇法定假日的，不可增加在年假内。年休假应尽可能一次休完，这要视饭店的营业状况来决定。申请年休假必须提前 15 天，经所属部门与人力资源部门审核后方可有效。同时年休假不可以累积。不经总经理批准而未按规定休假的，视为其自动放弃休年假的权益。

7）探亲假。①探亲假适用于在饭店服务满 1 年的员工。探亲假的对象必须是本市以外的人员。②探亲假为 15 天，在享受探亲假期间，如遇法定假期，不可增加在探亲假内。③员工探亲假属于有薪假期，但往返路费自付。④休探亲假的具体时间由员工本人与所属部门协商，由员工本人提出申请，部门根据工作需要给予安排，并交人力资源部确认备案。

8）病假。①试用期内员工不享受有薪病假，月病假超过 3 天的，按试用不合格作劝退处理。②试用期满的员工每月可享受 2 天有薪病假，但不可累积。

9）事假。①员工没有特殊理由不得申请休事假；②员工确有特殊原因需要休事假的，需提前填写“事假申请单”，向所属部门经理申请，3 天以内的由所属部门审批，3 天以上 5 天以内的由所属部门与人力资源部共同审核批准，5 天以上的需经总经理批准；③休事假期间，扣除休假期间工资。

课外阅读

案例 1　有面镜子叫香港

以前我们总爱用“弹丸之地”来形容香港，但在这个城市的细枝末节中，总能给我们一些“原来还可以这样”的感叹。

1. 香港为什么不堵车

香港是世界上道路交通最繁忙的城市之一。走进香港，很多人会惊讶香港道路的狭窄与局促，又会惊讶香港道路管理的井然有序，极少出现塞车的现象。

在深圳，地铁口一般也就 4 个，而香港地铁往往一个站有多个出入口，设置在商场、写字楼、大学附近或内部。在旺角站，四周的出入口竟然达到 14 个之多。这样，人群就能够迅速分流出去，乘客进出地铁也很方便。

香港的交通管理，在很多地方都体现着“以人为本”的理念。比如，交叉路口行人过街信号配备了声音，为盲人等残疾人提供方便；人行横道在道路中间设置安全岛，实行二次过街的措施，一次绿灯来不及通过的行人可在安全岛等待。

为了有效使用路面，香港特区政府采取提高驾驶成本等手段有效控制了私家车的增长。香港目前每 1 000 人拥有 50 辆私家车，这个比例相对比较低。

最后，就是我们宣传多年的“宁停三分，不争一秒”反而在香港人身上真正实现了。比如在两条马路并作一条时，香港的车辆会自然而然地左边走一辆、右边走一辆，但结果就是，他们总能“按步抵达”。

2．香港为什么比上海、北京更可爱

当内地也拥有了摩天大楼，当内地也拥有了摩登衣裳，为什么却依然总觉得“还是香港更可爱”呢？答案就如同一位人士所说：“硬件几年可以赶上，软件则要几十年！”香港，充斥在城市的各个角落以人为本的人性化关怀细节，让我们叹为观止。

在香港，几乎所有通道拐弯处，都会有一面大反光凸面镜，使得视线无法直接到达的前方通道可以通过反光镜一目了然，让治安已经很好的香港更有安全感。

香港的地铁线路四通八达，但大多数换乘都可以在一个平面内完成，乘客从一列地铁走下，经过一条平面通道就可以走上另一列地铁。相信对于经历过其他城市地铁换乘时跑上跑下的人会有不同的感受。

我们大都有这样的经历，即使在超市只买一支牙膏也要等着前面推着一车物品的顾客结账后才能付款。但在香港很多超市为小于 10 件物品的顾客开通快速通道，这样就可以极大程度地节省只买少量物品者的时间了。

一本很厚的杂志，往往当翻阅到最后几页时会非常不便，但香港很多厚的杂志都设计为两边阅读，当翻阅到中间时，需要反过来从后面向前翻阅，这样就避免最后几页给人带来的不便。

在香港，在所有的公共洗手间如厕，都无需担心厕纸问题，因为厕纸供应都很充足，并且很少有厕纸用完而忘记及时更换的情况发生。

3．香港人为什么一过深圳就变了

这是深圳某个楼盘论坛里的一个帖子：“一直以来都觉得在香港，在公车或地铁上，他们不会去抢座，但他们一踏进深圳后，也会去抢巴士、抢的士什么的，也见过有些人到处扔垃圾等。但他们一回到香港又回到原来遵守规则的样子，为什么啊？”

可能大家都会想到香港对很多行为的严苛管理，但这只是一个方面。比如，狗粪问题是一个世界性话题。浪漫之都巴黎有“没踩过狗粪不算到过巴黎”之说，政府为此伤透了脑筋。但香港为什么就做到了“不能让狗粪有碍观瞻”？其实仅仅依靠高额罚款这样的“硬手段”是远远不够的，香港人还有一手“软”的：街头时有“请勿让你的犬只在公家地方遗下粪便，违者将被检控”的警示牌；食物和环境卫生署在街道上设置了约 1.8 万废纸箱和狗粪收集箱，清洁工人每天至少清理一次。

4．香港的大学为什么偏爱穷娃子

香港的大学最初只在内地几个大城市招生，但后来他们改变了招生的方针。首先，他们把招生面扩大到大约 20 个省市，并且特别注重向云南、贵州等偏远穷困地区倾斜。第二，他们取消了面试。有个负责老师的解释是：那些能从四川跑到北京五星级饭店来见你的，都是什么人？我们不给他们机会，他们还会有许多机会。可是，那些从云南、贵州招来的学生，我们提供的机会，对于他们就很重要。我们是办教育的，目的是要改变学生的命运。这些小地方来的穷学生，他们的命运会被我们改变，所以把资源投到这里最有价值。

他讲这些，完全没有施主的优越感。相反，他对这些穷学生充满尊重和感激："我们招这些学生，不仅是为他们，也是为了自己。在香港长大的孩子，视野太小了。我们有责任帮助他们认识不同人的经验。北京、上海、深圳的学生和他们区别不大，但如果一个学生从连肚子都吃不饱的地方来，就会给香港学生带来一个新世界。他们的存在，会提高我们的教育水平。"

香港很小，视野却很大。

案例2　波特曼丽嘉：一切来自员工满意度

上海波特曼丽嘉饭店的800名员工有充分的理由为自己的饭店感到自豪。在过去的两年里，他们分别蝉联了"亚洲最佳商务饭店"和"亚洲最佳雇主"的第一名。

对于到波特曼丽嘉来探寻成功秘诀的人们，总经理狄高志（Mark J. Decocinis）喜欢勾画出一个三层金字塔，来解释一切的基础来自于员工满意度："从下至上依次为员工满意度、顾客满意度和饭店赢利，所以我最重要的工作就是要保证饭店的员工们在每天的工作中都能保持愉快的心情，他们的努力决定一切。"

根据著名的人力资源咨询公司翰威特的"最佳雇主调查"，员工满意度达到80%的公司，平均利润率要高出同行业其他公司20%左右。而事实上，从1998年正式营运以来，这家五星级饭店的员工满意度与顾客满意度就一直相携节节攀升，到今年同时达到了97%的高点。

波特曼丽嘉并不讳言与所有的商业机构一样，其经营的最终目标是持续实现赢利；每位员工也明确了解自己是促成总体经营结果的一部分。他们的制服口袋里装着饭店统一的信条卡，其中饭店对员工承诺的第一条写着："在丽嘉，我们的绅士和淑女是对客服务中最重要的资源。"而这一点，也正体现了上海波特曼丽嘉饭店处理一切员工事务的精髓要义。

1．员工满意从招聘开始

上海市四星级以上饭店的员工流失率平均为22%～23%；而在波特曼丽嘉，去年这一数据仅为18%，为业内最低。"我们的员工流失率每年都在降低，更多的人愿意留在这里。"人力资源经理丁萍说。她自己就是从饭店开张到现在一直工作了五年的老员工。在她看来，为减少员工流失、提高满意度而做的工作，从招聘时就已经开始。

在饭店行业里，丽嘉的招聘条件是出了名的严谨。它选中的员工既要拥有从事不同岗位所需的特殊天赋，其个性与价值观也必须与丽嘉文化相符合。只有同时具备了这两方面，员工才会真正找到归属感。"所以决定聘用一个人之前，我们会花很多心思和精力向他介绍丽嘉饭店的文化，以及了解他对这里的真实感受。"狄高志说。

公关协调员严娜2001年从旅游管理专业毕业，当时以培训生的身份加入饭店。"和正式员工一样，我们也要通过五关面试。"她对当初的严格选拔记忆犹新：首先应聘者要接受人事部共有55个问题的选拔程序，由此判断是否具有从事服务行业的天赋和热情；随后需要就岗位知识技能、职业发展目标、饭店文化适应能力等方面分别接受部门经理、部门总监以及人事总监的考核；最后是与总经理本人直接面谈。“总经理会亲自参加所有岗位新员工的面试，他希望了解我们的个性，以及为什么想来这里工作。”

她的亲身感受是，一旦加入丽嘉，就会被当作未来相当长期的合作伙伴而受到信任。即使在一年的培训生阶段，她也得到了很多发挥自己才能的机会。“刚来不久我就参与了APEC的接待工作，去了其他饭店的那些同学都非常羡慕我。”

2．尊重信任的相处之道

来上班之前，你可能会遇到很多不愉快的事情：丢了东西、没有赶上公车、迟到了，但是一旦来到饭店，身边每个同事都在对你微笑问候，这样大家庭式的工作氛围是否会增加你的工作动力？“营造互相尊重和信任的环境，是让员工在工作中保持愉快心态的最重要一环，”丁萍强调说。

（1）尊重同事，重视自己　波特曼丽嘉不久前翻新了自己的员工餐厅，这大概已经是上海滩上最漂亮的“食堂”。“不仅有美味的食物，优雅的用餐环境更让人觉得饭店非常尊重我们。”严娜说。丽嘉集团的全球总裁高思盟（Simon Cooper）说过：“我们提供专业的服务，但我们绝非仆人。”与此相对应的是，丽嘉提出“我们以绅士淑女的态度为绅士淑女们忠诚服务”的座右铭，时刻提醒全体员工作为专业服务人士，要以相互尊重和保持尊严的原则对待客人以及同事。

在饭店里，工程部、客房部、管事部、厨房等一线岗位的员工通常需要付出大量的体力劳动。但相对辛苦的职位并不会让他们产生低人一等的感觉。其中的关键是波特曼丽嘉始终强调，每一位绅士淑女的工作，都是为饭店每天的成功运转贡献了重要的一部分。狄高志提起一位管事部的女士，她负责清洁客人们使用的那些精美的玻璃杯和瓷器。这位女士为自己的工作感到自豪，因为晶莹剔透的器皿也是客人愿意再次来到餐厅消费的原因；同时她觉得要保证器皿的流通速度，否则会影响侍应生为客人服务的心情。

“她给我留下了很深的印象。因为从这个例子可以看出，员工体会到，每个人的工作都会影响到其他同事的满意度、客人满意度以及饭店的最终运营情况。”狄高志对这一点非常满意：“只有重视自己，才会把自己当作饭店的主人，也才会彼此尊重。”

其他部门的员工有时也会参与到服务性的工作中来。丁萍和她的同事们曾经在饭店举办大型活动时到宴会厅帮过忙。她说：“来宾有近千人，忙不过来，所以我们每个部门都抽一些人过去，做一些接待、端盘子这样力所能及的事情，也是体现我们人人平等、互相帮助的企业文化。”

在波特曼丽嘉，无论是老板、主管还是普通员工，如果想表示对他人工作的尊重和感谢，都可以在一流卡（First-Class Card）上写上鼓励的话，装在信封里交给他。“只是为了谢谢你的帮忙，或是说声你做得不错，”公关经理章蕴说。上个星期狄高志就收到了分别来自公关部和客房部的一流卡。“这种感觉很好，我希望能收到更多，而且我们每个人都应该更经常地送出一流卡表示对别人劳动的尊重。”他说。

狄高志还有一个别出心裁的方式来款待饭店的绅士淑女们。逢年过节，他会用自己的那辆三轮摩托载着两名员工在市中心兜上一圈。“这可是总统级的待遇，”员工们笑言。因为这个“总经理市容观光游”通常只是为入住饭店总统套房的贵宾准备的。

（2）充分信任，授予权力　去年在伦敦，狄高志与饭店的亚洲大客户举行会谈时，一位女士走过来，告诉他一个行李生的故事。不久前，她与丈夫来到上海波特曼丽嘉下榻，打开整洁舒适的房间后，觉得很不错。但那位行李生主动提出，她的丈夫非常高，所以建议并帮助他们换了另一间有大床的大房间。这位女士觉得非常惊喜和满意。换房间本来并非行李生的职责，而他自己可以运用权力做出这个决定。回到欧洲以后，她告诉了许多人波特曼丽嘉的员工是如何设身处地为客人考虑的，而且他们拥有饭店赋予的自主权力。“相信她的朋友和家人在选择饭店的时候，一定会先考虑我们。这就是充分信任员工给我们带来的回报。”狄高志非常自豪。

为了使客人获得更好的服务，波特曼丽嘉给每位员工 2 000 美元的授权。在这个范围之内，员工不用请示上级就可以作出力所能及的决策，碰到突发事件也可以及时给客人满意的答复。这种高度信任的基础应当归结于慎重的招聘程序，到目前为止没有一位员工滥用这一权限。丁萍说：“正是因为相信我们所挑选的每位员工都有服务的天赋和热情，才会充分信任他们用自己的想法为客人服务。”

丽嘉的信条中提到：“丽嘉的服务经验除了可令宾客身心舒畅，甚至可以满足客人内心的需求与愿望。”为了做到这一点，每位员工为客人服务的主动性都被看重，饭店所做的就是信任他们，培养他们，并给予自由发挥才干的空间。狄高志强调信任是每一个人都需要的东西：“比如我自己，我很享受我的工作是因为我得到了充分的自由去对饭店负责，而不是每件事情都请示集团的总裁。”只有创造相互信任的氛围，员工才会对工作感到满意，并把这种信任提升为对工作的积极投入，用出色的服务提高客人的忠诚度，最终给饭店带来回报。这是一个良性的循环。

3．肯定员工的个人价值

尽管波特曼丽嘉 90%的员工工资都是上海市五星级饭店相同职位中最高的，但狄高志却认为薪酬并非创造员工满意度中最重要的因素。饭店开张的 1998 年恰逢亚洲金融危机，经营上出现一些困难，多数员工都没有计较收入变动而选择与饭店共渡难关。丁萍提及，现在常有新开业的饭店到丽嘉来高薪挖角，但很少有员工愿意去。“我们的员工是很成熟的，为了一两千元放弃这里的企业文化、工作环境和经营理念对他们来说太不值得。”

根据饭店的调查，让员工最满意的方面除了“饭店把我们当绅士淑女看待”之外，是他们的贡献得到了充分的肯定和奖励。这也是他们愿意留在饭店并付出更多努力的重要动因。狄高志认为首先”要给员工一种作为个人被认可的感觉”。当经理人对一个部门或一个团队说，你们所有的人都很棒，固然很好；但这与单独对某一个员工说，你这件事情做得很不错，留下的印象深刻程度是完全不同的。如果仅仅表扬集体，忽视个人需要，那么从心理学角度，个人就会产生一种匿名感而产生消极影响。

与一些高高在上的经理们不同，波特曼丽嘉从总经理到各级部门总监、主管都会经常在饭店巡视，关注每位员工的工作；平时也会注意收集自己员工的兴趣爱好，在奖励他或过生日时投其所好。“作为管理者，应当多花点时间去了解每位员工做了些什么特别的事情，他需要什么样的鼓励和肯定。这对于让员工保持积极心态是非常关键的。”狄高志说。

在饭店大堂，有一位专职问候来店客人的员工 Nick Huang，他可以叫出饭店所有常客的名字，并用各国语言和他们热情地打招呼。客人们都很喜欢他，看见他就如同看见自己的管家一样亲切。由于这份天赋，五年来 Nick 没有换过岗位，但为了表示对他个人价值的肯定，每年饭店都会提高他的待遇。目前他的级别相当于大堂副理（Chief Lobby）。“我感到非常满足，”这位年近半百的绅士说道。

除了日常的关注和奖励之外，饭店会在每个季度正式评选出五位五星奖员工和一位五星奖经理。这个奖项由员工们相互评选，只要认为是在此期间个人表现特别优秀的，都可以获得提名。颁奖那天，饭店举行一个由全体员工参加的隆重晚宴仪式，被提名的员工会得到一张认可证书。最后评选出的六位除了奖金外，还被授予一座精致的奖杯以及一枚可以每天佩带的五星徽章。随后在年末，会从本年度的 24 位获奖者中再评选出年度五星奖，获奖者有机会到丽嘉集团在全世界管理的其他饭店中去分享经验。“五星在饭店业里象征着最高级别。”在饭店开张第一年就当选为年度五星员工的 Nick 自豪地说。

4．前景光明的职业道路

曾经在很多国家的丽嘉饭店工作过的狄高志认为，丽嘉集团在 20 年前成立时确立的关注员工的公司哲学，与中国文化的精髓颇为吻合，“比如相互尊重、重视他人的劳动、关注个人抱负等。特别是这里的员工非常好学，而且每个人都很有自我发展的愿望。”波特曼丽嘉让员工感到满意的另一个重要方面，正是饭店为他们未来的职业发展考虑，让员工看到自己光明的前景。

（1）保证充足的培训时间　波特曼丽嘉的员工基本守则里有一条是：所有员工都必须圆满完成其工作岗位的年度培训课程。饭店拥有一套非常全面、完善的培训体系，保证每一个员工一年有 150 个小时左右的培训时间。这一数字相当于任何其他亚洲最佳雇主所提供培训时数的两倍。

对于新员工，饭店首先进行为期两天的入职培训，主要介绍丽嘉的历史、企业文化和经营理念；进入各个部门之后，则是为期三个月的培训，根据不同的岗位需要依照详细的清单完成。“员工加入饭店 21 天以后，培训部会听取他们的反馈，相应调整培训计划并进一步强调公司理念。”丁萍介绍说。事实上，不仅与新员工就培训方案有所交流，饭店还会定期发出一些培训需求的咨询，根据员工的整体需要作出有关的课程安排。

在技能方面，每个部门都有自己的培训师，一般是由对培训工作有兴趣也有天赋的老员工担任。他们在人事部的指导下学习培训方法，并被授予相应的资格去培训部门的其他员工。在知识方面，饭店会定期开设课程，包括领导力、沟通技巧、企业管理等，员工如果到了一定级别或是有兴趣都可以参加。有些员工还会要求去外面读书，只要是与工作有关的课程，如旅游、英语、计算机等，饭店就会替他支付继续深造的费用。

每个月各种培训课程都会贴在人事部的告示栏里，以供员工自由选择；同时饭店还鼓励员工跨职务、跨部门参加培训。“比如人事部有人去上烹饪班，餐饮部的可以去销售部学习。”丁萍说。这样既增强了部门间的联系，又增加了员工技能，为他未来的职业发展提供了更多的选择。

在领班、主管、经理这一级别上尽量选拔使用内部人才，波特曼丽嘉几乎从来不考虑外聘，而是选择内部提拔。每年都有超过 100 位员工，可以在原来的岗位上得到提升。本地员工也有机会取代较高位置的外籍员工。目前前厅部经理、宴会厅总监、餐饮部副总监等重要职位都是由本地员工担任的。管理层对自己培养的员工寄望很高，并且认为让他们看到职业发展的前景，不仅有助于在工作中产生更大的动力，还能够给其家庭以信心并获得支持。

对员工的提拔一般根据每半年进行一次的员工评议来考量。部门负责人会就其工作表现和水准做出评价，同事们也会提出各自的意见，有些职位还需进行技能考核。“不过这些都只是我们参考的因素，很关键的一点是我们会和他沟通，看他本人是不是有上进的要求。”丁萍解释道。

（2）给员工改进的机会　SARS 期间，国内饭店业整体遭到沉重的打击，波特曼丽嘉无疑也受到影响。但在此期间，饭店没有裁掉一名员工。“其实我们基本上不会解雇员工，总是尽力把他们留在饭店里。”狄高志说，“特别是当出现了一些超出我们控制范围的问题，而导致饭店的效益受损，更不能将这种危害转嫁给员工。”

即使对那些一时表现不好的员工，人事部门也会仔细探求背后的原因：可能是最近家中有事使他无心工作；或是根本没有人好好教他，他不会做；也可能他主观上就不愿意做这个工作。经过客观的分析后，将分别有针对性地加以解决。

狄高志坦言，饭店尊重、关怀每位员工，但无疑期望他们都能够达到饭店要求的高水准，并做出最好的贡献。员工在举止、行事上出现偏差时，首先不是要责备，而是向他明确饭店标准并引导他改正；如果有需要，还可以为他调换工作岗位。“总之，员工有很多机会去改进。”

5．随时敞开的沟通之门

波特曼丽嘉的员工满意度从 1999 的 70%提升到了 2002 年的 97%，饭店上下在其中所做的努力有目共睹。狄高志认为，饭店目前已经实现了在薪酬、奖励、培训、职业发展等各方面的制度化执行。今后的进一步提高，来自于不断从小处着手，改进最基础的部分。每位员工都被鼓励寻找饭店运作中存在的弱点，并共同讨论解决。

在人事部工作多年的丁萍也感受到，影响员工心情的常常只是一些小事，如果沟通渠道不畅通，小事情得不到管理层的重视和解决，日积月累就会影响员工满意度乃至敬业度。

丽嘉的沟通制度是：每天的部门例会上，员工可以向主管反映前一天工作中发生的小问题，大家一起回顾具体出错的环节在哪里；每个月大部门会议，会讨论员工满意度的情况，向部门总监提出需要改进的地方，然后各部门会不断跟进事情的进展；另外，每个月人事总监还会随机抽取 10 个左右的各部门员工，一起喝下午茶。话题大到饭店硬件设施的维修，小到制服的熨烫，都会反馈到相关的部门加以解决。“我们会用最快的速度及时改进，否则也会给出进展的期限或者不能解决的解释，总之会让员工得到满意的答复。”丁萍说。她讲了一个例子：饭店女员工穿的连裤袜，多年以来发的都是很薄的丝袜，但是今年春天上海天气很冷，有员工提出丝袜不够保暖，希望可以换成天鹅绒、羊绒的厚袜子。“这样一来成本肯定会提高的，但我们觉得是合情合理的要求，所以就及时换了。”

狄高志每月也会邀请不同部门的员工与他一起共进早餐，问问大家最近的工作情况。“大多数时候，员工都表示挺开心的，当然他们也会带来一些小问题。而当我问，你们的主管是不是已经知道了？答案总是‘是的，并且已经在处理了’。所以他们告诉我，并不是因为他们得不到帮助，而只是想让我知道这件事情罢了。”他同时强调，自己要确保员工反映出来的每一个问题，都的确有人在关注和解决。“因为他们希望这些问题引起我的重视，但是我什么也不做的话，将会更加糟糕。”

这个早餐会仅仅是狄高志与员工交流方式中的一种。作为饭店的总经理，他把 70%左右的工作时间投入在与 800 名绅士淑女有关的事务方面。他认为自己了解员工需要和工作状况的最好方式，就是走到每个员工的实际工作环境中，亲身体会他们的感受，一起讨论如何更好地改进。而员工们也可以自由地到总经理办公室来，提出他们的建议和想法。“尽管我们每年都会进行员工满意度的调查，但员工满意与否是每天都要衡量的问题，而不是在进行某种调查时才存在。”

任务结论

饭店人力资源管理工作人员要具备很多的能力和较高的素质，不同类型的饭店需要不同形式的人力资源管理，同样对人力资源管理工作人员也提出了不同的工作和能力要求。饭店员工基本素质及优质服务意识培训的相关知识，为饭店的培训确立了目标。饭店员工唯有明确自身要求，才能不断提升自身素质。

课堂训练与测评

一、案例讨论

人力资源经理孙霞一点都没有马上要过“五一”长假的开心。事情缘于总经理授意她取消“五一”的饭店员工出游计划。

“饭店成立 3 年来，效益一直不错。‘五一’和‘十一’长假，饭店都会安排员工的旅游计划。但自去年底以来，由于饭店销售业绩下滑，老板大幅缩减了奖金和红包，结果员工怨声载道。特别是‘五一’节降临，由于迟迟看不到饭店有所安排，消极情绪、怠工现象时有发生。”孙霞对此感到非常无奈，她既无法说服老板继续掏钱维持员工的旅游福利，又对员工的怨气束手无策。

请你说明孙霞应当采取哪些措施以解决饭店目前面临的问题？

二、调研

学生分组调查所在地几家饭店的人力资源部，画出该饭店组织结构图和岗位设置分布图。

三、项目作业

李明是国企 M 公司的人事主管。在逐步认识到实行规范化、现代化人力资源管理的重要性后，她决定在企业内开展岗位规范工作，进行工作岗位分析，编制全公司职工的工作说明书，以求为公司人力资源管理的各环节打下一个良好基础。另外，作为国企的人事主管，她此举还有一个最直接的目的，就是想以此淘汰掉一大批不合格的人员：谁不能达到工作说明书的要求，就老老实实地下岗。但这项工作该如何进行呢？李明先是联系了几家人事咨询公司，但几次电话后，她觉得这些咨询公司的要价是公司领导无法接受的。自己做呢？人事部算上李明只有3个人，并且她们都没有专业学历。李明该如何做呢？

（1）你同意李明的做法吗？

（2）如果同意，请你帮李明设计工作岗位分析的步骤和程序。

模块 2

饭店人力资源规划

教学目标

能力目标

能够设计工作岗位分析调查问卷；能够运用工作岗位分析调查问卷收集工作岗位信息，进行工作岗位分析；能够编写工作岗位说明书；能够画出人力资源规划流程图；能够运用人力资源规划对人力资源的需求与供给进行预测；能够编写人力资源规划。

知识目标

掌握工作岗位分析的作用和流程；掌握工作岗位分析信息收集的基本方法；理解工作说明书的内容；掌握饭店人力资源规划的内容和作用；熟悉人力资源规划的步骤或程序；掌握人力资源需求预测方法与供给预测方法。

态度情感与价值观目标

熟悉饭店人力资源规划专员的工作职能。

项目 1　工作岗位分析

任务 1　收集工作岗位信息

任务描述

假如你是某饭店的人力资源部工作人员，要对采购岗位进行工作岗位分析，首先需要收集与工作有关的足够信息，请你设计一份岗位调查问卷来收集信息。

任务实施

表 2-1　岗位调查问卷

本调查问卷是为了帮助你清楚地描述你的工作。你所提供的信息将有助于更新你的工作描述。在你所从事的工作中，你需要最适当地描述的工作是什么，如何做，以及需要何种知识与能力去完成，请如实填写下表。谢谢你的支持与合作。			
一、基本信息			
姓　　名		填写日期	年　月　日
职务名称		职务编号	
所属部门		部门经理姓名	
二、调查信息 1．请你用准确、简洁的语言描述你的工作。 2．请认真详尽地描述你的日常工作、活动和职责。 3．请简明地描述你的上级是如何监督你的工作的。 4．请简述你的哪些工作是不被上级监督的。 5．请详细描述你在工作中需要接触到其他职务的哪些员工，并且讲明接触的原因。 6．请列举工作中需要用到的主要办公设备与用品。 7．请描述你在人事和财物方面的权限。 8．你认为胜任本岗位的工作需要何种经验，期限长短。 9．你认为胜任本岗位的工作需要什么样的知识和学历？所需专业知识？外语水平？计算机熟练程度？ 10．你认为一位没有相关工作经验的大专学历的人员，需要多长时间的培训可以胜任本岗位工作？ 11．你认为较好地完成岗位工作应该接受哪些培训课程？培训内容？培训方式？最少的培训时间？ 12．请描述你认为可较为有效开展工作所需的工作环境。 13．你认为什么样的性格、能力的人能够更好地胜任本岗位工作？ 14．你认为什么样的心理素质人员能够更好地胜任本岗位工作？ 15．请列举你的岗位组织关系。			
直接上级		直接下级	
内部接触		外部接触	
16．你对该工作岗位的评价。 17．你认为饭店以及你所从事的工作中存在哪些不合理的地方，应该如何改善？			
三、注意事项 1．填写人应保证以上填写内容真实客观，并且没有故意的隐瞒。 2．该问卷内容作为岗位分析的重要依据，如果填写人发现有遗漏错误，或其他需要说明的情况，请立即与饭店人力资源部联系。 填写人签字： 人力资源部负责人签字：			

任务分析

问卷调查法是指通过书面形式、以严格设计的心理测试项目或问题，让员工或相关人员填写问卷，收集工作分析所需信息的方法。问卷调查的优点是：费用低，快速，可有效地获取工作信息，调查范围广，样本量大，尤其适合规模较大的组织。缺点是：费时费力，要确保员工明白每一个问题的意思，由于员工主观或客观的原因，致使对工作的描述不全面、不正确，甚至夸大工作任务。

任务 2 使用关键事件法进行工作分析

任务描述

在职务分析信息的收集过程中，往往会遇到这样的问题：工作者有时并不十分清楚本工作的职责、所需能力等，此时，职务分析人员可以采用关键事件法。具体的方法是，分析人员可以向工作者询问一些问题，如“请问在过去的一年中，您在工作中所遇到比较重要的事件是怎样的？您认为解决这些事件的最为正确的行为是什么？最不恰当的行为是什么？您认为要解决这些事件应该具备哪些素质？”等。对于解决关键事件所需的能力、素质，还可以让工作者进行重要性的评定，如让工作者给这些素质按重要性排队，按五点量表打分，或给定一个总分（如 20 分）让工作者将其分摊到各个能力、素质中去。通过进行工作分析，收集到有关工作的信息，便可以完成岗位描述和工作规范的任务。现以打字员为例予以说明。

范例：使用关键事件法对打字员进行工作分析

（1）关于打字员工作能力的准确、整洁的关键事件

职务：打字员

维度：工作准确、整洁的能力

关键事件：

① 查出信件、报告中显得不正确的地方，检查出来并改正。

② 书写每一侧都是对齐的稿件，看起来如印刷版。

③ 检查并纠正在给顾客邮寄的资料中的错误地址。

④ 当怀疑有不适合的做法时，不使用秘书手册。

⑤ 不按常规将图表、信笺错误地归档。

⑥ 由于粗心，颠倒次序，打错大小、位置及其他数据等关键信息。

⑦ 某个字可能有误时，不去查字典。

⑧ 产生打字错误，以至于必须重新打字 50～100 页。

（2）打字员/接待员职务描述

运营支持部门：

职位代码：7301-2

工资等级：GS-322-4

责任：在主管的指令下工作，属于操作支持部门。

所要求的知识、技术及能力条件。

① 打字速度达到 40 单词/分钟。

② 有礼貌。

③ 熟练使用 Word perfect、Lotus1-2-3 等软件。

最低资力要求：

① 高中或同等学历。

② 两年文字处理经验，精通 Word perfect 软件。

③ 一年数据库管理经验，特别是使用 Lotus1-2-3 的经验。

打字员/接待员职务描述见表 2-2。

表 2-2 打字员/接待员职务描述

任务	工作条件	绩效标准
打印信件	配置 IBM 的 PC 机、软件，以及机构工作手册	两小时之内，打完所有信件，无错误
接待来访者	部门主管会见日程安排	不出现预约来访者抱怨等待太久等情况，前提是主管准时约见
整理文档	使用 DBM 应用软件，接受主管的指令	每周更新档案，必须准时、完好

现在，请运用关键事件法描述你熟悉的一份饭店工作，撰写一份岗位描述，并分析哪些信息在这些工作中起什么作用？

任务实施

关键事件技术是一种半结构性的工作分析方法。该方法的操作基本步骤如下：

（1）收集职务行为的各种轶事即事件，这些事件一般来说都表明一项特定职务或一级职务上个人的工作绩效特别好或特别差的特征。这些事件可以采用个别或群体访谈、问卷、工作日志及其他手段，从任职者、同事、以前的任职者、上级或者他人那里收集。

（2）由专家评定这些事件是否真的就是好或坏的行为，因为有些任职者认为是好的事件其实是坏事件，反过来也一样。

（3）由 3 个任职者将已写出的事件归到一定的类别（或维度）中去。不同的维度之间的重要性是不同的。

（4）由另外 3 个任职者再次将写出的事件进行归类，并将归类的结果与第三步中的结果进行比较。对于那些不能一致归类的事件则把它排除掉或另列一类。最后对分析提炼、划分类别的结果进行列表，从而得出一幅职务基本特性的总体画面。

需要注意的是：在运用关键事件技术时要注意类别的确定，或者说是维度的确定。要根据不同的维度来确定事件。

任务分析

1. 如何找出关键事件

（1）想想某一事件让你感觉到某人工作得有多好？

（2）该事件的详情？

（3）该事件是否明确让你感觉某人绩效良好、一般或差？

2. 关键事件的内容

（1）原因和背景；

（2）后果；

（3）员工能否支配或控制上述后果。

任务 3 编写一份工作说明书

任务描述

假如你是某饭店的人力资源部工作人员，通过调查问卷收集到了足够的信息，现要对前厅部经理岗位进行工作岗位分析，请根据所收集到的信息编写一份工作说明书。

任务实施

参照范本见表 2-3。

表 2-3 前厅部经理工作说明书

职　务	前厅部经理	部　门	前　厅　部
职　级	A 级管理人员	员　额	1
上级主管	客房部经理或副总经理	下属人员	前厅部所属人员
工作时数	轮班制	休　假	周日及法定假日轮休
性　别	男/女	年　龄	30～45
教育程度	大专毕业，主修酒店相关专业，或同等学力		
专　业	前台行政和作业程序，电脑基本概念，各种前台报表的制作与使用		
工作经验	同级酒店前台经理 1 年以上或前台副经理 2 年以上，或次级酒店前台经理 2 年以上		
工作能力	接待酒店客人，解决顾客抱怨，英文说写流利，操作前台电脑系统		
性格/仪表	仪表端正，个性开朗，乐于助人，积极主动		
体　型	正常体位，可长时间（每日 2～3 小时）站立工作		
工作关系	房务部、业务部、财务部、保安部、人力资源部、总经理办公室		
晋升关系	客房部经理		
主要职责	控制定房和折扣，督导接待人员分配客房，制定前台作业程序，负责所属人员的任用、训练、督导与考核，各种有关前台的资料记录、存档及整理，与相关部门如房务部、业务部及财务部沟通协调，制作住房预测、住客名单等报表，处理旅客各项疑难及抱怨事件，制作前厅部作业流程、标准、政策及规定		

任务分析

工作说明书是组织对各类岗位的性质和特征、工作任务、职责权限、岗位关系、劳动条件和环境，以及本岗位人员任职的资格条件等事项所作的统一规定。工作说明书是以岗位的事和物为中心，对岗位的内涵进行深入分析，并以文字图表的形式加以归纳和总结，成为企业劳动人事管理规章制度的重要部分，为企业进行岗位设计、岗位评价和岗位分类，强化人力资源管理各项基础工作提供了必要的前提和依据。

相关知识

小资料 工作岗位分析常用术语

（1）工作要素　工作中的不能分解的最小动作单位，如运行李包括将行李搬到行李车上、推车到指定地点、搬下行李、放到指定地方 4 个工作要素。

（2）工作任务　在一定时间内，为达到某一目的而进行的一系列活动，可以由一个或多个工作要素构成，如给瓶子贴标签只有一个工作要素，而上述搬行李有 4 个。

（3）职责　为实现一定的组织职能或工作目标而承担的一项或多项任务组成的活动，如工作满意度调查是人事经理的一项职责，打字员的职责包括打字、校对、简单维修等任务。

（4）职位　又称岗位，指担负一项或多项职责的一个任职者所对应的位置。职位与员工个体一一匹配，职位数量等于员工数量。职位以事为中心，强调人所担任的岗位，而非该岗位的任职者。

（5）工作或称职务　由一个或一组主要职责相似的职位组成。一项工作可以只有一个职位，也可以有多个职位，如营销工作可能会有许多从事不同营销工作的人。

（6）职业　不同组织中不同时间从事相似活动的一系列工作的总称，如工程师等。

（7）工作族　又称工作类型，指两个及以上工作任务相似或所要求的人员特征相似的一组工作。

思考：职位、职务、职业的区别何在？

一、工作分析定义

工作分析也称岗位分析或职位分析，是对企业各类岗位或工作的性质、任务、程序、劳动条件和环境，以及员工承担本岗位或工作应具备的技能、责任和知识等资格条件所进行的系统分析和研究，并制定出岗位规范和工作说明书等人事文件的过程。通过工作分析可以确定某一工作的任务和性质是什么，哪些类型的人适合从事这项工作。

二、工作分析的作用

（1）选拔和任用合格的人员，公平就业。

（2）制定有效的人事预测方案和人事计划。

（3）设计积极的人员培训和开发方案。

（4）提供考核、晋升和作业的标准。

（5）提高工作和生产效率。

（6）建立先进、合理的工作定额和报酬制度，同工同酬，合理差距。

（7）改善/改进工作设计和优化劳动环境。

（8）加强职业咨询和职业指导（职业生涯规划）。

（9）岗位评价的基础。

三、工作分析的流程

（1）准备阶段　准备阶段是工作分析的第一阶段，主要任务是了解情况，确定样本，建立关系，组成工作小组。

（2）调查阶段　调查阶段是工作分析的第二阶段，主要任务是对整个工作过程、工作环境、工作内容和工作人员等主要方面作一个全面的调查。

（3）分析阶段　分析阶段是工作分析的第三阶段，主要任务是对有关工作特征和工作人员特征的调查结果进行深入全面的分析。

（4）完成阶段　完成阶段是工作分析的最后阶段，前三个阶段的工作都是以达到此阶段为目标的，此阶段的任务就是根据规范和信息编制“工作描述”和“工作说明书”。

四、工作分析的基本方法

1. 观察法

（1）定义　观察法是指工作分析人员通过对员工正常工作状态进行观察，把有关工作各部分的内容、原因、方法、程序、目的等信息记录下来，并进行比较、分析、汇总等方式，得出工作分析成果的方法。

（2）优缺点　较适用于从事体力和事务性的工作人员，如搬运工、操作员、文秘等；感性、全面，可以与员工一起讨论工作中的一些模糊的问题和内在的规律；时间长和花精力。

（3）分类　观察法可分为直接观察法、阶段观察法和工作表演法。

1）直接观察法，工作分析人员直接对员工工作的全过程进行观察，如餐厅服务员的工作过程。

2）阶段观察法，为完整观察到一些周期性较长的工作，采用分段进行观察的方式，如观察行政人员年底筹备年终总结工作经验。

3）工作表演法，工作分析人员对某些工作周期很长、突发事件较多的工作，让员工进行该工作的表演，从中进行观察的方式，如保安人员盘问可疑人员。

（4）工作岗位分析的观察提纲（见表 2-4）

表 2-4　工作岗位分析的观察提纲（部分）

被观察者姓名：	日期：
观察者姓名：	观察时间：
工作类型：	工作部分：
观察内容：	
1．什么时候开始正式工作？________	
2．上午工作多少小时？________	
3．上午休息几次？________	
4．第一次休息时间从________。	
5．第二次休息时间从________到________。	
6．上午完成产品多少件？________	

（续）

7．平均多长时间完成一件产品？
8．与同事交谈几次？
9．每次交谈约多长时间？
10．室内温度______度。
11．上午抽了几支烟？
12．上午喝了几次水？
13．什么时候开始午休？
14．出了多少次品？
15．搬了多少次原材料？
16．工作场地噪声分贝是多少？

2．访谈法（面谈法）

访谈法（面谈法）是岗位分析者与岗位任职者面对面地谈话，收集信息资料的一种方法。在访谈之前，工作岗位分析人员应事先拟定访谈提纲，列出所有需要访谈的问题，并使对方了解访谈的目的。访谈时，应按照问题的顺序一一发问，并做好详细记录。同时，访谈应在轻松愉快的气氛中进行，使被访谈者畅所欲言，无拘无束地讨论他的工作。访谈法可以分为 3 种方式：①管理人员面谈——与该工作的主管访谈；②个别面谈——与从事该工作的每个员工交谈；③集体面谈——与从事相同工作的员工群体交谈。该方法的优点是方便、准确、沟通顺畅，特别适合对文字理解有障碍的人，缺点是时间和精力长，沟通与信息有过滤。但访谈法不能单独用来进行工作分析，必须结合其他方法。访谈法工作岗位分析见表 2-5。

表 2-5 访谈法工作岗位分析表

职位名称		主管部门	
所属部门		工作地点	
间接主管		监 督 者	
直接主管			
本职位设置的目的是什么？			
按顺序列举说明本职位的工作责任及其重要性（责任分为每日、一定时期内与偶尔担负的 3 种类型） 1．每日必做的工作　　完成该任务花费的时间百分比 （1） （2） （3） （4） 2．一定时间内必做的工作　　完成该任务的时间百分比（季、月、周） （1） （2） （3） （4） 3．偶尔要做的工作　　完成该任务的时间百分比 （1） （2） （3）			

3. 工作实践法

工作实践法指工作分析者从事所研究的工作，通过实际参与工作掌握有关工作要求的第一手资料，适合短期内可以掌握的工作。

4. 典型事例法

典型事例法是对执行工作者实际工作中具有代表性的工作行为进行描述，当记录数量够多时，即可提供相应信息。特别是对工作中特别有效或无效的行为，尤为适合。

5. 工作日志法

工作日志法是由员工本人按工作日志的形式，详细记录自己的工作内容、责任、职权、工作关系、工作负荷及感受，然后由分析人员进行综合归纳提炼，取得所需要的一种信息提取方法。该方法的优点是可靠性高，若能与访谈法结合，效果更佳；缺点是使用范围小，只适用于工作循环周期较短、工作状态稳定的职位。

6. 问卷调查法

问卷调查法通过员工所填写的标准化问卷了解其工作的任务、职责、环境特征等方面的信息，通过内容相互关联的问卷来收集岗位信息。常用的问卷是岗位调查表，根据岗位分析目的、内容等编制，包括基本资料、工作时间、工作内容、工作责任、任职者所需要的知识技能、工作劳动强度、工作环境等。问卷调查的问题主要有开放的、选择的（或称封闭的）两种形式。问卷调查的优点是费用低，能快速、有效地获取工作信息，调查范围广，样本量大，尤其适合规模较大的组织。缺点是费时费力，要确保员工明白每一个问题的意思，同时，由于员工主观或客观的原因，致使对工作的描述不全面、不正确甚至夸大工作任务。

工作分析问卷一般包括以下内容：

（1）职位概述，简要描述你所在职位的主要工作职责。

（2）按重要性排列。

（3）按每周工作频率排列。

（4）将上述日常工作的最重要的两项工作业务过程详尽地描述出来。

（5）工作联系：本部门、公司其他部门、公司以外的人员。

（6）管理和监督：对下属的管理和监督，不属于你直接管辖的人员的管理和监督，并说明为什么。

（7）文档处理：文档名称，来源/传递的部门，需要持有的文档。

（8）素质要求、特殊要求或专业技能。你所在职位是否需要诸如技术等级证书、程序员证书之类的岗位证书。

（9）其他素质要求：教育水平，学历，专业方向，工作经历，工作类型。

（10）工作时间，专门的培训，类型，时间，工具设备，日常工作中经常使用的工具名称。

（11）每周使用的时间。

7. 关键事件法

人力资源管理中，分析人员向工作者询问一些问题，以了解其对于解决关键事件所需的能力和素质及对工作者进行重要性评价的一种职务信息收集方法，称关键事件法。关键事件法是由美国学者福莱·诺格（Flanagan）和伯恩斯（Baras）在 1954 年共同创立的，它是由上级主管者记录员工平时工作中的关键事件——一种是做得特别好的，一种是做得不好的。在预定的时间，通常是半年或一年之后，利用积累的记录，由主管者与被测评者讨论相关事件，为测评提供依据。它包含 3 个重点：①观察；②书面记录员工所做的事情；③有关工作成败的关键性的事实。其主要原则是认定员工与职务有关的行为，并选择其中最重要、最关键的部分来评定其结果。它首先从领导、员工或其他熟悉职务的人那里收集一系列职务行为的事件，然后，描述特别好或特别坏的职务绩效。这种方法考虑了职务的动态特点和静态特点。对每一事件的描述内容，包括导致事件发生的原因和背景、员工的特别有效或多余的行为、关键行为的后果、员工自己能否支配或控制上述后果。在大量收集这些关键事件以后，可以对其作出分类，并总结出职务的关键特征和行为要求。

五、工作岗位分析的主要内容

饭店工作岗位分析就是对饭店某一特定工作或职务的目的、任务或职责、权利、隶属关系、工作条件、任职资格的描述和研究的过程。在这个过程中，通过对有关的工作信息进行收集、分析，然后作出明确规定，确认完成工作所需要的能力和资格。工作岗位分析的结果包括岗位描述和岗位规范两份文件。

1. 岗位描述

岗位描述具体说明某一工作的性质特点和环境特点，主要包括以下几个方面：

（1）职务名称，指组织对从事一定工作活动所规定的职务名称或职务代码，以便对各种工作进行识别、登记、分类以及确定组织内外的各种工作关系。

（2）工作活动和工作程序，包括所要完成的工作任务、工作责任、使用的原材料和机器设备、工作流程及与其他人的正式工作关系、接受监督以及进行监督的性质和内容。

（3）工作条件和物流环境，包括工作地点的温度、光线、湿度、噪声、安全条件、地理位置等。

（4）社会环境，包括工作群体中的人数、完成工作所要求的人际交往的数量和程度、各部门之间的关系、工作地点内外的文化设施、社会习俗等。

（5）聘用条件，包括工作时数、工资结构、工资的支付方法、福利待遇、该工作在组织中的正式位置、晋升的机会、工作的季节性、进修的机会等。

2. 岗位规范

（1）工作规范是指根据工作内容拟定员工资格，列明适合从事该项工作的员工所必须具备的资格条件、个人特征与所受训练，以供招聘使用。

（2）工作规范的内容主要包括任务（做什么，如何做，为什么做）、责任、经验、教育、训练、判断能力、主动性、体力动作、体力技能、沟通信息技能、嗅觉、视觉、听觉等。

（3）确定工作规范的要求，可从以下几个方面来考虑：

1）工作性质。根据工作性质，可了解需用人员的来源，处理工作所需要的知识、技能和经验等。

2）工作繁简难易。根据工作繁简难易程度的高低，可分为若干层次，凡工作繁杂而难者，处理工作所需的知识、技能和经验的水平也就越高。否则相反。

3）工作责任的轻重。根据工作责任轻重程度的高低，也可分为若干层次，凡工作责任繁重者，处理工作所需要的学识、技能和经验的水平也就越高。否则相反。

课外阅读

案例 1 为什么离职

台北市一家进口海产公司，由于业务人员流动太大，便请了一位人力资源主管来管理。这位人力资源主管先进行了解，为什么业务人员流动率高达 50%，是不是薪资问题、工作问题及公司制度问题？经过一段时间的访问、观察及分析，发现业务人员待遇很高，高中毕业生一个月左右领到 2.5 万～3 万元，如果工作努力，业绩好的甚至可以领到 4 万多元，因此每次征募业务员时，应征者不乏其人，但工作两三个月便辞职。

从离职面谈统计中他发现，工作性质对离职的影响比较大，业务员必须早上三点钟去仓库批货，五点钟以前到批发或零售鱼货市场向中盘鱼贩或小贩推销海产。台北市的青年人习惯晚睡、晚起，这种工作时间，一方面他们本身很不习惯，另一方面无法与其他朋友下班后一起游玩。在工作环境及性质方面，这些青年很不习惯与满口嚼着槟榔的鱼贩打交道，而且鱼腥味重，使他们对此工作有些厌烦。再一方面，台北市工作机会很多，虽然钱少一点，但工作性质符合他们胃口的也较多，在没有经济压力的状况下，就发生了这种高流动率的现象。

这位人力资源主管了解原因后，就利用工作性质及生活习惯能配合的人力资源来改善现况。澎湖的孩子很能吃苦，于是他到澎湖拜访澎湖水产学校，交涉合作事宜，从澎湖水产学校的毕业中挑选储备业务员，组成一班 50 人，在台北租房子供他们吃住，照顾他们的生活，一方面给予他们与其他业务员同样的待遇，另一方面也安排半读的课程上课。

由于集体管理，工作时间很能配合，更由于收入比在澎湖工作高，因此业务员的流动率大幅降低，业务量也有很明显的增长。

显然，这位人力资源主管成功地运用人力资源规划的观念完成了这项任务。

案例 2 相互协作，共渡难关

美国加利福尼亚大学的学者做了这样一个实验：把 6 只猴子分别关在 3 间空房子里，每间 2 只，房子里分别放着一定数量的食物，但放的位置高度不一样。第一间房子的食物就放在地上，第二间房子的食物分别从易到难悬挂在不同高度的适当位置上，第三间房子的食物悬挂在房顶。数日后，他们发现第一间房子的猴子一死一伤，伤的缺了耳朵断了腿，奄奄一息，第三间房子的猴子也死了，只有第二间房子的猴子活得好好的。

究其原因，第一间房子的两只猴子一进房间就看到了地上的食物，于是，为了争夺唾手可得的食物而大动干戈，结果伤的伤，死的死。第三间房子的猴子虽做了努力，但因食物太高，难度过大，够不着，被活活饿死了。只有第二间房子的两只猴子先是各自凭着自己的本能蹦跳取食，最后，随着悬挂食物高度的增加，难度增大，两只猴子只有协作才能取得食物，于是，一只猴子托起另一只猴子跳起取食。这样，每天都能取得够吃的食物，很好地活了下来。

做的虽是猴子取食的实验，但在一定程度上也说明了人才与岗位的关系。岗位难度过低，人人能干，体现不出能力与水平，选拔不出人才，反倒成了内耗式的位子争斗甚至残杀，其结果无异于第一间房子里的两只猴子。岗位的难度太大，虽努力而不能及，甚至埋没、抹杀了人才，有如第三间房子里的两只猴子的命运。岗位的难度要适当，循序渐进，如同第二间房子的食物。这样，才能真正体现出能力与水平，发挥人的能动性和智慧。同时，相互间的依存关系使人才间相互协作，共渡难关。

案例3 小V的烦恼

Dean进入某酒店后有点找不着北。有事，A部门说“归B部门管”，B部门称不知道，让他找C部门。Dean觉得有必要对岗位和责任进行梳理，建议HR部门进行工作分析。HR经理却摇摇头告诉他，员工对此发怵，不配合，工作分析很难进行。

人力资源专员小V接到指示，公司在这个月将开展工作分析。人力资源部的每个成员自然成为工作分析小组成员，小V要负责销售部门各个岗位的工作分析。他决定先从普通的销售员开始，从下往上分析，把销售经理摆在最后。

事实上，普通员工的态度并没有小V预期的那样配合。“工作分析？干吗用的？你们人力资源部还真是吃饱了没事干。”资历深厚的直接质疑小V。“哦，是不是要裁人啦？怎么突然要分析工作了呢？”胆小者支支吾吾，疑心重重。“真抱歉，手头忙，等过一阵再谈吧。”态度冷淡不配合的更不在少数。一周下来，小V精疲力竭，却收获寥寥。

任务结论

现代企业越来越重视“人本管理”，要在管理实践中体现“人本管理”的思想，在工作中充分发挥人的作用，工作分析就成了必不可少的一环。工作分析不仅是人力资源管理工作的核心，同时也是“人本管理”的基础。工作分析就是要真正落实员工与工作相结合的岗位，要做到这一点，就必须对组织目标、工作职责、员工特性做具体分析，让员工做自己希望做的工作。只有这样才能做到事得其人、人尽其才、人事相宜。

项目2 人力资源规划

任务1 熟悉饭店人力资源规划编制流程

任务描述

又到了岁末年终，酒店也即将迎来接待的高峰，在这行业繁荣的背后，如何促进酒店长足后续发展，此时也是一个关键时机。而其中，科学、实用地制定饭店人力资源发展战略和实施计划将是至为重要的一环。

战略性的人力资源管理对于饭店及其管理者来说一直是一个挑战。人力资源战略通常是指一年到五年的规划，包括饭店人力资源的整体政策和具体事宜。制定饭店的人力资源战略通常从5大方面来进行考虑：

（1）决策方面　即饭店的人力资源政策如何更好地为饭店整体战略进行服务，它的决策过程如何更科学地发现、提出、被论证及制定实施。当然很重要的一个环节是饭店选择什么样的绩效评估体系，因为它不仅仅关乎员工利益，而且将影响饭店的资源分配。

（2）领导艺术方面　作为企业领导者，他必须清醒地认识本饭店人力资源的现状和发展程度，清醒地认知劳动关系的环境和发展走势，这样才不会使饭店在人力资源管理上与正确的方向背道而驰。

（3）组织发展方面　主要指通常人力资源部门的工作战略，包括员工的招聘、薪酬和福利等。不能提供在未来人力资源市场上诱人的报酬和福利待遇，将丧失招聘竞争力，而这足以影响饭店战略目标的实施。

（4）培训计划　培训是一个系统过程，无论是员工还是管理层，它的定位应着眼于发展，应该视作饭店的一个长期投资的过程，同时也是战略计划的重要组成部分。

（5）激励方面　对于饭店来说，问题在于关键性或重要人才的流失率一直居高不下，而员工流失率低的饭店大多都有正规的留住核心员工的战略，以帮助饭店降低成本和保证服务质量。这些关于降低流失率的制度的制定同样仍是一个饭店资源分配的计划，它的侧重点应该在人力资源战略中得以细化。

在你看来，如何科学实用地制定饭店的人力资源战略与计划呢？

任务实施

饭店人力资源规划的编制流程如图 2-1 所示。

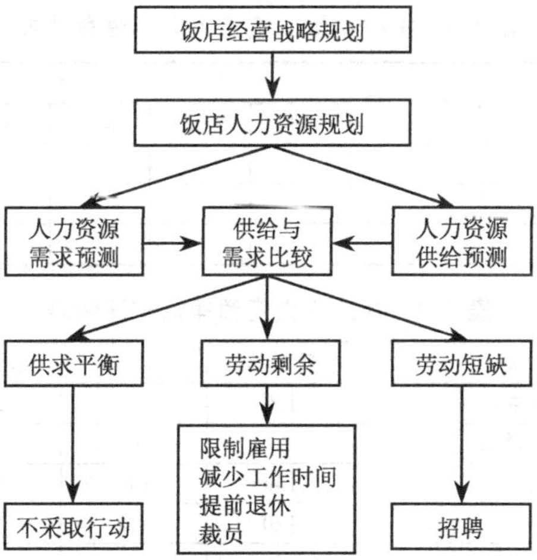

图 2-1　饭店人力资源规划流程图

任务分析

在编制饭店人力资源规划过程中，主要体现：

（1）饭店管理者通过分析饭店外部经营环境和内部条件，制定出包括饭店总的经营目标及其实现途径等内容的战略规划。其中，涉及企业战略决策的信息主要有产品结构、消费者结构、企业产品的市场占有率、生产和销售状况、技术装备的先进程度等企业自身的因素，涉及企业外部环境的信息包括社会、政治、经济、法律环境等。这些外部因素是企业制定规划的“硬约束”，企业人力资源规划的任何政策和措施均不得与之相抵触。

（2）制定详细的人力资源计划。

（3）在分析了人员需求和供给之后，确定它是处于劳动力剩余或是劳动力短缺。如果预测出劳动力剩余，则必须设法减少员工数量。方法包括限制雇用、减少工作时间、提前退休、解除聘约。如果预测出劳动力短缺，饭店就必须考虑从外部获得一定数量和质量的人员，进行招聘活动。

（4）制定人力资源供求平衡的总计划和各项业务计划，通过具体的业务计划使未来组织对人力资源的需求得到满足。

任务2　编制人力资源净需求评估表

任务描述

根据饭店人力资源的战略规划，分别按人力资源类别编制净需求，并按部门编制饭店人力资源净需求评估表。

任务实施

表 2-6　按类别编制饭店人力资源净需求

类别（按职务分类）	现有人员	需要人员	余　缺	预计人员损失						预计人员总需求
				调职	辞职	退休	辞退	其他	总计	
高层管理										
中层管理										
基层主管										

表 2-7　饭店人力资源净需求评估表

内　容	类　别	第一年	第二年	第三年	第四年	第五年
需求	年初人力资源需求量	120	140	140	120	120
	预测年内需求的增加	20	0	-20	0	0
	年内总需求	140	140	120	120	120
内部供给	年初拥有数	120	140	140	120	120
	招聘人数	5	5	4	3	2
	人员损耗	21	29	29	17	19
	退休	3	6	4	1	3
	调出或升迁	8	12	15	12	14
	辞职	8	10	9	3	1
	辞退或其他	2	1	1	1	1
	年底拥有数	104	116	115	106	103
净需求	不足或有余	-36	-24	-5	-14	-17
	新进人员损耗总计	3	3	2	2	1
	该年人力资源净需求	39	27	7	16	18

任务分析

（1）人力资源需求预测的典型步骤如下：

1）根据职务分析的结果，来确定职务编制和人员配置。

2）进行人力资源盘点，统计出人员的缺编、超编以及是否符合职务资格要求。

3）将上述统计结论与部门管理者进行讨论，修正统计结论。

4）该统计结论为现实人力资源需求。

5）根据企业发展规划，确定各部门的工作量。

6）根据工作量的增长情况，确定各部门还需增加的职位及人数，并进行汇总统计。

7）该统计结论为未来人力资源需求。

8）对预测期内退休的人员进行统计。

9）根据历史数据，对未来可能发生的离职情况进行预测。

10）将第 8、9 项的统计和预测结果进行汇总，得出未来流失人力资源需求。

11）将现实人力资源需求、未来人力资源需求和未来流失人力资源需求汇总，即得到企业整体人力资源需求预测。

（2）人力资源供给预测分为内部供给预测和外部供给预测两部分，具体步骤如下：

1）进行人力资源盘点，了解企业员工现状。

2）分析企业的职务调整政策和历史员工调整数据，统计出员工调整的比例。

3）向各部门的人事决策人了解可能出现的人事调整情况。

4）将第 2、3 项的情况汇总，得出企业内部人力资源供给预测。

（3）根据供求对比得出人力资源净需求。

任务 3　编制饭店人力资源规划

任务描述

何仁现任和平饭店人力资源部经理助理。11 月中旬，饭店要求人力资源部在两星期内提交一份公司明年的人力资源规划初稿，以便在 12 月初的公司计划会议上讨论。人力资源部经理王生将此任务交付给何仁，并指出必须考虑和处理好下列的关键因素：

（1）饭店的现状。饭店现有一线员工 850 人，文秘和行政职员 56 人，工程技术人员 40 人，中层与基层管理人员 38 人，销售人员 24 人，高层管理人员 10 人。

（2）统计数字表明，近 5 年来，一线员工的离职率高达 8%，销售员离职率为 6%，文职人员为 4%，管理人员和技术人员 3%，高层管理人员只有 1%，预计明年不会有大的改变。

（3）按企业已定的发展规划，文职人员要增加 10%，销售员要增加 15%，工程技术人员要增加 6%，而一线员工则要增加 5%，高层、中层和基层管理人员可以不增加。

要求在上述因素的基础上提出合理可行的明年人员补充规划，其中要列出现有的、可能离职的及必需增补的各类人员的数目。

假设你是何仁，请针对上述情况和前提条件，编制一份饭店人力资源规划。

任务实施

表 2-8　和平饭店人力资源规划

人员分类	现有人数	离职率（%）	离职人数	增长率（%）	增长人数	预测需求人数（含替离职人员）	明年人数
一线员工	850	8	68	5	43	111	893
文秘和行政职员	56	4	3	10	6	9	62
工程技术人员	40	3	2	6	3	5	43
中层与基层管理人员	38	3	2			2	38
销售人员	24	6	2	15	4	6	28
高层管理人员	10	1	1			1	10
合　计	1 018		78		56	134	1 074

任务分析

人力资源总体规划一般包含这样几个内容：①与饭店的总体规划有关的人力资源规划目标、任务、指导思想原则的说明，饭店现状分析，优势与薄弱点说明；②有关人力资源管理的各项政策、措施、实施步骤及总的预算安排；③内、外部人力资源需求与供给预测；④进行供需分析，并在供需一体化分析基础上求得人力资源净需求；⑤根据人力资源供需情况制定相应的平衡措施。

人力资源业务计划是总体规划的开展和具体化，涉及人力资源的各个方面，如招聘计划、培训开发计划、薪酬计划、升迁计划、人员保留计划及人员裁减计划、劳动关系计划等。

在编写人力资源规划时，要注意防止人力资源管理中可能会遇到的风险，如优秀员工被猎头公司相中、新的人力政策导致员工情绪不满、内部提升遇到阻力、外部招聘失败等。这些潜在的风险有些甚至会影响到公司的正常运作，甚至造成致命的打击。规避这些风险是人力资源部的一项重要职责，在编写人力资源计划时要结合公司实际，综合职务分析和员工情绪调查表，提出可能存在的各种风险及应对办法，尽可能减少风险带来的损失。

相关知识

小资料　**B 饭店 2007 年度人力资源管理计划**

B饭店近几年发展较快，为了饭店人力资源的优化发展，饭店总经理和人力资源部制定了 2007 年度人力资源管理计划。

一、职务设置与人员配置计划

根据饭店 2007 年发展计划和经营目标，人力资源部协同各部门制定了饭店 2007

年的职务设置与人员配置。在 2007 年，饭店将划分为 9 个部门，其中行政副总负责人力资源部和保卫部，财务总监负责财务部，业务副总负责前厅部、客房部、餐饮部、康乐部，技术总监负责工程部。具体职务设置与人员配置如下：

（1）决策层（5 人） 总经理 1 人、业务副总 1 人、行政人事总监 1 人、财务总监 1 人、技术总监 1 人。

（2）总经理办公室（4 人） 主任 1 人、秘书 1 人、车队司机 2 人。

（3）人力资源部（6 人） 人力资源经理 1 人、助理 1 人、文员 4 人。

（4）财务部（4 人） 财务部经理 1 人、会计 1 人、出纳 1 人、财务文员 1 人。

（5）前厅部（28 人） 经理 1 人、副经理 1 人、大堂经理 1 人、主管 4 人、领班 7 人、服务员 14 人。

（6）客房部（60 人） 经理 1 人、副经理 1 人、主管 4 人、领班 6 人、员工 48 人。

（7）餐饮部（54 人） 经理 1 人、副经理 1 人、主管 4 人、领班 8 人、员工 40 人。

（8）康乐部（20 人） 经理 1 人、副经理 1 人、主管 2 人、领班 4 人、员工 12 人。

（9）工程部（19 人） 经理 1 人、副经理 1 人、主管 2 人、领班 4 人、员工 11 人。

（10）保卫部（14 人） 经理 1 人、副经理 1 人、主管 2 人、员工 10 人。

二、人员招聘计划

1. 招聘需求

根据 2007 年职务设置与人员配置计划，饭店管理层人员数量应为 86 人，到目前有 77 人，还需补充 9 人。具体职务和数量如下：康乐部副经理 1 人、主管 1 人、领班 2 人；前厅部主管 1 人、领班 1 人；客房部主 1 人、领班 2 人。

2. 招聘方式

副经理、主管、领班：社会招聘。

3. 招聘策略

社会招聘主要通过参加人才交流会、刊登招聘广告和网上招聘 3 种形式。

4. 招聘人事政策

（1）领班 ①待遇：转正后待遇 1 500 元，其中基本工资 1 000 元，住房补助 200 元，社会保险金 300 元左右（养老保险、医疗保险、失业保险等）。试用期基本工资 800 元，满半月有住房补贴。②试用期 3 个月。③签订 3 年劳动合同。

（2）主管 ①待遇：转正后待遇 1 900 元，其中基本工资 1 300 元，住房补助 250 元，社会保险金 350 元左右（养老保险、医疗保险、失业保险等）。试用期基本工资 1 200 元，满半月有住房补贴。②试用期 3 个月。③签订 3 年劳动合同。

（3）副经理 ①待遇：转正后待遇 2 600 元，其中基本工资 1 900 元，住房补助 300 元，社会保险金 400 元左右（养老保险、医疗保险、失业保险等）。试用期基本工资 1 800 元，满半月有住房补贴。②试用期 3 个月。③签订 3 年劳动合同。④可享有饭店股份。

5. 风险预测

由于今年本市应届毕业生就业政策有所变动，可能会增加招聘难度。但由于饭店待遇较高，可以基本回避该风险。

三、选择方式调整计划

2006 年开发人员选择实行了面试和笔试相结合的考查办法取得了较理想的结果。在 2007 年首先要完善管理人员的选择程序，并且加强非智力因素的考查。另外在招聘集中期，可以采用“合议制面试”，即总经理、业务副总、部门经理共同参与面试，以提高面试效率。

四、绩效考评政策调整计划

1999 年已经开始对饭店员工进行了绩效考评，每位员工都有了考评记录。另外，在 2002 年起推行标准化的定量考评。在 2007 年，绩效考评政策将做以下调整：

（1）建立考评沟通制度，由直接上级在每月考评结束时与被考评者进行考评沟通。

（2）建立总经理季度书面评语制度，及时将饭店对员工的评价及期望反馈给员工。

（3）加强考评培训，减少考评误差，提高考评的可靠性和有效性。

五、培训政策调整计划

饭店培训分为岗前培训、管理培训和操作技能培训 3 部分。岗前培训在 1999 年已开始进行，管理培训和技能培训从 2006 年开始由人力资源部负责。2007 年，培训政策将做以下调整：

（1）加强岗前培训。

（2）管理培训与饭店专职管理人员合作开展，不聘请外面的专业培训人员。该培训分成管理层和员工两个部分，重点对饭店现有的管理模式、管理思路进行培训。

（3）技能培训根据相关人员申请进行。采取饭店内培训和聘请培训教师培训两种方式。

六、人力资源预算

1. 招聘费用预算

（1）招聘讲座费用：计划大专院校和本科院校各 5 个学校，共 10 次。每次费用 300 元，预算 3000 元。

（2）交流会费用：参加交流会 5 次，每次平均 450 元，共计 2250 元。

（3）宣传材料费：2500 元。

（4）报纸广告费：5500 元。

2. 培训费用

2006 年实际培训费用 40 000 元，按 20% 递增，预计 2007 年培训费用约为 48000 元。

3. 社会保障金

2006 年社会保障金共交纳 66 000 元，按 20% 递增，预计 2007 年社会保障金总额 79200 元。

人力资源部

2007 年 1 月 6 日

一、饭店人力资源规划的概念

人力资源规划，已逐步成为饭店人力资源管理的重要职能，并与饭店的人力资源政策融为一体。人力资源规划有广义与狭义之分。广义的饭店人力资源规划是指饭店根据其发展战略、目标及内外环境的变化，预测未来组织的任务和环境对饭店的要求，以及为完成任务和满足要求而制定和实施相应人力资源政策、措施的过程。它是饭店各类人力资源计划的总称，是战略规划与战术计划及具体实施方案的统一。狭义的饭店人力资源规划是指饭店对未来人力资源供求情况进行预测，为保证满足未来需要而提供人力资源的过程。狭义的饭店人力资源规划以追求人力资源的供求平衡为根本目的，主要关注人力资源供求之间的数量、质量与结构的匹配。

二、饭店人力资源规划的作用

饭店业属于劳动密集型行业，人在所有资源中起着重中之重的作用。因此，为了达到饭店的战略目标和战术目标，必须对人力资源进行规划。饭店通过制定人力资源规划可以起到以下作用：

1. 帮助饭店适应内外环境的变化

饭店外部环境中政治、经济、法律、文化、技术等因素处于不断变化之中，因而要求饭店在战略策略、组织结构、管理体制上作相应的调整，从而导致对人员需求的相应变化。如果饭店事先有良好的人力资源规划，就能做到心中有数，针对不同情况，采取相应的策略来应付各种变化，而不会仅仅是做出被动反应。

2. 为饭店管理提供重要依据

随着饭店规模的扩大和结构的复杂化，管理的工作量和难度都在迅速提高，无论是确定人员的需求量、供给量，还是职务、人数以及任务的调整，不通过一定的周密计划显然难以实现。例如，何时需要补充人员，补充哪些层次的人员，如何补充；如何组织多种需求的培训，对不同层次和部门的人员如何考评和激励等。这些管理工作在没有人力资源规划的情况下，必然陷入相互分割和混乱的状况。因此，人力资源规划是饭店管理的重要依据，它为饭店的录用、晋升、培训、考评、激励、人员调整等活动提供准确的信息和依据。

3. 有利于饭店合理利用人力资源，降低人工成本

人力资源规划可以调整人员配置不平衡的状况，进而谋求人力资源的合理化使用，使人工成本控制在合理的支付范围内。人力资源规划还可通过对现有的人力资源结构进行分析，找出影响人力资源有效运用的主要矛盾，充分发挥人力资源效能，降低人工成本在总成本中的比例，达到提高饭店经济效益的目的。

4. 有助于发挥人力资源个体的能力，调动员工的积极性

面对极高的员工流失率，许多饭店管理者往往将其简单地归结为饭店未能给员工提供优厚的待遇。事实上，“要生活，也要事业”已成为当前人们的普遍需求。员工进入饭店工作，不仅是为了能获得稳定的有吸引力的报酬，也是为了谋求自身发展。许多缺乏资金、

处于发展初期的中小饭店之所以能够吸引到优秀人才并迅速成长，成功之处就在于立足饭店自身的情况，营造饭店与员工共同成长的氛围，让员工对未来充满信心和希望，同饭店共同发展。因此，饭店人力资源规划要着重考虑员工的发展。在人力资源规划的基础上，引导员工进行职业生涯的设计和发展，让员工清晰了解未来的职位空缺，看到自己的发展前景并积极争取，从而充分调动员工的积极性。

三、饭店人力资源规划的内容

（1）从人力资源规划所涉及的范围可以分为战略层次的总体规划和战术层次的业务计划。

1）总体规划要以饭店战略目标为依据，对规划期内人力资源开发利用管理的总目标、总方针与政策、实施步骤、时间安排和总费用预算等做出总体的安排。如饭店进行重组，则要对饭店结构及职务职位重新进行详细的分析并确定后才能做出总体规划。

2）业务规划包括人员补充计划、人员调配计划、人员接替及晋升计划、教育培训计划、员工职业开发与职业发展计划、绩效评估及激励计划、劳动关系计划、员工参与和团队建设计划、退休及解聘计划等。业务规划的名称与内容都必须按本单位实际情况来决定，但其目的是一致的，都是围绕总体规划展开的具体计划。同时，其构成也基本一致，由目标、政策措施或条例制度办法等文件、实施步骤、时间表、经费预算等内容构成，它们不仅要能够支持总体规划的实现，而且彼此之间还要保持协调和平衡。

（2）从人力资源规划的用途及时间幅度来划分，可以分为战略性的长期规划、策略性的中期规划和作业性的短期规划。

1）战略性的长期规划，是指规划期限在5年或5年以上的，对决定饭店未来长远生存和发展的根本性、方向性、战略性问题所作的规划，它对饭店的人力资源管理有着长期的影响。

2）策略性的中期规划，是指规划期限在1～5年的规划，它是为了实现长期的战略而进行的。

3）作业性的短期规划，一般是半年到1年，主要是制定具体的作业性的行动方案，它是为了实现中期人力资源规划而进行的。

四、饭店人力资源规划的步骤

人力资源规划编制有以下几个步骤：

（1）制定职务编写计划　根据公司发展规划，综合职务分析报告的内容，来制定职务编写计划。编写计划陈述公司的组织结构、职务设置、职位描述和职务资格要求等内容。制定职务编写计划是描述公司未来的组织职能规模和模式。

（2）根据公司发展规划，结合公司人力资源盘点报告制定人员盘点计划　人员配置计划陈述了公司每个职务的人员数量、人员的职务变动、职务人员空缺数量等。制定配置计划的目的是描述公司未来的人员数量和素质构成。

（3）预测人员需求　根据职务编制计划和人员配置计划，使用预测方法来预测人员需求预测。人员需求中应陈述需求的职务名称、人员数量、希望到岗时间等。最好形成一个标明有员工数量、招聘成本、技能要求、工作类别，以及为完成组织目标所需的管理人员数量和层次的分列表。

（4）确定员工供给计划　人员供给计划是人员需求的对策性计划，主要陈述人员供给的方式、人员内外部流动政策、人员获取途径和获取实施计划等。通过分析劳动力过去的人数、组织结构和构成，以及人员流动、年龄变化和录用等资料，就可以预测出未来某个特定时刻的供给情况。预测结果勾画出组织现有人力资源状况及未来在流动、退休、淘汰、升职和其他相关方面的发展变化情况。

（5）制定培训计划　为了提升公司现有员工的素质，适应公司发展的需要，对员工进行培训是非常重视的。培训计划中包括培训政策、培训需求、培训内容、培训形式、培训考核等内容。

（6）制定人力资源管理政策调整计划　计划中明确计划内的人力资源政策的调整原因、调整步骤和调整范围等。其中包括招聘政策、绩效政策、薪酬与福利政策、激励政策、职业生涯政策、员工管理政策等。

（7）编写人力资源部费用预算　主要包括招聘费用、培训费用、福利费用等的预算。

（8）关键任务的风险分析及对策　每个公司在人力资源管理中都可能遇到风险，如招聘失败、新政策引起员工不满等，这些事件很可能会影响公司的正常运转，甚至会对公司造成致命的打击。风险分析就是通过风险识别、风险估计、风险驾驭、风险控制等一系列活动来防范风险的发生。

五、饭店人力资源规划的方法

由于经济全球化及信息技术的飞速发展，使得当今企业面临的内外部环境日益复杂。如今，企业在进行人力资源需求的预测时，考虑的往往不是单个因素的影响，而是多种因素的共同作用和相互影响。因此，将人力资源需求预测方法总体上分为定性和定量两大类。

1．人力资源需求预测的方法

（1）人力资源需求预测的定性方法

1）现状规划法。人力资源现状规划法是最简单的预测方法，较易操作。它是假定企业保持原有的生产和生产技术不变，则企业的人资源也应处于相对稳定状态，即企业目前各种人员的配备比例和人员的总数将完全能适应预测规划期内人力资源的需要。在此预测方法中，人力资源规划人员所要做的工作是测算出在规划期内有哪些岗位上的人员将得到晋升、降职、退休或调出本组织，再准备调动人员去弥补就行了。

2）经验预测法。经验预测法就是企业根据以往的经验对人力资源进行预测的方法。例如，管理者可以根据前期的任务完成情况，来预测未来某个时期内，增加相同的任务量将需要增加多少员工，也可以预测未来某个时期内，本组织内将有哪些岗位上的人将会离开，如晋升、退休、辞职、调动、降职等，以及这些岗位需要多少人员替补。经验预测法简便易行，但是采用经验预测法是根据以往的经验业进行预测，预测的效果受经验的影响较大。因此，保持历史的档案，并采用多人集合的经验，可减少误差。该方法主要适用于任务与人力资源需求较简单的情况，并且主要是用于短期的预测。

3）综合分析法。综合分析法是由组织内的各下属部门或基层单位，根据各自的生产任务情况、技术设备状况和人员配置状况，对自身的人力资源需求进行初步的预测，在基层预测的基础上，组织的职能部门（通常是人力资源部）再对基层的预测数据和结果进行专门的分析和处理，最终形成组织对人力资源需求的总体预测。综合分析方法比较简单，但必须对基层的预测予以指导和监控，以期尽量获得准确的结果，适用于中短期预测。

4）德尔菲法（Delphi）。德尔菲法最早出现于20世纪50年代末，是当时美国为了预测在其“遭受原子弹轰炸后，可能出现的结果”而发明的一种方法。1964年美国兰德（RAND）公司的赫尔默（Helmer）和戈登（Gordon）发表了“长远预测研究报告”，首次将德尔菲法用于技术预测中，以后便迅速地应用于美国和其他国家。除了科技领域之外，还几乎可以用于任何领域的预测，如军事预测、人口预测、医疗保健预测、经营和需求预测、教育预测等。此外，还用来进行评价、决策和规划工作，并且在长远规划者和决策者心目中享有很高的威望。据《未来》杂志报道，从20世纪60年代末到70年代中，专家会议法和德尔菲法（以德尔菲法为主）在各类预测方法中所占比重由20.8%增加到24.2%。80年代以来，我国不少单位也采用德尔菲法进行了预测、决策分析和编制规划工作。

这种方法是依靠专家的知识和经验，对未来做出判断性的估计。既可用于预测“渐变式”的发展过程，也可用于预测“跃变式”的变化过程，适用于中期和长期预测。

① 基本特点：一是专家参与，博采众长；二是匿名进行，专家单独做出自己的判断；三是多次反馈，预测过程必须经过几轮反馈，使专家意见互相补充、启发，并渐趋一致；四是采用统计方法，将每一轮反馈来的预测结果用统计方法加以处理，做出定量的判断。

② 具体实施步骤：第一，选择20名左右熟悉人力资源问题的专家，并为专家提供人力资源预测的背景材料；第二，涉及人力资源调查表，表中列出有关人力资源预测的各类问题，这些问题必须能够进行统计处理；第三，进行第一轮调查，将调查表送交专家，由专家匿名并独立地对上述问题进行判断或预测，然后对反馈回来的调查表进行分析，并用统计方法进行综合处理；第四，根据第一轮调查的专家意见与统计分析结果，设计第二轮调查表，并请专家对第二轮调查表中的问题进行判断、预测，并给出相关的分数；第五，对第二轮调查反馈的信息进行处理，总分值最高的方案是最佳方案，至此，专家们的意见进一步集中；第六，根据第二轮调查的结果，给出第三轮调查表，并提出若干种（一般3种）比较方案，再请专家加以判断或预测；第七，表述预测结果，用文字、图表等形式将专家们的预测结果予以发布。

5）描述法。描述法是人力资源规划人员可以通过对本企业组织在未来某一时期的有关因素的变化进行描述或假设，并从描述、假设、分析和综合中对将来人力资源的需求进行预测规划。由于这是假定性的描述，因此人力资源需求就有几种备选方案，目的是适应和应付环境因素的变化。

（2）人力资源需求预测的定量方法

1）统计预测法。统计预测法（Statistical Forecast Method）是根据过去的情况和资料建立数学模型并由此对未来趋势做出预测的一种非主观方法。常用的统计预测法有回归预测法、趋势外推法、经济计量模型法。

① 回归预测法。如果只考虑组织的某一因素对人力资源需求的影响，如企业的产量，

而忽略其他因素的影响，就可以采用一元线性回归预测法；如果考虑两个或两个以上因素对人力资源需求的影响，则须用多元线性回归预测法；如果历史数据显示，某一因素与人力资源需求量之间不是一种直线相关的关系，那么得用非线性回归法来做预测。一元线性回归预测法是在实践中用得比较多的一种方法。

② 趋势外推法。趋势外推法又称时间序列预测法，它是按已知的时间序列，用一定方法向外延伸，以得到现象未来发展趋势。具体又分为直接延伸法、滑动平均法两种。直线延伸法可由需求线直接延伸得出未来某一时点的企业人力资源需求量。滑动平均法一般是在企业人力资源需求量的时间序列呈不规则、发展趋势不明确时，采用滑动平均数进行修匀的一种趋势外推法。它假定现象的发展情况与较近一段时间情况有关，而与较远时间的无关，以近期内现象的已知值的平均值作为后一期的预测值。它主要适用于短期预测。

③ 经济计量模型法。先将员工需求量与影响需求量的主要原因之间的关系用数学模型的形式表示出来，依此模型及主要因素变量来预测需求。这种方法比较复杂，一般只在管理基础比较好的大公司里才采用。

2）工作负荷法。工作负荷法又叫比率分析法。它的考虑对象是企业目标和完成目标所需人力资源数量间的关系，考虑的是每个人的工作负荷和企业目标间的比率。企业的目标一般是指生产量或者销售量等容易量化的目标。每个人的工作负荷则是指某一特定的工作时间每个人的工作量。预测未来一段时间里企业要达到的目标，再结合每个人的工作负荷就可以确定出企业未来所需的人员数量。

用工作负荷分析法进行短期人力资源需求预测的基本步骤是，由销售预测决定工作量，按工作量制定生产进程，然后决定所需人力的数量，再从工作力分析入手，明确企业实际工作力和需要补充的人力。

① 销售预测。将企业过去的销售记录制成统计表，依次设计未来的销售形式。由营销单位和销售人员对自己未来的销售情况进行预测或估计，然后将结果按地区和产品种类综合起来，形成一个总的销售预测数字。对消费者购买力进行估计也是销售预测的一种方法。对市场和经济趋势进行分析解释，也可以作为判断未来销售情况的重要因素。在销售预测时，一般将上述方法交叉运用，即以销售单位或人员的估计为基础，比较过去的记录，然后在对购买力的估计和对经济形势的解释的基础上加以调整。

② 制定生产进程。将计划生产的产品排定生产日期，根据产品设计与过去生产的实际记录，以及时间研究的结果，可以计算出各单位所需的人工时，各单位的人力之和，就是企业全部所需的人工时或劳动力。企业职能部门人员或非直接生产单位人员在企业业务性质和组织结构不变的情况下，一般是一个常数。因此，全部生产人员与全部非生产人员就构成企业总的资源，或称为企业的工作力（Working Force）。

③ 工作力分析。企业必须明确现有人力究竟有多少可以参与实际的工作，这就是工作力分析的内容。企业可以从人事到各种考勤记录的统计中，明确事病假或缺勤的趋势，从退休人员和辞职的记录及各单位人员的动态记录中，明确企业近期内离职的人数，在此基础上，确定企业实际的工作力。

3）定员定额分析法。劳动定员是在一定时期内和一定的技术组织条件下，对企业配备各类人员所预先规定的限额，或者说是企业用人的数量与质量的界限。劳动定额是在一定的生产技术和组织条件下，为劳动者生产一定量的合格产品或完成一定量的工作预先规定的活劳动消耗量的标准。劳动定额有两种基本的表现形式，即时间定额（或者工时定额）和产量定额，二者成反比关系。劳动定额还可以是看管定额和服务定额。

定员定额的方法主要有以下几种：

① 岗位定员法。岗位定员法是指根据岗位的多少，以及岗位的工作量大小来计算定员人数的方法。这种方法适用于连续性生产装置（或设备）组织生产的企业。其公式为

定员人数=岗位班作业平均体力过去时间总和/岗位作业时间标准

② 设备看管定额。这种方法根据设备需要开动的台数和开动的班次、工人看管定额，以及出勤率来计算定员人数。其公式为

设备看管定额=岗位作业时间标准/看管单台设备班平均耗费的体力劳动时间

定员人数=计划需要同时开动的设备台数/设备看管定额

③ 劳动效率定员法。这种方法是根据生产任务和工人的劳动效率，以及出勤率来计算定员人数。其公式为

劳动定额=测定期班平均工作任务总量×岗位作业时间标准/班平均体力劳动时间

总和定员人数=计划期班平均工作任务总量/劳动定额

④ 比例定员法。这种方法是按照与企业员工总数或某一类人员总数的比例，来计算某类人员的定员人数。其公式为

定员比例=标志物数量×岗位作业时间标准/班平均体力过去时间总和

4）计算机模拟法。随着计算机技术的飞速发展，人力资源管理的信息化趋势越来越明显，运用计算机技术来完成人力资源需求预测在很大程度上依靠计算机强大的数据处理能力，一些企业已经在组织内部开发出了完善的人力资源信息系统，运用 IT 技术管理人力资源，将人力资源总店和直接总店所需的信息集中在一起，建立起综合的计算机预测系统。在这一系统中需要保存的信息包括生产一件产品的直接工时、当前产品的销售额计划。通过这两者可以初步确定直接生产人员的人数，从而确定企业内部人力资源需求。

2．人力资源供给预测的方法

（1）人力资源信息库　利用人力资源信息库，获取员工的晋升、调动、解聘等方面信息，来确切反映员工流动信息，达到人力资源供给预测的分析。

（2）管理人员接替模型　设计管理人员的接替模型，从而达到管理人员的供给预测。此方法是在对人力资源彻底调查和现有劳动力潜力评估的基础上，指出公司中每一个职位的内部供应源。具体而言，即根据在现有人员分布状况及绩效评估的资料，在未来理想人员分布和流失率已知的条件下，对各个职位尤其是管理阶层的接班人预做安排，并且记录各职位的接班人预计可以晋升的时间，作为内部人力供给的参考。经过这一规划，由待补充职位空缺所要求的晋升量和人员补充量即可知道人力资源供给量。

（3）马尔可夫分析法　主要思路是通过观察历年企业内部人数的变化，找出组织过去人事变动的规律，由此推断未来的人事变动趋势和状态，既可以预测企业的人力资源需求，也可以预测企业内部的人员供给情况。步骤如下：①根据历史数据推算各类人员的转移率，迁出转移率的转移矩阵；②统计作为初始时刻点的各类人员分布状况；③建立马尔可夫模型，预测未来各类人员供给状况。员工流动矩阵见表 2-9。

表 2-9 员工流动矩阵

初始人数		合伙人	经理	高级会计师	会计员	离职
40	合伙人	0.8	—	—	—	0.2
80	经理	0.1	0.7	—	—	0.2
120	高级会计师	—	0.05	0.8	0.05	0.1
160	会计员	—	—	0.15	0.65	0.2

企业通过经验数据显示：原 40 名合伙人中有 80%继续保留，20%将会离开该企业。原 80 名经理人中 10%转变为合伙人，70%保留原职位，20%将会离开该企业。原 120 名高级会计师中 5%转变为经理，80%保留原职位，5%转变为会计员，10%将会离开该企业。原 160 名会计员中，15%升为高级会计师，65%保留原职位，20%将会离开该企业。据此，我们可借助这个马尔可夫模型测算出该企业人力资源供给情况，见表 2-10。

表 2-10 马尔可夫模型测算该企业人力资源供给情况

初始人数		合伙人	经理	高级会计师	会计员	离职
40	合伙人	32	0	0	0	8
80	经理	8	56	0	0	16
120	高级会计师	0	6	96	6	12
160	会计员	0	0	24	104	32
终止期人数		40	62	120	110	68

（4）目标规划法　一种结合马尔可夫分析和线性规划的综合方法，指出员工在预定目标下为最大化其所得，是如何进行分配的。目标规划是一种多目标规划技术，其基本思想源于 Simon（西蒙）的目标满意概念，即每一个目标都有一个要达到的标靶或目标值，然后使距离这些目标的偏差最小化。当类似的目标同时存在时，决策者可确定一个应被采用的优先顺序。

（5）外部供给预测分析

1）分析影响外部人力资源供给的地域性因素，包括：①公司所在地的人力资源整体现状；②公司所在地的有效人力资源的供求现状；③公司所在地对人才的吸引程度；④公司薪酬对所在地人才的吸引程度；⑤公司能够提供的各种福利对当地人才的吸引程度；⑥公司本身对人才的吸引程度。

2）分析影响外部人力资源供给的全国性因素，包括：①全国相关专业的大学生毕业人数及分配情况；②国家在就业方面的法规和政策；③该行业全国范围的人才供需状况；④全国范围从业人员的薪酬水平和差异。

课外阅读

案例 1　裕华饭店的人力资源供求预测

裕华饭店是一家著名的涉外饭店，该饭店认为保持稳定的高素质人力资源存量对于饭店是至关重要的，因此，人力资源需求预测是该饭店人力资源部的重要工作内容。

裕华饭店人力资源部每年送交各业务部门经理一份意见征询清单。征询的问题涉及有关今后3年业务的预期发展，并要求业务经理们将上述问题的答案转化为本部门各类职务人员的需求量预测。此外，提出的问题中，还涉及该部门现任人员的实际情况和职位空缺数等。这一工作已经进行多年，目的在于了解人力资源供求之间可能出现的差距。基于这一调研结果做出的决策，会涉及各部门之间人员的转移、必要的人员补充、晋升或培训等措施。

对于任职资格水平较低的职位，人力资源部认为不需要进行细致的人力需求预测，因为劳动力市场上相应的供给很充足，可以根据需要随时补充；而且，低职位的员工职业历程短，流动率高，供求间的匹配比较容易。

人力资源部主管认为，人力资源供求预测工作中，如果让更多的管理人员参与意见沟通，可使预测工作进行得更好。他还认为，要想使人力资源规划做得更好，必须准确确定饭店业务量与人员需要量之间的关系。

案例2 红叶饭店集团的扩张

1．背景

红叶饭店集团最初只是一家普通的国有宾馆，由于地处国家著名的旅游景点附近，故迅速发展壮大——原有宾馆已经推倒重建成为一家五星级大饭店。集团在尝到甜头后，先后在4个旅游景点附近收购了4家三星级饭店。对于新收购的饭店，集团只是派去了总经理和财务部全班人马，其他人员都采取本地招聘的政策。因为集团认为服务员容易招到，而且简单培训就可以上岗，所以只是进行简单的面试，只要应聘者长相顺眼就可以了。同时，为了降低人工成本，服务员的工资比较低。

2．问题

赵某是集团新委派的下属一家饭店的总经理，刚上任就遇到饭店西餐厅经理带着几名熟手跳槽的事情，他急忙叫来人事部经理商谈此事，人事部经理满口答应立即解决此事。第二天，赵某去西餐厅视察，发现有的西餐厅服务员摆台时经常摆错刀叉，有的不知道如何开启酒瓶，领班除了长的顺眼和性格开朗外，根本不知道如何处理顾客的投诉。紧接着仓库管理员跑来告诉赵某说发现丢失了银质的餐具，怀疑是服务员小张偷的，但现在已经找不到小张了。赵某一查仓库的账本，发现很多东西都写着丢失。赵某很生气，要求人事部经理解释此事。人事部经理辩解说因为员工流动率太高，多数员工都是才来不到10天的新手，餐厅经理、领班、保安也是如此，所以做事不熟练，丢东西比较多。赵某忍不住问："难道顾客不投诉吗？"人事部经理回答说："投诉，当然投诉。但没关系，因为现在是旅游旺季，不会影响生意的。"赵某对于人事部经理的回答非常不满意，又询问了一些员工后，发现人事部经理经常随意指使员工做各种事情，如接送人事部经理的儿子上下学、给他的妻子送饭等。如果员工不服从，立即开除。赵某考虑再三，决定给饭店"换血"——重新招聘一批骨干人员。于是给集团总部写了一份有关人力资源规划的报告，申请高薪从外地招聘一批骨干人员，并增加培训投入。同时，人事部经理也给集团总部写了一份报告，说赵某预算超支，还危言耸听造成人心惶惶，使管理更加困难，而且违背了员工本地化政策。

任务结论

人力资源规划是着眼于为未来的企业生产经营活动预先准备人力，持续和系统地分析企业在不断变化的条件下对人力资源的需求，并开发制定出与企业组织长期效益相适应的人事政策的过程，是组织人力资源供给和需求的平衡的过程。它所考虑的不是某个具体的人，而是一组人员。个别人员的发展规划寓于整组人员的发展规划之中，确保组织实现以下目标：得到和保持一定数量具备特定技能、知识结构和能力的人员；充分利用现有人力资源；能够预测企业组织中潜在的人员过剩或人力不足；建设一支训练有素、运作灵活的劳动力队伍，增强企业适应未知环境的能力；减少企业在关键技术环节对外部招聘的依赖性。

课堂训练与测评

一、选择一个同伴，确定他（她）的工作

如果是学生，就把学习作为你的工作。就你的同伴的工作对他（她）进行采访。

你可以问以下问题：

（1）请描述您的一个典型的工作日。

（2）您管理哪些人？

（3）您归谁管？

（4）您的主要责任是什么？

（5）您在每周中都有哪些活动？

（6）您在每项活动中都投入多少比例的时间？

（7）您的工作对脑力和体力都有哪些要求？

（8）胜任您的工作需要些什么知识、技能、经历？

（9）您的工作的主要成果（产出、产品）是什么？

（10）您的工作做到怎样就可以说做得不错了？

交换角色。利用采访得到的信息，编写一份工作说明书。

二、课堂实训

在这个练习中，参与者要根据对饭店部门经理的访谈，结合饭店部门经理填写的职务调查问卷，详细描述饭店部门经理的主要职责、应该享有的权利、必须承担的责任，一位合格的部门经理应该具备的基本素质和资格，以及为了保证部门总经理这一职务的胜任，在职者应该接受的培训。注意不同饭店可能对部门经理的具体要求不同，因此既要指出部门经理职务在所有饭店的共性，又要提出部门经理在不同饭店的差异性，这将有助于饭店挑选、培养合格的总经理继任。

参与者可分组行动，一般以每组 3 人为宜。

（1）各小组可以通过小组成员的社会资源，与某一家饭店的总经理建立联系，凭借良好的沟通，赢得他对本小组的信任与支持，以获得本练习所需的充分信息。如果可能的话，

小组应花费一个工作周的时间实地观察饭店部门经理每天的工作情况，选择一个比较封闭的场所一对一地进行访谈，填写本小组设计的职务调查问卷，以获得第一手的资料。如果无法直接当面沟通，也可以利用电话、网络、EMS、Email 等进行访谈，收集调查问卷和工作记录等资料，获得所需的信息。课下进行时，时间控制在本章内容结束后的 2 周之内。然后，各小组就小组成员获得的有关饭店部门经理职务方面的信息进行汇总和分析，找出小组共同认可的饭店部门经理主要职责、权力、责任，所要求的素质和资格，所需要的培训，制作饭店部门经理的职务说明书。时间控制在 30 分钟以内。

（2）各小组长构成职务分析委员会，同时派出 1 名代表（除组长外的其他组员）向所有参与者简要报告本小组的工作成果，并在报告后将本小组的饭店部门经理职务说明书提交给职务分析委员会。

（3）职务分析委员会综合各组提交的饭店部门经理职务说明书，分析所有类型饭店部门经理职务职责、权力和责任、素质和资格要求、培训等方面的共性，按照饭店部门经理职务职责的重要性程度列出最重要的 10 项职责、最重要的 15 项素质与能力要求，以及不同类型饭店呈现出来的差异性，分析划分标准与差异性之间可能存在的关系。并且，根据饭店发展状况和环境的变化趋势，形成饭店部门经理继任者的职务说明书，以便饭店可以据此选拔、培养其总经理的接班人。时间控制在 45 分钟以内。

（4）所有的参与者自由陈述自己对职务分析委员会有关饭店部门经理及其继任者职务说明书的意见或建议，委员会据此修正，形成比较完整的两份有关饭店部门经理及其继任者的职务说明书的书面材料，并呈交给指导教师。时间控制在 2 分钟。

通过本练习参与者可以了解饭店部门经理的职责、权力、责任、综合素质要求等，在形成饭店部门经理职务说明过程中不仅可以锻炼人际交往、组织协调、归纳总结、分析和解决问题的能力，还可以提高自身的口头表达能力、书面表达能力等。

三、能力提升

（1）在人力资源配置过程中，要遵循这样一个宗旨：没有无用之人，只有没有用好之人。配置的根本目的就是要为优秀人员找到和创造发挥作用的条件。企业推行双向选择、公开招聘，就是为许多人才提供适合其发展的工作环境和条件。当然，在配置过程中也要认识到：人与人之间在能力特点和能力水平上都是不同的。要将具有不同能力特点和能力水平的人安排到相应特点和水平的职位上，使个人水平与职位要求相适应，这就是要素有用原理。每个人都有长处，也有短处，因此要注意互补原理的运用。不管怎样，群体的整体功能都会得到放大。当然，人与工作的匹配不是绝对的，适应也会变成不适应，这就是弹性冗余原理。人与事配置过程中，要尽可能满负荷，这样能够带给工作者一定的紧迫性，变压力为动力，从而达到有效利用。

请指出上述描述中存在的 5 处错误，并予以改正。

1）______________________________

2）______________________________

3）______________________________

4）______________________________

5）______

（2）对于企业而言，工作时间组织的主要任务是建立工作班制，组织好工作轮班及合理安排工时制度。企业里的工作班制有单班制和多班制两种。多班制体现了劳动者在时间上的分工协作关系。工艺过程不能间断的，必须实行轮班制。工作轮班制的组织要注意生产的具体情况，以便充分利用工时和节约时间。5 班轮休制是以 10 天为一个循环周期，组织 5 个轮班，实行早、中、夜 3 班轮流生产，并每天安排一个副班，它保证了企业员工某月平均工作时间不超过 196 个小时。根据企业实际灵活安排工时制度也是工作时间组织的一项重要内容。我国目前的周制度工时是 44 小时。企业可以根据实际情况实行灵活的工作时间制度，如弹性工作制。这些对提高员工的工作积极性是有帮助的。

请指出上述描述中存在的 5 处错误，并予以改正。

1）______

2）______

3）______

4）______

5）______

（3）图表分析。表 2-11 为某饭店的人力资源招聘情况：

表 2-11　某饭店的人力资源招聘情况

	参加招聘会	员工推荐	报刊广告	网络招聘
应聘人数/人	250	50	500	400
接受面试的求职人数/人	150	45	400	160
合格的应聘人数/人	120	40	100	40
实际录取人数/人	100	30	40	15
总成本/元	300 000	120 000	200 000	150 000

问题：

1）请计算各种招聘渠道的招聘录用比率和实际录用人员的单位成本。

2）以上 4 种招募方法各有什么特点？

3）通过以上计算，对此次招聘评估可以得出什么结论？

（4）下面是某饭店的招聘面试经过。

考官：如果你的亲人患病住院，需要你的陪护，而此时饭店有一项紧急任务需要你及时完成，你将如何处理？

应聘者：我会毫不犹豫地将工作放在第一位。

考官：如果你的亲人患的是急性病，比如心脏病、脑血栓，你也丢下亲人不管，而去完成工作吗？

应聘者：（略作思索）这种情况我没有遇到过，如果遇到了，我会先选择工作，以工作为重，先干完工作再说。

考官：假如患病的是你的至亲亲人呢？比如是你的父亲、母亲或孩子？

应聘者：对不起，我认为已经回答了您的问题。

问题：该故事中的考官是否具备充分的面试技巧？如果你来做考官，同样的问题，你会如何询问？

模块3

招聘与配置

教学目标

- 能力目标

能够设计招聘流程；能够根据人力资源规划制定招聘计划，编写招聘广告；能够根据不同岗位的特点设计招聘申请表；能够编写个人简历和求职信；能够针对不同应聘人员和简历，列出面试提纲，设计一份面试情况记录表；能够举办一场模拟面试。

- 知识目标

理解招聘对饭店管理的意义；了解饭店招聘的程序及步骤；了解有关饭店招聘的政策法规；了解筛选简历的方法；掌握面试的基本程序和面试提问的技巧；了解选拔的程序；掌握情境模拟等选拔方法。

- 态度情感与价值观目标

熟悉饭店人力资源部招聘专员的工作职能。

项目1 招　　聘

任务1　拟定一份招聘计划

任务描述

华夏饭店由于业务发展，决定招聘5名部门主管，要求本科以上学历，35岁以下；销售代表3名，本科以上学历，相关工作经验3年以上；行政文员1名，要求女性，专科以上学历，30岁以下。预计在2008年2月1日左右上岗，由人力资源部经理王岗成及其部下赵刚、刘雾英负责招聘。

如果你是人力资源部招聘专员，请协助华夏饭店拟定一份招聘计划书。

任务实施

拟定招聘计划书，见表3-1。

表3-1　招聘计划书

<table>
<tr><td colspan="4">招聘目标</td></tr>
<tr><td>职务名称</td><td>数　量</td><td colspan="2">任职资格</td></tr>
<tr><td></td><td></td><td colspan="2"></td></tr>
<tr><td></td><td></td><td colspan="2"></td></tr>
<tr><td></td><td></td><td colspan="2"></td></tr>
<tr><td></td><td></td><td colspan="2"></td></tr>
<tr><td></td><td></td><td colspan="2"></td></tr>
<tr><td></td><td></td><td colspan="2"></td></tr>
<tr><td colspan="4">信息发布渠道和时间</td></tr>
<tr><td colspan="4"></td></tr>
<tr><td colspan="4">招聘小组成员</td></tr>
<tr><td>组　长</td><td></td><td>职　责</td><td></td></tr>
<tr><td>组　员</td><td></td><td>职　责</td><td></td></tr>
<tr><td colspan="4">选拔方案及时间安排</td></tr>
<tr><td>招聘岗位</td><td>步　骤</td><td>负 责 人</td><td>截止时间</td></tr>
<tr><td></td><td></td><td></td><td></td></tr>
<tr><td></td><td></td><td></td><td></td></tr>
<tr><td></td><td></td><td></td><td></td></tr>
<tr><td></td><td></td><td></td><td></td></tr>
<tr><td colspan="4">新员工的上岗时间</td></tr>
<tr><td colspan="4"></td></tr>
</table>

（续）

费用招聘预算			
项　　目		金额（元）	
招聘工作时间表			
时　　间		工 作 内 容	
制　定　人		部门经理签字	
分管副总经理意见			

制表日期：

任务分析

1．招聘计划的编写

一般包括以下步骤：

（1）获取人员需求信息。人员需求信息一般有以下 3 种来源：①人力资源计划中明确规定的人员需求信息；②企业在职人员离职产生的空缺；③部门经理递交的招聘申请，并经相关领导批准。

（2）选择招聘信息的发布时间和发布渠道。

（3）初步确定招聘小组。

（4）初步确定选择考核方案。

（5）明确招聘预算。

（6）编写招聘工作时间表。

（7）草拟招聘广告样稿。

2．招聘计划的内容

一般包括以下几方面：

（1）人员需求清单，包括招聘的职务名称、人数、任职资格要求等内容。

（2）招聘信息发布的时间和渠道。

（3）招聘小组人选，包括小组人员姓名、职务、各自的职责。

（4）应聘者的考核方案，包括考核的场所、大体时间、题目设计等。

（5）招聘的截止日期。

（6）新员工的上岗时间。

（7）费用招聘预算，包括资料费、广告费、人才交流会费用等。

（8）招聘工作时间表，尽可能详细，以便于他人配合。

（9）招聘广告样稿。

任务2　设计招聘申请表

任务描述

招聘申请表是由单位设计、包含了职位所需基本信息并用标准化的格式表示出来的一种初级筛选表，其目的是筛选出那些背景和潜质与职务规范所需的条件相当的候选人，并从合格的应聘者中选出参加后续选拔的人员。

根据前述案例中华夏饭店的招聘要求，设计一份符合企业要求的招聘申请表。

任务实施

表 3-2　招聘申请表

<table>
<tr><td>申请部门</td><td colspan="2"></td><td colspan="4">部门经理（签字）</td><td colspan="2"></td></tr>
<tr><td rowspan="2">申请原因</td><td>□ 员工辞退</td><td>□ 员工离职</td><td colspan="2">□ 业务增量</td><td colspan="3">□ 新增业务</td><td>□ 新设部门</td></tr>
<tr><td colspan="8">说明：</td></tr>
<tr><td rowspan="4">需求计划</td><td colspan="2">使用时间</td><td colspan="5">职务名称与人数</td><td>上岗时间</td></tr>
<tr><td colspan="2">临时使用（小于 30 天）□</td><td rowspan="3">职务</td><td>1</td><td></td><td rowspan="3">人数</td><td></td><td></td></tr>
<tr><td colspan="2">短期使用（小于 90 天）□</td><td>2</td><td></td><td></td><td></td></tr>
<tr><td colspan="2">长期使用（小于 180 天）□</td><td>3</td><td></td><td></td><td></td></tr>
<tr><td rowspan="13">聘用标准</td><td colspan="2">利用现有《职务说明书》</td><td colspan="6">□ 可以利用　□ 不能利用　□局部更改
□ 尚无《职务说明书》需编写</td></tr>
<tr><td rowspan="3">工作内容</td><td>1</td><td colspan="6"></td></tr>
<tr><td>2</td><td colspan="6"></td></tr>
<tr><td>3</td><td colspan="6"></td></tr>
<tr><td rowspan="3">工作经验</td><td>1</td><td colspan="6"></td></tr>
<tr><td>2</td><td colspan="6"></td></tr>
<tr><td>3</td><td colspan="6"></td></tr>
<tr><td rowspan="3">专业知识</td><td>1</td><td colspan="6"></td></tr>
<tr><td>2</td><td colspan="6"></td></tr>
<tr><td>3</td><td colspan="6"></td></tr>
<tr><td>语言表达</td><td colspan="3"></td><td colspan="2">性格要求</td><td colspan="2"></td></tr>
<tr><td>开拓能力</td><td colspan="3"></td><td colspan="2">写作能力</td><td colspan="2"></td></tr>
<tr><td>电脑操作</td><td colspan="3"></td><td colspan="2">外语能力</td><td colspan="2"></td></tr>
<tr><td>其他标准</td><td colspan="8"></td></tr>
<tr><td>薪酬标准</td><td>基本工资</td><td></td><td colspan="2">其他收入</td><td></td><td colspan="3">其他津贴</td></tr>
<tr><td>中心总监
批　　示</td><td colspan="8">签字：
日期：</td></tr>
<tr><td>行政中心
批　　示</td><td colspan="8">签字：
日期：</td></tr>
<tr><td>总经理批示</td><td colspan="8">签字：
日期：</td></tr>
</table>

任务分析

招聘申请表的优点是：①节省时间；②准确了解；③提供后续选择的参考。

不同的企业在设计招聘申请表时其内容有所不同，但一般包括以下几方面的内容：

（1）申请部门。什么部门需要招聘人员就由该部门提出申请。

（2）申请原因。例如，由于原来的人员离职，或者由于业务量的扩大，或是原来在岗人员升迁或者调动等。由部门向人事部提出申请并说明具体的原因。

（3）招聘岗位。写明具体岗位的名称。

（4）招聘人数。需要几名人员。

（5）岗位要求。该空缺岗位的具体工作内容，要完成该项工作需要具备什么样的条件。例如，沃尔玛要招聘一个卖场经理，该岗位要求来应聘的人员必须具备 3 年以上的卖场管理工作经验。这些条件也是招聘的具体标准。

（6）上岗时间。期望到岗的时间。

（7）审批情况。招聘必须获得批准后，方能实施招聘。在审批时，应该先由提出招聘申请的部门经理审批签字，之后由主管该部门的经理（一般是人事部经理）审批签字，最后由总经理审批签字。

任务 3 设计一份招聘广告

任务描述

根据饭店招聘要求，设计一份招聘广告。

任务实施

招聘广告的设计，见表 3-3。

表 3-3 招聘广告的设计

诚　聘
××饭店注册于上海市浦东新区，主要从事饭店服务与管理。因业务发展需要，诚聘优秀人士加盟。
1．网络工程师 1 名，男性，本科以上学历，1 年以上网络工作经验，熟悉 TCP/IP 协议，有独立承担大中型网络集成经验。经过专业培训及取得认证者优先。
2．销售代表 2 名（男、女各 1 名），27 岁以下，专科以上学历，饭店管理及相关专业，口齿伶俐、仪表大方、举止得体、勤奋好学。1 年以上工作经验。本市户口优先。
3．市场策划 1 名，27 岁以下，专科以上学历，有过成功策划案例。1 年以上工作经验。
以上人员，待遇从优。有意者请将个人简历、薪金要求、学历证明复印件及其他能证明工作能力的资料送至（或邮寄）公司人力资源部。本招聘长期有效。
公司地址：上海市浦东新区××路 198 号
电话：××××××××
传真：××××××××
邮编：××××××
联系人：易名

任务分析

一般来说，招聘广告的内容包括关于饭店情况的介绍、关于职位情况的介绍、应聘者要做哪些准备、应聘的方式和联系方式等。

1. 关于饭店情况的介绍

招聘广告中的饭店介绍要以最概括的语言介绍本单位最具有特色和富有吸引力的特点，不可以搞成像在做饭店宣传。如果能在广告中使用饭店的标志，那是最好不过的了，可以让看到广告的读者留下深刻的印象。

2. 关于职位情况的介绍

招聘广告中对职位的介绍通常包括职位名称、所属部门、主要工作职责、任职资格要求等。起草招聘广告时必须仔细研究职位说明书。但要注意的是，招聘广告中的职位情况介绍应该从读者的角度出发来考虑，以读者能够理解和感兴趣为主，切不可照搬职位说明书。

3. 应聘者要做哪些准备

在招聘广告中应该注明应聘者应准备哪些材料，如中英文简历、学历学位证书复印件、资格证书复印件、身份证复印件、照片等，以及提供薪金要求和户口所在地等信息。

4. 应聘的方式和联系方式

应聘方式大多采用将简历和应聘材料通过信件、电子邮件、传真等方式发送到饭店，因此，需要提供饭店的通信地址、传真号码或者电子邮件地址，如果人手紧张，可不必提供电话号码。另外，应该提供应聘的时间范围或截止日期。

在撰写招聘广告时，具体还应该注意下列几点：

（1）真实。这是编写招聘广告的首要原则。发布信息的饭店必须保证招聘广告的内容客观、真实，并且要对虚假内容承担法律责任。对广告中所涉及的入选人员的劳动合同、薪酬、福利等政策必须兑现。

（2）合法。广告中出现的内容要符合国家和地方的法律法规和政策，不能以饭店的规章制度代替国家和地方的法律法规和政策。如果饭店的要求与国家的法规相冲突，必须删除。

（3）简洁。广告的语言要简洁明了，重点突出招聘岗位名称、任职资格及联系方式等内容。对饭店的介绍要概括，以免影响广告效果和长度。

任务4 拟定一份个人简历

任务描述

根据饭店招聘要求，应聘者拟定一份个人简历。

任务实施

个人简历的拟定，见表3-4。

表 3-4 个人简历的拟定

个 人 简 历

个人概况：________________

求职意向：________________

姓名：______________性别：______________

出生年月：____年__日__健康状况：______________

毕业院校：________________专业：______________

电子邮件：________________传呼：______________

联系电话：________________

通信地址：________________邮编：______________

教育背景：

____年—____年______________大学______________专业（请依个人情况酌情增减）

主修课程：_________________________________（注：如需要详细成绩单，请联系我）

论文情况：_________________________________（注：请注明是否已发表）

英语水平：___________________________

*基本技能：听、说、读、写能力

*标准测试：国家四、六级；TOEFL；GRE……

计算机水平：________________

编程、操作应用系统、网络、数据库________________（请依个人情况酌情增减）

获奖情况：________________、________________、________________（请依个人情况酌情增减）

实践与实习：_____年___月—____年___月___________公司___________工作（请依个人情况酌情增减）

工作经历：______年___月—____年___月___________公司___________工作（请依个人情况酌情增减）

个性特点：_______________________（请描述出自己的个性、工作态度、自我评价等）

另：____（如果你还有什么要写上去的，请填写在这里！）

附言：________________________________（请写出你的希望或总结此简历的一句精炼的话！）

任务分析

如何写好个人简历？总的原则是，在简历书写过程中，尽量考虑到公司方面的审核人员需要了解哪些信息，他们喜欢看到什么样的简历，什么样的简历能够吸引人，如何表达出自己的长处，结合自己的特点，应该采用什么样的简历书写顺序，能够更方便地表达出自己等。

书写一份优秀的简历是得到面试机会的敲门砖。因此，制作个人求职简历时，不主张追求简历的花哨，而要注重简洁、大方、庄重、实用。

一份合格的个人简历，应该用词准确、内容完整、条理清晰、简明扼要，不能拖泥带水，也不能过于简单。

（1）在个人简历上应该消灭错别字。要是用人单位发现你的简历上有错别字，你就会立刻被淘汰，没有任何机会。简历上的错别字对于求职者来说是致命的错误。

（2）一般情况下，一份简历以一两页的篇幅为好。繁忙的人事主管往往会对超过两页的简历感到不耐烦。起草简历时，初稿可以长一点，把所有的有关内容都写上，然后进行删改，仔细推敲每一个词、每一块内容，把一些有用的内容留下来，用最简洁的语言表达出来。

（3）写简历时要采取扬长避短的原则。个人简历里面的内容，应实事求是，决不能虚构。但这并不是说，在个人简历上你要把所有有关你的事情都写上去。个人简历的主要作用是让用人单位了解你胜任某项工作的资格，所以，与之无关的、对自己不利的内容完全可以不在简历上出现。例如，贴照片，应考虑应聘的工作要求及自身条件来做恰当安排。有的工作，如公关、秘书，比较注重相貌，一般来说应当贴上照片。有的工作，如科研、设计等不太注重相貌，一般可以不贴照片。但是，如果你确实有漂亮的五官、潇洒的风度，最好不要被埋没，应该在个人简历上贴上自己的近照。

（4）简历的作用是推销自己，表现自己，你有什么特长，尽量在简历上表现出来，让用人单位发现你的价值。切忌过于谦卑，不好意思向别人陈述自己的优点和成绩。如果你不说清楚你能干什么，那又有谁会知道你是一个有用的人才呢？所以，在简历上，你不仅要列举你所干过的工作，更应该强调你能干某项工作的技能，以及你所取得的成就和证书。

（5）简历的整体形象将会影响雇主对你的看法。所以，你要注意简历格式，让人看上去很舒服。简历的布局要合理，表现形式要简单大方，语言表达要朴素、简练。表现你诚实、办事干净利索的品质。

相关知识

小资料 疲于应付的人力资源经理

海地集团在短短 6 年之内由一家小旅馆发展成为国内著名的饭店。饭店最初不制定用人计划，缺人了，就到人才市场招聘。饭店逐渐正规后，每年年初定计划：收入多少，利润多少，产量多少，员工定编人数多少等。人数少的可以新招聘，人数超编的就要求裁人，一般在年初招聘新员工。可是，矛盾出来了，因为一年中不时地有人升职、有人平调、有人降职、有人辞职，年初又有编制限制不能多招，人力资源部也不知道应当招多少人或者招什么样的人，结果人力资源经理还是不断地要去人才市场招聘。

近来由于高级管理人员中有 2 名跳槽，饭店经营受到严重影响，集团总经理召开紧急会议，命令人力资源部经理 3 天之内招到合适的人员顶替空缺。人力资源经理两天两夜没睡觉，奔走于全国各地人才市场，最后勉强招到 2 名已经退休的高级管理人员。人力资源经理刚刚喘口气，分店经理又打电话给他说自己所在的饭店已经超编了，不能接收前几天派过去的 5 名大学生。人力资源经理不由怒气冲冲地说："是你自己说缺人，我才招来的，现在又不要了！"分店经理说："是啊，我两个月前缺人，你现在才给我，现在早就不缺了。"人力资源经理分辩道："招人也是需要时间的，我又不是孙悟空，你一说缺人，我就变出一个给你……"

很多饭店都出现过这种情况，以前没觉得缺人是什么大事情，什么时候缺人了，什么时候再去招聘，虽然招来的人不是十分满意，但对饭店的发展也没什么大的影响，所以从来没把时间和金钱花在这上面。即使是在饭店规模日益扩大以后，也只是每年年初做人力资源定编计划，而对于人力资源战略性储备或者人员培养都没有给予足够的重视，认为中国人多的是，不可能缺人。造成这种现象的原因是：国内市场在 20 世纪 90 年代以前处于机会主义时期，饭店的成功往往不需要战略，抓机会、抓资源、抢速度、快节奏成为饭店的制胜之道。饭店的这种战略无意识状态，使它不需要对组织的人力资源进行长远的规划，即使有战略，竞争战略的模糊性和易变性也使规划无从进行，因此饭店并不需要人力资源规划。随着市场的日益规范，饭店的日益壮大，饭店出现了发展的瓶颈——缺少人才，想要发展壮大，必须依靠源源不断的人才。但是，很多饭店仅限于发现缺人，却不知道缺什么人，以及如何解决这一问题。

思考：如何理解人力资源招聘对企业成长的意义？

一、人员招聘在饭店人力资源管理中的意义（为什么招聘）

市场竞争归根到底是人才的竞争。随着经济的发展，各行各业对人才的需求也越来越强烈，企业要发展就必须不断地吸纳人才。招聘，就是替企业或机构的职位空缺挑选具有符合该职位所需才能的人员的过程；求才的目的在于选择一位最适宜、最优秀的人才。

通用电气公司前总裁韦尔奇说："我们所能做的是把赌注押在我们所选择的人身上。因此，我的全部工作就是选择适当的人。"为此，韦尔奇总裁总是亲自接见申请担当通用电气公司 500 个高级职位的候选人。其实，世界上很多著名企业都把招聘优秀人才放在实现企业目标的首要位置，能否吸引到优秀的人才，直接关系到组织是否能生存和发展。

在整个饭店人力资源管理工作中，招聘工作是一项基础性的工作。所谓基础性，一是指全部的管理工作建筑在招聘之上，离开了这些员工，就谈不上别的管理工作，如培训、薪酬、绩效等，都是在找到了需要的员工以后的事。二是指一个饭店今后发展得好不好，很大程度上取决于饭店内各部门员工的努力和配合，招聘工作中的挑选正是为了能找到适合饭店运行和发展要求的员工。如果把一个饭店看作是一个球队的话，那么饭店在市场竞争中的胜败与员工的关系就和球队在赛场上的胜败与球员的关系一样。招聘的全部意义在于获取饭店的竞争优势。

招聘工作在饭店人力资源管理中，除了是一项基础工作外，还是一项日常工作，原因是饭店员工的流动性比较大。按照星级饭店的要求，符合条件的员工往往有较多的选择工作机会，而工作机会相对较多的员工流动性恰恰较高。所以，对饭店人力资源管理人员来说，有效的招聘，是保证饭店正常运转的重要前提。

二、人员招聘的时机（什么时候招聘）

饭店招聘的最合适实施时机可以从组织内部角度和外部环境两方面考虑。

（1）从饭店内部角度看，饭店是一个按照市场要求不断变化的企业，那么，工作岗位一旦发生真正空缺了，进行招聘是最合适的。这种空缺的发生可能是老职工退休（自然减员引起的），也可能是有人跳槽（人员流动引起的），更可能是业务的扩展需要新人补充。但是，如果一旦到了工作空缺发生时再急急忙忙地去找人，实在不是件令人愉快的事。该在何时招聘，在人力资源规划一章中有所涉及，这里不再详说。

（2）从外部环境看，各类学校毕业生分配都是在上半年进行，如果需要补充的是各种层次的毕业生的话，上半年的第一季度到各类学校进行招聘活动是最合适的。如果需要补充的是其他饭店的各级熟练员工的话，那么年终之前是个让人重新选择的关口，在年初就应该做好准备，因为那时是员工跳槽的时候，有很多人员可以选择。而到了年中，即使偶尔有人来应聘，也不一定是合适的人选。

三、人员招聘的实施（如何招聘）

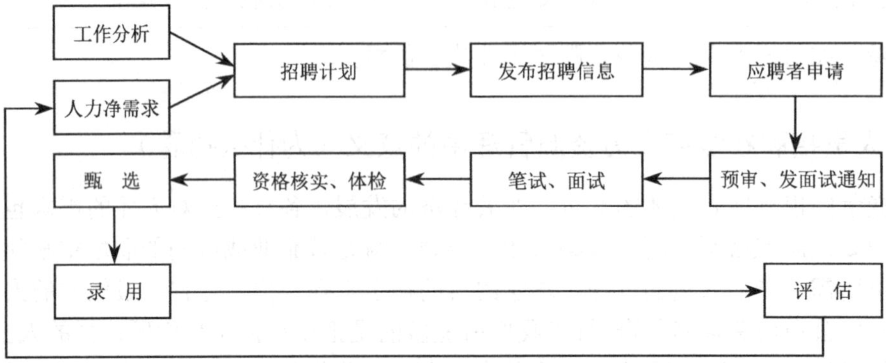

图 3-1　招聘整体流程图

1．招聘选拔的整体流程

这是一个非常复杂的过程，主要有招募、选择、录用、评估等系列环节。

（1）招募　了解应聘人群、选择招聘方法，发布招聘信息、接收简历、了解应聘者的来源、吸引应聘者的方法、应聘信息的发布、接受申请。

（2）选择　因事设岗、因岗择人，以资格审查、笔试、面试、人才测评等手段选择人才。资格审查、初选、笔试、面试、情境模拟、心理测评，应从人和事两方面去考虑。

（3）录用　录用决策、发录用通知、办理录用手续、员工的初始安置、试用、正式录用、根据选择结果录用、办理入职手续、安置。

（4）评估　对整个招聘效益及录用人才质量进行评定、招聘成本评估、招聘质量评估。

在以后的任务中，我们还会详细分析。

2．招聘前的准备

（1）企业的准备

1）设计招聘申请表。

2）制定招聘计划。招聘计划是把对工作空缺的描述变成一系列目标，并把这些目标和相关的求职者的数量和类型具体化的工作。

3）编写招聘广告。在招聘广告设计中，人力资源管理工作者通过大量实践总结出了一条“注意，兴趣，愿望，行动”原则。

① 注意是指在一份报纸上，你可能会看到很多招聘广告，那么，哪些广告会引起你的注意呢？一定是那些色彩鲜艳，内容新颖、独特，与其他广告不同的广告。例如，在众多的小字体的“豆腐块儿”中有一个字体较大、篇幅较大的广告，或者是使用了吸引人的标题的广告，或者是使用了与众不同的色彩的广告，再有就是位置显著的广告。因此，要想使别人注意到你的广告，制作时就要在上述几方面多加考虑。饭店招聘广告的宣传有时候

可以利用饭店本身的宣传来同步进行。

② 兴趣是指使求职者对广告产生兴趣。枯燥而平直的广告词可能很少引起人们的兴趣，而撰写生动、煽情、能引起人们共鸣的广告语言加上巧妙、新颖的表现方式，则很容易令人感兴趣。例如，“你愿意与世界著名的饭店共同发展吗？你愿意让自己辛勤的付出拥有意想不到的回报吗？加入某某饭店，你将拥有崭新的明天”等这样的广告语，常常会令求职者兴趣大增。

③ 愿望是指求职者申请工作的愿望，是与他们的需求联系在一起的。通过强调饭店或职位中吸引人的一些因素，如培训与发展的机会、挑战性的工作内容、优越的薪酬福利、充满合作氛围的团队等，可以激发求职者对工作的愿望。为了有针对性地吸引读者，在发布招聘广告之前，要对本单位或职位欲吸引的对象是哪些人做一番调查，使广告达到符合所要吸引对象的群体特点。

④ 行动是指要具有吸引或方便读者采取行动的特点。在招聘广告中，应该含有让求职者与饭店联系的内容。例如，“如果您具备上述的任职资格，并且愿意接受挑战性的工作任务，那么请您在一周之内将简历及其他应聘材料寄往如下地址……”、“想要了解最新职位空缺，欢迎点击×××饭店网站”，这样的内容都可以使对感兴趣的职位候选人看了之后立刻采取行动，方便求职者，增加饭店挑选的范围。

（2）应聘者的准备

1）设计个人简历。个人简历就是对你的背景、优点、成就和有关个人材料进行简洁概述，告诉人们你是一个人才。一般的个人简历由 3 个部分组成：

① 个人基本资料，包括姓名、年龄、性别、籍贯、教育程度、专业、语言表达能力（口头或文字达到的水平）、兴趣爱好、通信地址及联系电话，其中，联系电话务必填写清楚，便于用人单位与你联系，以免错过机会。

② 学习和工作经历，包括所读学校的名称、学习年限、学校考试成绩、所获奖项、曾经发表过的论文著作、被授予的荣誉称号、工作过的单位及岗位、在工作中取得的成绩等。这部分内容主要是向用人单位证明自己的应聘资格，用人单位比较重视这一部分的内容，所以应该认真对待。

③ 拟应聘职位及希望待遇，注明应聘工作项目，希望得到的报酬，让用人单位对你的要求有一个基本的了解。确定报酬待遇前，应对社会上本岗位的薪资行情作个调查，一般持保守态度为宜。

2）编写求职信。在向用人单位推荐自己时，向用人单位写求职信是一种比较常用的方式。写求职信的准备时间比较富裕，能系统有条理地向用人单位介绍自己，内容比较全面，还可以向多个用人单位发放求职信，成本比较小，效率比较高。用求职信与用人单位联系，如果用人单位对你不感兴趣，它可能不给你反馈。还有，用信件进行联系，速度比较慢，需要你耐心地等待。一封完整的求职信应包括下述内容：

① 说明通过什么渠道得到对方的用人信息及自己希望从事的岗位，并表明自己的求职意愿。

② 陈述自己能胜任对方空缺岗位的主客观条件，包括有关知识技能和特长、受过的训练及实践等。

③ 简介个人经历、概况，并附上个人简历一份。

④ 表达自己的诚意，请求对方给予面谈机会，并写明自己的联系方式。

⑤ 附上相关的证明资料。为了证明求职信内容的真实性，你可以在求职信后面附上有关证明资格、经历、能力等的相关资料，如学历证明、资格认定证书、受奖证明、发表过的著作等资料的复印件。

那么，怎样写好求职信呢？写求职信时，称谓一定要得体。譬如说，你给某饭店经理写求职信，就称之为“尊敬的××经理”。在格式上，称呼要在信笺第一行起首的位置书写，单独成行，以示尊重。

求职信的作用是打动对方，引起对方的兴趣。所以，写求职信时，不必过分谦虚，过分谦虚会引起对方的误会，以为你平平庸庸，从而使你错过一个机会。求职信里面，你应该勇敢、准确、充分地表现自己，将自己的特长、优点，用自信的句子写出来。当然，求职信还应表现出你的诚实，不要让人家觉得你这个人非常虚伪，所以，求职信的内容和形式不要显得过于做作，表现自己的优点的时候，要讲究策略，用巧妙的语言表达自己的优点、长处，要体现实事求是的作风。用人单位最关心的是求职者是否能胜任它们的空缺岗位。所以，一封求职信里面，最重要的部分是说明自己能胜任工作的各项条件。你要向对方说明你有与对方提供的岗位工作要求相符的知识、经验、专业技能、特长、性格、能力等。陈述时，要做到语气肯定，条理清楚，针对性强。正文写完后，结尾时要请求招聘单位给予面谈的机会，语气要热情诚恳，要有礼貌，还有，在求职信里面千万要注明联系方式，以便对方跟你联系。

3．招聘的实施

（1）招聘的方法

1）内部招募的主要方法。

① 推荐法。推荐法可用于内部招聘，也可用于外部招聘。它是由本企业员工根据企业的需要推荐其熟悉的合适人员，供用人部门和人力资源部门进行选择和考核。由于推荐人对用人单位及被推荐者的情况都比较了解，使得被推荐者更容易获得企业与岗位的信息，便于其决策，也使企业更容易了解被推荐者，因而这种方法较为有效，成功的概率较大。在企业内部最常见的推荐法是主管推荐，其优点在于主管一般比较了解潜在候选人的能力，由主管提名的人选具有一定的可靠性。而且主管们也会觉得他们具有全部的决定权，满意度比较高。它的缺点在于这种推荐会比较主观，容易受个人因素的影响，主管们可能提拔的是自己的亲信而不是一个胜任的人选。有时候，主管们并不希望自己的得力下属被调到其他部门，这样会影响本部门的工作实力。

② 布告法。布告法的目的在于企业中的全体员工都了解到哪些职务空缺，需要补充人员，使员工感觉到企业在招募人员这方面的透明度与公平性，并有利于提高员工士气。布告法是在确定了空缺岗位的性质、职责及其所要求的条件等情况后，将这些信息以布告的形式，公布在企业中一切可利用的墙报、布告栏、内部报刊上，尽可能使全体员工都能获得信息，所有对该岗位感兴趣并具有该岗位任职能力的员工均可申请此岗位。目前在很多成熟企业中，张榜的形式由原来的海报形式改为在企业的内部网上发布，各种申请手续也在网上完成，从而使整个过程更加快捷、方便。一般来说，布告法经常用于非管理层人员的招聘，特别适合于普通职员的招聘。布告法的优点在于让企业内更多的人员了解到此类

信息，为企业员工职业生涯的发展提供了更多的机会，可以使员工脱离原来不满意的工作环境，也促使主管们更加有效地管理员工，以防本部门员工的流失。它的缺点在于这种方法花费的时间较长，可能导致岗位较长时期的空缺，影响企业的正常运营。而员工也可能由于盲目地变换工作而丧失原有的优势。

③ 档案法。人力资源部门都有员工档案，从中可以了解到员工在教育、培训、经验、技能、绩效等方面的信息，帮助用人部门与人力资源部门寻找合适的人员补充岗位空缺。员工档案对员工晋升、培训、发展有着重要的作用，因此员工档案应力求准确、完备，对员工在岗位、技能、教育、绩效等方面信息的变化应及时做好记录，为人员选择与配备做好准备。值得注意的是，我们所说的“档案”，应该是建立在新的人力资源管理思想指导下的人员信息系统，该档案中应该对每一位员工的特长、工作方式、职业生涯规划有所记录，将过去重“死材料”的防范型档案，转变到重“活材料”的开发型思路上来，为内部有效管理和用人做好准备。在现代档案管理基础上，利用这些信息帮助人力资源管理部门获得有关岗位应聘者的情况，发现那些具备了相应资格但由于种种原因没有申请的合格应聘者，通过企业内的人员信息查找，在企业与员工达成一致意见的前提下，选择合适的员工来担任空缺或新增的岗位。

2）外部招募的主要方法。

① 发布广告。广告是单位从外部招聘人员最常用的方法之一。通常的做法是在一些大众媒体上刊登出单位岗位空缺的消息，吸引对这些空缺岗位感兴趣的潜在人选应聘。采用广告的形式进行招聘，由于工作空缺的信息发布迅速，能够在一两天内就传达给外界，同时有广泛的宣传效果，可以展示单位实力。发布广告有两个关键的问题，一是广告媒体如何选择，二是广告内容如何设计。一般来说，单位可选择的广告媒体很多，传统媒体如广播电视、报纸、杂志等，现代媒体如网站等，其总体特点是信息传播范围广、速度快，应聘人员数量大、层次丰富，单位的选择余地大。在决定广告内容时，单位必须注意要维护和提升单位的对外形象。广告的内容不仅应明确告诉潜在的应聘者，单位能够提供什么岗位、对应聘者的要求是什么，而且广告应有吸引力，能够激起大众对单位的兴趣。另外，广告还应告诉应聘者申请的方式，这些内容都应在确定广告内容时给予充分的注意。

② 借助中介。随着人才流动的日益普遍，各类人才交流中心、职业介绍所、劳动力就业服务中心等就业中介机构应运而生。这些机构承担着双重角色：既为单位择人，也为求职者择业。借助这些机构，单位与求职者均可获得大量的信息，同时也可传播各自的信息。这些机构通过定期或不定期地举行交流会，使得供需双方面对面地进行商谈，缩短了招聘与应聘的时间。

③ 人才交流中心。在全国的各大中城市，一般都有人才交流服务机构。这些机构常年为单位服务。他们一般建有人才资料库，用人单位可以很方便地在资料库中查询条件基本相符的人员资料。通过人才交流中心选择人员，有针对性强、费用低廉等优点，但对于热门人才或高级人才的招聘效果不太理想。

④ 招聘洽谈会。人才交流中心或其他人才机构每年都要举办多场招聘洽谈会。在洽谈会中，单位和应聘者可以直接进行接洽和交流，节省了饭店和应聘者的时间。随着人才交流市场的日益完善，洽谈会呈现出向专业化方向发展的趋势，如有中高级人才洽谈会、应届生双向选择会、信息技术人才交流会等。通过参加招聘洽谈会，单位招聘人员不仅可以了解当

地人力资源素质和走向，还可以了解同行业其他单位的人力资源政策和人才需求情况。虽然这种方法应聘者集中，单位选择的余地较大，但有时还是难以招聘到合适的高级人才。

⑤ 猎头公司。猎头公司是英文 Head Hunter 的直译，在我国是近年来为适应一些企业对高层次人才的需求与高级人才的求职需求而发展起来的。在国外，猎头服务早已成为企业单位招揽高级人才和高级人才流动的主要渠道之一，我国的猎头服务近些年来发展迅速，有越来越多的企业单位逐渐接受了这一招聘方式。对于高级人才和尖端人才，用传统的渠道往往很难获取，但这类人才对企业单位的作用却非常重大。因此，猎头服务的一大特点是推荐的人才素质高。猎头公司一般都会建立自己的人才库。优质高效的人才是猎头公司最重要的资源之一，对人才库的管理和更新也是他们日常的工作之一，而搜寻手段和渠道则是猎头公司专业性服务最直接的体现。当然，要通过猎头公司招聘到高素质的人才，需要支付昂贵的服务费。目前，猎头公司的收费通常能达到所推荐人才年薪的 25%～35%。但是，如果把单位自己招聘人才的时间成本、人才素质差异等隐性成本计算进去，猎头服务或许不失为一种经济、高效的方式。此外，猎头公司往往对单位及其人力资源需求有较详细的了解，对求职者的信息掌握较为全面，而且在供需匹配上较为慎重，其成功率比较高。

⑥ 校园招聘。校园招聘亦称上门招聘，即由企业单位的招聘人员通过到学校招聘、参加毕业生交流会等形式直接招募人员。对学校毕业生最常用的招募方法是每年举办的人才供需洽谈会，供需双方直接见面，双向选择。除此之外，有的单位则自己在学校召开招聘会，在学校中散发招聘广告等。有的则通过定向培养、委托培养等方式直接从学校获得所需要的人才。

对于应届生和暑期临时工的招聘也可以在校园直接进行。主要方式有招聘张贴、招聘讲座和毕业分配办公室推荐 3 种。校园招聘通常用来选拔工程、财务、会计、计算机、法律、管理等领域的专业化初级水平人员。一般来说，工作经验少于 3 年的专业人员约有 50% 是在校园中招聘到的。

⑦ 网络招聘。20 世纪 70 年代以后，互联网的出现，给人类社会的经济发展，以及人们的生产、生活、文化等方面带来了革命性的变化。从企业管理的角度看，不仅出现了 E-HR（即信息化人力资源管理）的新理念和新模式，也使企业人员招聘方式发生了深刻的变化。目前，越来越多的企业借助互联网承担起公司人力资源管理与开发的多项职能。据美国一家咨询公司日前公布的一项追踪研究报告显示，《财富》全球 500 强企业中使用网上招募的已占 88%。在北美地区有 93%，在欧洲有 83%，在亚太地区有 88%的大公司都采用了网上招募的方式。另据美国一家招募服务公司所做的调查，绝大多数公司希望求职者通过电子邮件而不是通过邮寄传送个人简历。对于那些与计算机打交道的技术人员，经常会利用互联网寻找工作机会，公司想要找个技术岗位的候选人，也多从网上寻找。用尽可能少的成本找到尽可能称职的应聘者已经成为企业人员招聘主要追求的目标。采用互联网招聘的方式，可以从某种程度上满足企业的要求，因为网络招聘具有以下优点：成本较低，方便快捷；选择的余地大，涉及的范围广；不受地点和时间的限制，在网上距离感似乎已经不复存在，无论你身处何地都不会妨碍你工作的开展。互联网不但有助于你在世界各地广招贤才，还可以在网上帮助你的公司完成应聘人员的背景调查审核，能力素质评估，以及笔试面试，互联网已经不仅仅是一个在网上发布招聘广告的媒体，而是具有多种功能的招聘服

务系统，它使应聘者求职申请书、简历等重要资料的存储、分类、处理和检索更加便捷化和规范化。

⑧ 熟人推荐。通过单位的员工、客户、合作伙伴等熟人推荐人选，也是单位招募人员的重要来源。据有关资料显示，美国微软公司有大约40%左右的员工是通过员工推荐方式招聘的。在我国珠江三角洲、长江三角洲的广大地区，也有大量中资或外资企业，在招聘一般员工时，采用“老乡介绍老乡”的推荐方式。熟人推荐的招聘方式，其长处是对候选人的了解比较准确；候选人一旦被录用，顾及介绍人的关系，工作也会更加努力；招募成本也很低。问题在于可能在组织中形成裙带关系，不利于公司各种方针、政策和管理制度的落实。熟人推荐的方式，适用的范围比较广，既适用于一般人员，也适用于企业单位专业人才的招聘。采用该方式不仅可以节约招聘成本，而且也在一定程度上保证了应聘人员的专业素质和可信任度。有些公司为了鼓励员工积极推荐人才，还专门设立推荐人才奖，以此奖励那些为企业单位推荐优秀人才的员工。

（2）招聘渠道的选择　选择招聘渠道的主要步骤：分析单位的招聘要求；分析潜在应聘人员的特点；确定适合的招聘来源。按照招聘计划中岗位需求数量和资格要求，根据对成本收益的计算来选择一种效果最好的招聘来源，是内部还是外部，是学校还是社会等。选择适合的招聘方法，按照招聘计划中岗位需求数量和资格要求，根据对成本收益的计算来选择一种效果最好的招聘方法，是发布广告还是上门招聘、借助中介等。

（3）参加招聘会的主要程序　由于招聘会的参展单位和应聘者众多，必须事先做好充分的准备，否则很难取得理想的效果。因此，参加招聘会的主要步骤如下：

1）准备展位。为了吸引求职者，参加招聘会的关键是在会场设立一个有吸引力的展位。如果有条件的话，可以争取选择一个尽量好的位置，并且有一个比较大的空间。在制作展台方面最好请专业公司帮助设计，并且要留出富余的时间，以便可以对设计不满意的地方进行修改。在展台上可以利用放像机或计算机投影等方式放映公司的宣传片。在展位的一角可以设计一个相对安静的区域，单位的人员可以和一些有必要进行较为详细交谈的人员在那里交谈。

2）准备资料和设备。在招聘会上，通常可以发放一些宣传品和招聘申请表，这些资料需要事先印制好，而且准备充足的数量，以免很快发完。有时在招聘会的现场需要用到电脑、投影仪、电视机、放像机、录像机、照相机等设备，这些都应该事先准备好。并且，要注意现场是否有合适的电源设备，其他要用到的资料、设备也要在会前一一准备好。

3）招聘人员的准备。参加招聘会的现场人员最好有人力资源部的人员，也要有用人部门的人员，所有现场人员都应该做好充分的准备。这些准备首先包括要对求职者可能会问到的问题了如指掌，对答如流，并且所有人在回答问题时口径要一致。另外，招聘人员在招聘会上要着正装，服装服饰要整洁大方。

4）与协作方沟通联系。在招聘会开始之前，一定要与协作方进行沟通。这些协作方包括招聘会的组织者、负责后勤事务的单位，还可能会有学校的负责部门等。在沟通中一方面了解协作方对招聘会的要求，另一方面提出需要协作方提供帮助的事项，以便提早做准备。

5）招聘会的宣传工作。如果是专场招聘会，会前要做好宣传工作，可以考虑利用报纸、广告等媒体，或者在自己的网站上发布招聘会信息。如果是在校园里举行招聘会，一定要在校园里张贴海报。这样才能保证有足够的人员参加招聘会。

6）招聘会后的工作。招聘会结束后，一定要用最快的速度将收集到的简历整理一下，通过电话或电子邮件方式与应聘者取得联系。因为很多应聘者都在招聘会上给多家公司递了简历，反应速度比较快的公司会给应聘者留下公司管理效率较高的印象。

课外阅读

案例1　冰山模型（Iceberg model）

美国著名心理学家麦克利兰于1973年提出了一个著名的素质冰山模型，所谓“冰山模型”，就是将人员个体素质的不同表现形式划分为表面的“冰山以上部分”和深藏的“冰山以下部分”。

其中，“冰山以上部分”包括基本知识、基本技能，是外在表现，是容易了解与测量的部分，相对而言也比较容易通过培训来改变和发展。而“冰山以下部分”包括社会角色、自我形象、特质和动机，是人内在的、难以测量的部分。它们不太容易通过外界的影响而得到改变，但却对人员的行为与表现起着关键性的作用。

招聘人才时，不能仅局限于对技能和知识的考察，而应从应聘者的求职动机、个人品质、价值观、自我认知和角色定位等方面进行综合考虑。如果没有良好的求职动机、品质、价值观等相关素质的支撑，能力越强、知识越全面，对企业的负面影响会越大。根据冰山模型，素质可以概括为以下7个层级，见表3-5：

表3-5　素质层级

素质层级	定　义	内　容
技能	指一个人能完成某项工作或任务所具备的能力	表达能力、组织能力、决策能力、学习能力等
知识	指一个人对某特定领域的了解	管理知识、财务知识、文学知识等
角色定位	指一个人对职业的预期，即一个人想要做些什么事情	管理者、专家、教师等
价值观	指一个人对事物是非、重要性、必要性等的价值取向	合作精神、献身精神等
自我认知	指一个人对自己的认识和看法	自信心、乐观精神等
品质	指一个人持续而稳定的行为特性	正直、诚实、责任心等
动机	指在一个人内在的自然而持续的想法和偏好，驱动、引导和决定个人行动	成就需求、人际交往需求等

冰山模型的有效运用，需要遵循一定的步骤：

（1）不同类型的工作，素质要求是不一样的，需确定哪些素质是该类工作岗位所需要的胜任素质。确定胜任素质主要有两条基本原则：①有效性。判断一项胜任素质的唯一标准是能否显著区分出工作业绩，这就意味着，所确认的胜任素质必须要在优秀员工和一般员工之间有明显的、可以衡量的差别。②客观性。判断一项胜任素质能否区分工作业绩，必须以客观数据为依据。

（2）在确定胜任素质后，组织要建立能衡量个人胜任素质水平的测评系统，这个测评系统也要经过客观数据的检验，并且要能区分工作业绩。

（3）在准确测量的基础上，设计出胜任素质测评结果在各种人力资源管理工作中的具体应用办法。

总而言之，麦克利兰的冰山模型为人力资源管理的实践提供了一个全新的视角和一种更为有利的工具，它不仅能够满足现代人力资源管理的要求，构建了某种岗位的胜任素质模型，对于担任某项工作所应具备的胜任特征进行了明确的说明，而且成为进行人员素质测评的重要依据，为人力资源管理的发展提供了科学的前提。

案例 2 猎头（Headhunting）

“猎头”（Headhunting）一词属于舶来词，原意为割取敌人的头作为战利品的人，这里意为物色人才的人，也有一些公司取名“猎聘”，取猎头招聘之意，比如烽火猎聘。“头”为智慧、才能集中之所在，“猎头”特指猎夺人才，即发现、追踪、评价、甄选高级人才。

在国外，这是一种十分流行的人才招聘方式，我国香港和台湾地区把它翻译为“猎头”，大陆也称之为猎头，意思即指“网罗高级人才”。猎头与一般的企业招聘、人才推荐和职业介绍服务有着很大的不同，猎头追逐的目标始终盯在高学历、高职位、高价位三位一体的人身上，它搜寻的是那些受教育程度高、实践经验丰富、业绩表现出色的专业人才和管理人才。简言之，猎头可以理解为人才中介，担当的是“红娘”的角色。

第二次世界大战结束后，欧美一些国家从德国等很多国家里面寻找自己需要的科学家，他们像丛林狩猎一样，到处派专业公司帮他们物色比较优秀的人，这个词后来被借用成为猎寻人才。猎头是帮助优秀的企业找到企业需要的人才，这个词另外的说法叫做高级人才寻访，这就是猎头的来源。

猎头公司和简单的中介公司有很大不同，猎头公司不对个人进行收费，他们认为公司唯一的客户是企业，这是必须坚持的原则。中介公司对双方都可能收费，个人要找工作就对个人收费，企业找人就向企业收费。猎头公司需要提供人才评价、调查、协助沟通等咨询服务，中介公司往往进行非常简单的撮合。猎头收费很高，而中介服务收费往往比较低。猎头主要是主动寻找人才，中介更多的是在现有资源中撮合。中介公司更多是为找工作的人服务，猎头公司更多是为能力强、职业道德好的人才服务。

世界第一家猎头公司是 1926 年诞生于美国的迪克迪蓝人才搜索公司，“猎头”进入中国也就是最近十年左右的时间。随着中国的改革开放，以及大批外资企业的涌入，中国猎头行业也随之萌芽，进入探索和快速发展阶段，出现了一些立足中国本土的猎头公司。尤其是随着中国加入世贸组织，整个经济环境正变得越来越具有竞争性，人力资源作为企业中最活跃的部分，成为企业进一步发展的决定性力量。猎头服务的出现，促成社会经济体制中人力资源的流动和合理配置，猎头服务已成为企业求取高级人才和高级人才流动的重要渠道，并逐渐开始形成了一种产业。

它们的服务一般有下面几种：

（1）标准猎头服务：企业委托需求 4 个以下猎头职位的客户，猎头顾问通过专业的寻访途径获取人才信息，运用专业的人才测评技术和人才评价技术进行筛选，将合适的人才推荐给客户，跟踪服务直到客户满意。

（2）收费方式：服务总费用为人才年薪的 25%～30%。双方签订合作协议后，企业预付所有服务费的 30%作为委托金，以支持猎头前期运作。面试合格人才报到时，继续支付总费用的 70%。

（3）长期战略服务：企业用人需求较多（4个或以上猎头职位）和长期（1年或以上）需要高级人才的客户，支付较低的委托金（人才年薪的20%～25%），获得服务品质相同甚至部分指标优于标准猎头项目的服务，而且总体费用低于标准猎头项目；加强前期企业考察（外地企业需要实地考察），充分了解企业的实际情况和文化氛围，提高需求的理解准确度；组建专业的团队为客户预先建立专用人才库，预先准备客户战略调整时所需要的人才。

（4）收费方式：双方签订长期合作协议后，企业预付3～5万元委托金支持猎头年度运作；每面试合格录用一个职位人才，支付该职位全部服务费的80%；保证期过后结清该职位余下服务费的20%。合约期满予以结算。

（5）国际猎头服务：随着经济全球化的不断深入，跨国公司的人才竞争战略更为引人注目。针对我国企业本土母公司及海外子公司对国际化人才的需求，有的公司为中国企业或驻海外的中国企业客户开展了国际猎头服务。目前针对开展的国家有欧美（英语）地区、日本（日语）、俄罗斯（俄语），具体费用比例和服务费的支付方式由双方协商确定。

（6）智囊团服务：随着猎头业务的开展，猎头公司会积累各行各业的人脉网络及社会关系。针对企业的具体情况，可以组织相当规模的顾问团队为企业提供咨管理、营销、技术、财务和项目投融资等项目服务，同时也可以通过介绍企业合作伙伴的形式拓展公司业务，增强企业竞争力，具体费用比例和服务费的支付方式由协商确定。

案例3　联合利华公司一次成功的校园招聘

联合利华公司是一家跨国的消费品企业，在全球90多个国家和地区拥有500多家机构，员工近30万。截至1997年年底，联合利华在中国投资已达2.7亿元，员工5 700名，350多名本地经理。在上海的控股公司为联合利华（中国）有限公司，有11家合资子公司，包括上海联合利华、和路雪（中国）有限公司、上海旁氏有限公司、上海联合利华牙膏有限公司、广东立顿有限公司等家喻户晓的企业。

跨国公司在中国的发展离不开优秀的本国人才的加入，20世纪90年代初期，每年新落户中国的跨国公司成倍增长，对人才的需求和争夺非常激烈，如大众汽车公司、通用电气公司、汇丰银行、宝洁公司、摩托罗拉等几十家甚至上百家著名公司每年都要到上海几所高校去吸纳一批刚走出校门的优秀人才。复旦、交大更是这些公司的首选，他们以其强大的事前宣传、鼓舞人心的现场效果、公司在国内外的高知名度及优厚的待遇吸引着中国最年轻、最优秀的人才。为了在众多公司中脱颖而出，招聘到最优秀的人才，又保证招到的就是适合公司的人才，联合利华（中国）有限公司人力资源部在这个问题上狠下了一番功夫。1998年上半年，联合利华公司管理层多次开会讨论，并请外部专家咨询，提供建议。反复讨论后大家一致认为，要获得更大的影响力，必须占得先机，以别出心裁的方式，在高校中树立起更好的公司形象。在多种可选方案中，最后决定开展暑期商业夏令营活动，招收对象为即将开始找工作的本科三年级与研究生二年级学生。

联合利华公司首先选择了上海最著名的两所高校——复旦大学与上海交通大学作为首次商业夏令营的人才基地，并与复旦管理咨询公司合作，请其代为处理在高校中的许多事先准备工作。由联合利华（中国）人力资源部担任主要协调工作，从各个合资子公司挑选出一些走出校门不久的年轻员工，组成商业夏令营活动筹备小组。他们的计划大致如下：

前期宣传　　　　4月底～5月上旬

高校演讲会	5月中旬
申请表格回收	5月下旬
筛选过程	6月或7月初～8月中旬
夏令营前期准备	7月初～8月中旬
商业夏令营正式活动	8月下旬
营员面试	10月上旬

商业夏令营具体有下列几个环节：

1．声势浩大的前期宣传

从1998年4月下旬开始，联合利华公司开始在复旦、交大的各教学楼、寝室楼张贴商业夏令营活动的宣传海报，海报以大幅U形的联合利华标志作为画面主题，制作精美，上面有简明而富有鼓舞性的短语，介绍了商业夏令营活动的时间安排，两所学校还设立专门的咨询点，此外联合利华的网页上也辟出专版介绍具体情况。

2．富有感染力的演讲会

1998年5月中旬，两次准备充分的演讲会分别在复旦和交大的大型会议厅举行。复旦的演讲会于5月20日（星期五）晚上在三楼会议厅举行。学生们在入口处可拿到一份联合利华公司的介绍材料和一面商业夏令营活动的宣传小旗，厅内四周挂满这种小旗，出席的联合利华人员都穿着有公司标志的夹克衫，令人置身于联合利华渲染的氛围中。会议主席首先介绍了联合利华公司在世界以及中国的发展情况，接着介绍了商业夏令营活动的宗旨、内容和安排，强调这是一次为提高学生商业素质而举办的活动。公司人力资源总监用英语发表了热情幽默、极富感染力的演说，并接受了学生们的提问。前期的宣传材料和演讲会中丝毫没有提到任何与招聘员工有关的信息。演讲会结束时，听讲的学生领取了商业夏令营申请表格。

3．层层测试，筛选营员

（1）申请表格。联合利华为营员设计的申请表格为全英文格式，内容包括学习经历、英文水平、在校荣誉、社会活动及兼职或实习经验，还有开放式的问答，主要涉及大学生活的经验总结，对未来前景的展望，以及对其他各种问题的看法等。每份表格被打了分数，评分标准强调学生的英语水平、学习能力、社会活动能力及对问题的独到见解。达到一定分数的申请者可进入下一轮笔试。

（2）智商测试。笔试的内容是智商测试，共分3部分，两部分为图形题，一部分为数字题，形式全为选择题，需在60分钟内完成。计分选出前100名申请者。

（3）小组讨论。笔试结束后进行小组讨论，每组 10 人左右，模拟组成一个董事会，每人面前放有姓名牌，在自我介绍之后，组员被发给一个案例，描述了模拟公司的情况、问题，要求组员在40分钟内，以自发选择的身份提出解决方案，问题涉及包括财务、营销、生产、人力资源等各方面，公司派出7～8人的评委会，在小组外围旁听、记录，给每个组员写出评语，以便选出那些具有领导才能、创造性思维、组织能力的申请者。

（4）个别面试。通过前面几关后申请者进入最后一轮——个别面试，约有50人左右进入此轮。对这 50 名申请者，公司安排两名经理人员与其进行面对面的交流，根据其申请表上对自己的描述，一个经理有针对性地问其对某些事物的看法，另一个经理则全面进行记录与评价。通过这个过程，可以看出申请者的英文口语水平、反应速度、逻辑思维、表达能力、思想观点和某些性格特征，从而择优录取出符合要求的 25 人作为商业夏令营的正式营员。筛选过程 6 月底结束。由于大三/研二学生 6 月份仍在学习或实习阶段，联合利华公司所有的测试、面试都只能放在周末进行。每一轮筛选之后，联合利华公司都会用公司特制的信封、信笺寄发正式的通知给申请者，或婉言拒绝或诚意邀请，不会让申请者无谓等待。

4．精心准备的夏令营

商业夏令营经过精心准备于 8 月 24 日在龙柏饭店开幕。每个营员得到了联合利华发给的营服、包和各种产品，开始了在夏令营的生活。25 名营员首先在公司员工的陪同下，参观了洗发水、洗衣粉的生产过程，观看了全面介绍公司的录像，还学习了洗发水的制作过程。接着由公司资深管理人员讲解商业中实际会遇到的问题与解决方法，增加商业知识的教育。然后营员们被分成几个小组，由各个经理人员作指导，成立了不同的虚拟公司，组织者为各公司制造了很多难题，各公司要解决产品设计、广告、财务、谈判等问题，以及应付各种突发情况。每个成员都必须充分发挥各自的能力，才能使自己公司的业绩领先于其他公司。各公司为了领先于其他公司，都想到要发挥商业广告的作用，联合利华派出的指导为他们提供所需的各种材料、设备，整个过程妙趣横生，营员们的聪明才智得到充分发挥。结束时，评委评出了广告大奖和最佳广告创意奖。为了缓解营员紧张的神经，筹备小组成员还与营员组织了多场比赛，有乒乓球、篮球、游泳等项目，联合利华员工的多才多艺令营员们大为惊讶。最后的颁奖会除了颁发前面比赛中角逐出的各种奖项外，还当场投票评选出一系列“之最”，包括“笑起来最像花朵的人”、“最有领导才能的人”、“最可爱的人”等。联合利华员工在颁奖会上的节目表演，将整个晚会推向幽默与活力的高潮。

据参加的同学说，整个夏令营中，每个营员都学到很多，充分表现了自己，而联合利华的公司氛围、员工素质则给他们留下了深刻的印象，营员间、营员与公司员工间的各种交流使彼此建立了深厚的感情。联合利华还将活动过程录制成光盘发给每个营员留作纪念。

5．正式招聘

当商业夏令营结束的时候，组织者宣布，在 9 月或 10 月份，联合利华将邀请营员参加公司的招聘面试，并对合格者发出就职邀请函，请愿意加入联合利华的营员到时参与。所有的营员都参加了 10 月的面试，并且大多成为联合利华的正式员工，即使是落选的那些，也成了联合利华的义务形象宣传者。

任务结论

在整个人力资源管理工作中，招聘工作是一项基础性的工作，它的意义在于获取组织的竞争优势。招聘流程包括确定招聘计划、发布招聘信息、接待和选拔应聘人员、发出录取通知书和评价招聘效益 5 个方面。其中招聘计划是招聘工作的指导，招聘信息的合理发布是找到合适人选的前提。

招聘工作在饭店管理中的意义在于它是保证饭店正常运转的重要前提（当然，这是指有效的招聘）。招聘中不仅要考虑饭店的需要，而且要考虑国家的人事政策和劳动法规。

项目2 选　拔

任务1　列出一份面试提纲

任务描述

假如你是某饭店的人力资源部工作人员，要招聘一名前台领班，此次面试由你负责，请你根据以下的个人简历，列出一份面试提纲。

个 人 简 历

基本信息：

姓　　名：×××　　性　　别：女　　出生日期：19870609　　民　族：汉　　身　高：162cm

户口所在：江西　　目前所在：广州　　毕业院校：广州市旅游学院

专　　业：酒店服务与管理　　政治面貌：中共党员　　人才类型：应届毕业生

求职意向：

求职类型：全职

应聘职位：前台领班、出纳、营业点结账领班、文员、总台收款员等

希望地点：广州

希望工资：面议

教育培训经历：

2003 年 9 月至 2006 年 7 月　广州市旅游学院　酒店服务与管理　大专

参加社会实践经历：

在校期间曾多次到中国大酒店、东方宾馆、花园酒店、广州大厦做兼职服务员；

实习期间在中国大酒店宴会部工作；

2003、2004 年 5 月和 10 月参加了由广州市旅游局组织的“广州市黄金周旅游情况调查”活动；

2003 年 11 月在琶洲会展中心举行的第四届广州国际茶文化节担任服务员；

2005 年 12 月在广东国际旅游文化节开幕式“花船巡游”活动中，负责礼仪服务、接待；

2006 年 3 月 26 日由广东省体育局承办、广州市体育局协办的“国际射联广州射击世界杯赛”开幕式中，作为前导队员引导运动员入场。

语言水平：

普通话	精通
广东话	精通
英语	四级
计算机能力	精通数据库 FoxPro、Access 语言

自我评价：

在中国大酒店及学校学生会工作两年来，胆量较大，责任心强，工作勤奋、刻苦，性格活泼，喜欢跳舞，乐于助人；相信我的工作会给贵公司添加更多的光彩。

联系方式：

联系电话：××××××××

联系地址：广州市旅游学院酒店服务与管理专业（邮编：××××××）

电子信箱：×××@163.com

个人网站：http://www. ×××.com/

任务实施

表 3-6　面试提纲

任务分析

1．如何编制面试问话提纲

（1）面试提纲是整个面试过程中的问话提纲。主试人根据面试提纲，向应聘者提出问题，了解应聘者素质和能力，控制面试进程。

（2）面试提纲必须围绕面试的重点内容来编制。

（3）提问的题目应具体、明确。

（4）面试提纲由若干面试项目组成，如“公关能力”、“专业知识”、“敬业精神”等。每一面试项目均应编制相应的提问提纲以便面试时有针对性地提问、考察。

（5）应聘者有着不同的情况和经历，不必每个人选都用同一套提纲依序一问到底。因此，每一面试项目可从不同角度出一组题目，以便于面试时选择。

（6）面试提纲可以分为通用提纲和重点提纲两部分。通用提纲涉及问题较多，适合于提问各类应聘者。重点提纲则是针对应聘者的特点提出的，以便对职位要求中有代表性的东西有所了解。

2．一份理想的面试提纲应包括的内容

（1）开头语。

（2）关于企业目前状况及前景介绍。

（3）对空缺职位和其需要条件描述。

（4）与应聘者讨论工作资格。

（5）同应聘者个别讨论工作细节和工作各方面的关系。

（6）通过提问了解应聘者的品格、态度、技能、经验、爱好等情况，以便筛选出满意的人选。

（7）回答应聘者想知道的一些问题。

任务 2　举行一次饭店专场模拟面试

任务描述

饭店专场模拟面试。

任务实施

将学生分成两个小组，一个小组扮演饭店方，一个小组扮演求职方。在扮演的过程中饭店方要有职责分工，谁扮演主考官，谁扮演引导人员，谁扮演接待人员，谁扮演记录员等。求职方要对不同岗位提出申请。

任务分析

饭店专场模拟面试，模拟就业招聘的场景，为学生提供了一个实践锻炼的平台，对于提升学生的心理素质、提高其将来参加应聘面试的应对能力，具有重要的作用。同时，也可以通过在“提前面试”中遇到的各种问题，让学生们寻找个人差距，促使其吸取教训，端正学习态度，不断提高个人能力和素质，发挥自身优势，更好地走向职场。这种活动有很强的挑战性与实践性，让他们在活动中真正体会到就业竞争的压力，从而转化为学习的动力。

任务 3　设计一份面试情况记录表

任务描述

设计一份面试情况记录表。

任务实施

表 3-7　面试情况记录表

姓　　名：	性　　别：	编　　号：
应聘职位：		
评分等级：优秀 5 分　良好 4 分　合格 3 分　不及格 2 分或 1 分		
项　　目	面 试 评 分	评　　语
求职动机		
责任和义务		
所需技能		
外貌仪表		
礼貌态度		
气质谈吐		
应变能力		
自信程度		
工作经验		
交际能力		
判断力		
工作知识		
外语能力		
其他知识		
精力状况		
总分合计		
总　　评：应聘者的优势和局限		
面试意见：（　　）推荐；（　　）存入人才库；（　　）不接受		
主考人员签字：		

任务分析

对于应聘者来说，通过对应聘者在面试中的表现的记录，能够对应聘者作出相对客观的判断，减少主观性，一定程度上保证了公平。对于企业来说，也能够为企业找到更适合该岗位的人员。

任务 4　设计一场无领导小组讨论情境模拟

任务描述

在 11 月的某一天，你所乘坐的巨型客轮在太平洋上航行。突然遇到海上的风暴，迫不得已采取紧急的求生措施。你和另外 8 名旅客漂流到一个荒岛上，你们这 9 名旅客共有 6 位男性、3 位女性。你们来自不同的国家，所使用的语言有英语、德语、汉语和西班牙语，但每个人都或多或少地会讲一些英语。现在你们并不知道自己所处的位置在哪里，对岛上的情况也并不了解，不知道岛上会不会有人，会有什么人或动物，岛上的植物看起来都很奇怪。眼前是一片汪洋大海，不知何时才会有船只经过，何时才会有人来救你们。现在你们每人有一件救生衣，身穿比较单薄的衣服，每个人有一条毛巾，随身携带的有一些钱和钥匙。此外，你们还共同拥有以下这些东西：一个打火机；一把瑞士军刀；一本航海地图册；一个指南针；几件厚的外套；一本英汉法德词典；一块大塑料布；一块手表；每个人平均两公斤的饮用水；五袋饼干；一瓶盐；三瓶带有法文说明的药；每人一副太阳眼镜；一面镜子；一些粗绳子。你们的任务是根据这 15 件东西对你们求生的重要性对它们进行排序并说明理由。

要求：学生自愿组成 4～6 人的小组，依照无领导小组讨论的具体要求，由小组成员讨论、总结出大家公认的结论。

（节选自：吴志明．员工招聘与选拔实务手册[M]．北京：机械工业出版社，2002.）

任务实施

首先给大家 10 分钟的时间各自独立地对这些东西的重要性进行排序，在这一阶段注意不要互相讨论，接下去用 1 小时的时间进行讨论，排列这些东西的重要性，最后拿出小组一致的结果来，由一个人向考官进行汇报，并陈述理由，其他人可以进行补充。如果到了规定的时间，大家还是不能得到一个统一的意见的话，那么，在每一个人的成绩上都要减去一定的分数。

以下是一组学生根据无领导小组讨论的具体要求，讨论、总结出来的结论，从中可以看出无领导小组讨论法的应用魅力。

情景一：刚好有船经过，孤岛的位置在北半球相对低纬度 10°～30°

① 打火机
② 大塑料布
③ 镜子
④ 粗绳子（以上四项用来求助，产生浓烟、光反射）
⑤ 外套（风暴过后，大家衣服单薄）
⑥ 药
⑦ 英汉德词典（在经过风暴后，有些身体素质比较差人需要药）
⑧ 饮用水
⑨ 盐
⑩ 饼干（船上的物资不够充足，所以食品也还是挺重要的）
⑪ 太阳眼镜（经过以上一些准备后，假设已经在中午时分，烈日当空）
⑫ 手表
⑬ 指南针
⑭ 地图册
⑮ 瑞士军刀（因为如果已经被救的话就不用自己寻找出路）

情景二：假设岛上有水、水果等食物，孤岛的位置在北半球相对高纬度 40°～60°

① 外套（假设他们到孤岛上已经是半夜，11 月的夜里很冷）

② 大塑料布
③ 粗绳子（这两项可以用来搭临时帐篷）
④ 瑞士军刀（可以用它来取得一些柴火）
⑤ 打火机（起火）
⑥ 药
⑦ 英汉德词典
⑧ 手表（时间上的控制）
⑨ 指南针
⑩ 地图
⑪ 镜子（这些都用来自救，寻找出路）
⑫ 太阳眼镜（防太阳紫外线）
⑬ 饮用水
⑭ 盐
⑮ 饼干（因为岛上有食物，所以这些用来当储备物资）

情景三：岛上有人居住，语言无法沟通，孤岛的位置在相对低纬度 10°～30°

① 太阳眼镜
② 打火机（岛上土著居民对新奇事物感兴趣，用此来获取信任）
③ 指南针
④ 地图
⑤ 瑞士军刀（这是自救寻找出路的必要工具）
⑥ 粗绳子
⑦ 大塑料布（有船经过时，用打火机烧塑料，产生浓烟，在晚上时还可以让人见到明火）
⑧ 镜子（反射光，只能在有光的情况下使用）
⑨ 药
⑩ 词典
⑪ 手表
⑫ 盐
⑬ 饼干
⑭ 饮用水
⑮ 外套

情景四：没有食物，岛上没有居民，没有船经过，孤岛的位置在相对高纬度 40°～60°，天气相对恶劣

① 饮用水
② 盐
③ 外套
④ 饼干
⑤ 瑞士军刀
⑥ 粗绳子
⑦ 大塑料布

⑧ 打火机
⑨ 药
⑩ 英汉德词典
⑪ 手表
⑫ 指南针
⑬ 地图
⑭ 镜子
⑮ 太阳眼镜

任务分析

无领导小组讨论法通常是将讨论小组引入一个只有“一桌数椅”的房间，没有人告诉任何一个小组成员他应该坐在哪个位置上，一般使用圆桌，而不使用长方形的会议桌，以使每个坐席的位置具有同等的重要性。在小组讨论的过程中，即使出现冷场、僵局的情况，甚至发生争吵，测评者也不出面干预，令其自发进行。根据每个人在讨论中的表现及所起作用，考官按既定维度予以评分。这些维度通常是主动性、宣传鼓励与说服力、口头沟通能力、企业管理能力、人际协调能力、自信、创新能力、心理承受能力等。应注意的是，这些素质和能力是通过被测评者在讨论中所扮演角色（如主动发起者、指挥者、鼓励者、协调者等）的行为来表现的。

相关知识

一、选拔的过程

企业员工的甄选大致分为 3 个阶段：

1. 准备阶段

（1）通过工作分析，明确岗位职责和内容，确定职务性质。
（2）通过人员分析，确定人员标准。
（3）确定选择人员的最佳方案。

2. 选择阶段

（1）材料筛选。
（2）初步面试。
（3）填写申请表格。
（4）进行各种测试。
（5）深入面试。
（6）获取证明材料。
（7）建议录用，体检。
（8）录用决定，进入试用期。

并非每个企业都按以上步骤操作，顺序可以先后变化，有些步骤也可以跳过。

3．评估阶段

招聘评估是招聘过程中必不可少的一个环节。通过对录用员工的绩效、实际能力、工作潜力的评估即通过对录用员工质量的评估，检验招聘工作成果与方法的有效性，有利于招聘方法的改进。

二、选拔的方法

1．筛选简历的方法

（1）分析简历结构　简历的结构在很大程度上反映了应聘者组织和沟通能力。结构合理的简历都比较简练，一般不超过两页。通常应聘者强调自己近期的工作，书写教育背景和工作经历时往往采取从现在到过去的时间排列方式。相关经历常被突出表述。其实，书写简历并没有一定规格，只要通顺易懂即可。

（2）审察简历的客观内容　简历的内容大体上可以分为两部分：主观内容和客观内容。在筛选简历时注意力应放在客观内容上。客观内容主要分为个人信息、受教育经历、工作经历和个人成绩 4 个方面。个人信息包括姓名、性别、民族、年龄、学历等；受教育经历包括上学经历和培训经历等；工作经历包括工作单位、起止时间、工作内容、参与项目名称等；个人成绩包括学校、工作单位的各种奖励等。主观内容主要包括应聘者对自己的描述，如“本人开朗乐观、勤学好问”等对自己的评价性、描述性的内容。

（3）判断是否符合岗位技术和经验要求　在客观内容中，首先要注意个人信息和受教育经历，判断应聘者的专业资格和经历是否与空缺岗位相关并符合要求。如果不符合要求，就没有必要再浏览其他内容，可以直接筛选掉。在受教育经历中，要特别注意应聘者是否用了一些含糊的字眼，如没有注明大学教育的起止时间和类别，这样做很有可能是在混淆专科和本科的区别，等等。

（4）审查简历中的逻辑性　在工作经历和个人成绩方面，要注意简历的描述是否有条理，是否符合逻辑。例如，一份简历在描述自己的工作经历时，列举了一些著名的单位和一些高级岗位，而他所应聘的却是一个普通岗位，这就需要引起注意。又如，另一份简历中称，自己在许多领域取得了什么成绩，获得了很多的证书，但是从他的工作经历中分析，很难有这样的条件和机会，这样的简历也要引起注意。如果能够断定在简历中有虚假成分存在，就可以直接将这类应聘者淘汰掉。

（5）对简历的整体印象　通过阅读简历，问问自己是否留下了好的印象。另外，标出简历中感觉不可信的地方，以及感兴趣的地方，面试时可询问应聘者。

2．笔试法

笔试是指让应聘者在试卷上用笔来回答事先准备好的题目，然后根据应聘者答题的正确程度给以成绩的选拔方式。通过笔试，可以了解应聘人员的文化素质、文字表达能力、逻辑思维能力、计算能力和操作技能的理论部分。在笔试之前，可以委托专家为选拔工作的考试出题，人事部门经理应该把具体的考察要求告诉出题老师，这样考题将会有较大的针对性，不会出现高分低能的弊病而耽误选拔工作。笔试的题目形式灵活，如作为问答题可以有“谈谈你对饭店的印象”、“你想象中的饭店优秀员工应该是怎样的”，作为计算题可以有计算饭店的开房率、计算饭店的赢利水平、计算饭店的成本等。

3. 面试法

小资料 **两种面试的提问技巧**

1. 结构化面试的提问技巧

（1）追问法　面试过程中，如果需要对一些问题作深入的探讨，我们可以根据实际情况对回答做适当的追问。例如，发现应聘者对于某个问题回答不够详细时，就可以说："对不起，我可能没听清楚，刚才问的这个问题，你回答的意思是不是……"用通俗易懂的提问，有助于应聘者和你一起讨论。

（2）重述法　如果应聘者没听清楚，可以对问题进行重述："我刚才可能没说清楚，再说一遍，我的问题是希望你讲一下在处理客户关系中具体做了哪些事情。"这样避免了应聘者对有些重要行为的忽略。

（3）跳过法　有的应聘者面试经验少，当他发现主考官很专业时，心里会很紧张，当被问及过去的行为时，既不能撒谎，又不敢实话实说，结果表现得很局促，说不出话来。这时面试官可以采取跳过法，即用轻松的口吻说："没关系，这个问题咱们先不管它。你对别的事情怎么看呢……"暂时跳过令人尴尬的问题，以缓解紧张的气氛。但是，如果这个问题涉及一个非常关键的胜任能力，那么，面试结束前无论如何也要回到这个问题上来，因为关键问题是不能放弃的。

在结构化面试中，一般认为只要按照表格中的问题排列，逐一问下来就可以了，其实还需要做好以下几件事：①遵循已确定的面试表，不再临时任意修改；②系统化地探寻问题的答案，可以运用各种问话技巧；③直接在面试表上作记录；④提问题时口气接近谈话方式，自然从容；⑤准确收集有关胜任能力的具体表现。

2. 非结构化面试的提问技巧

（1）开放式发问　希望应聘者自由地发表意见或看法。开放式发问又分为无限开放式发问和有限开放式发问。前者的问话没有特定的答复范围，目的只是让对方讲话，如"请你谈谈自己的工作经验吧。"有限开放式发问即对回答的范围和方向有所限制，如"你在原来那个公司完成工作任务时常遭遇到的困难是什么？"开放式发问一般在面谈开始阶段或讨论某一方面问题的起始阶段运用。

（2）封闭式发问　希望对方就问题做出明确的答复。封闭式发问要比开放式发问更深入、更直接。典型的封闭式发问就是只让对方回答"是"或"否"，如"如果延长时间，是否会有助于你顺利完成销售任务？"封闭式发问可以表示两种不同的意思。如果在对方答复后立即提出一些和答复有关的封闭式问话，即表示面谈者对他的答复十分注意。另一方面，如果一直问一些封闭式问题，就表示面谈者不想让对方多表示意见，或对他的答复不感兴趣。

（3）诱导式发问　用诱导的方式让对方回答某个问题或同意某种观点，如"你对这一点怎么看？"或"你同意我的观点吗？"但运用时一定要把握好分寸。否则，会给应聘者以紧张感，使其被迫回答一些他认为面谈者想听而并非他自己真正想说的话，从而不能获得有价值的资料。

思考：什么是结构化面试和非结构化面试？

面试是现代人员选拔中的基本方法，它是在特定时间、地点进行的，有着预先设计好的明确的目的和程序的谈话，通过主试者与被试者双方面对面的观察、交谈等双向沟通方式，了解应试人员的素质状况、能力特征及求职动机等的一系列考核技术。

（1）面试的种类

1）结构化面试，即提前准备好问题和各种可能的答案，要求应聘者在问卷上选择答案。结构化程度最高的面试方法是设计一个计算机化的程序来提问，并记录应聘者的回答，进行数量分析，给出录用决策的程序化结果。结构化面试在职务分析的基础上提出有关的问题，设计出应聘者可能给出的各种答案。因此，面试考官可根据应聘者的回答速度对应聘者做出不理想、一般、良好或优异等各种简洁的结论，所以说，结构化面试是一较规范的面试形式，见表 3-8。

表 3-8 结构化面试表

说明：求职面试指导的目的是帮助饭店进行员工的选拔和配置。若用于某一职位的全体应聘者，则可帮助你对应聘者进行比较，并且可能提供比非结构化面试更客观的信息。因为这是一般性指导，所有项目可能并不都适用于每一种情形。问号后面的空格写出被面试者的回答。			
一、对了解工作兴趣的提问			
姓　名		应 聘 职 位	
你认为工作（职位）包括什么？			
你为什么应聘这一工作（职位）？			
你具有什么工作的资格条件？			
你的工资要求是多少？			
你为什么要到我们饭店工作？			
对我们饭店有哪些了解？			
二、对被面试者当前工作状况的了解			
你现在工作吗？		是	否
如果没工作，你失业多久了？			
你为什么失业？			
如果你工作，为什么应聘本职位？			
你什么时候能开始和我们一起工作？			
三、对被面试者工作经历的了解 （从求职者当前或最后职位开始往后，所有时期都应计算。依据求职者的年龄，至少追溯 12 年，军事服务也视为工作）			
在从事最后一项工作前，你做什么工作？			
地址：			
就业日期：	从	到	
你的职责是什么？			
你是否在该公司中一直从事同样的工作？		是	否
如果不是，说明你从事的各种工作，每一工作的就职时间及担负的主要责任。 从　　　　到 从　　　　到 从　　　　到			
你现在的收入是多少？			
你最后或当前主管的姓名？			
对于那份工作你最喜欢的是什么方面？			

（续）

你最不喜欢的是什么方面？				
你为什么要离开？				
在过去的 5 年里，你是否曾经失业过？		是		否
为寻找工作你做了什么努力？				
你具有其他能帮助你胜任本职位的经历和培训吗？				
解释你在何地并怎样获取这一经历或培训的？				
四、对被面试者教育背景的了解				
你接受过哪些能够帮助你从事所应聘工作的教育和训练？				
说明你接受的任何正规教育？ （如果相关，面试考官可用技术培训代替）				
五、对被面试者业余活动的了解				
业余时间你干什么？				
兼职工作				
竞技运动				
娱乐活动				
俱乐部				
其他需要说明的				
六、对被面试者个人问题的了解				
你愿意迁至新地方吗？		是		否
你愿意出差吗？		是		否
你愿意出差的最长时间是多少？				
你怎样看待周末加班？				
自我评价如何？				
你认为你的优点是什么？				
你认为你的缺点是什么？				
七、面试考官的印象				
一般（1）	较好（2）	好（3）	很好（4）	评语
个人特征				
个人外貌				
举止、姿态				
表达能力				
与面试考官的合作				
工作关键能力				
工作经历				
工作相关知识面				
人际关系				
面试考官		日期		

2）非结构化面试，即面试官可以完全任意地与应聘者讨论各种话题，面试的问题没有一个事先安排的需要遵守的框架。因此，面试可能根据不同的应聘者问出完全不同的问题，面试的话题也会围绕不同方向展开。当然，问题必须是和应聘录用有关的。在非结构化面试中，面试官可以根据应聘者对上一个问题的回答来决定下一个问题问什么，也可以根据应聘者的回答对某些问题进行追问，以了解更深入的信息。非结构化面试的优点在于面试官和应聘者在谈话过程中都比较自然。由于不是事先设计好的，所以问起来不会显得前后没有联系和唐突，面试官可比较全面地了解应聘者的情况，应聘者也感觉更随便、更自在，

回答问题时也更容易敞开心扉。非结构化面试的缺点在于对不同的应聘者提问不同的问题，可能会影响到面试的信度和效度，其中最大的问题在于，这种面试可能会遗漏重要的问题。

（2）面试的基本程序

1）征募宣传与应聘者资格审查。这一阶段的任务，主要是利用多种渠道传播招聘录用信息，广泛动员符合报考条件的人员参加录用考试，并完成考试录用的第一次竞争——报考者的资格审查。

2）筛选申请表，了解个人简历。求职者通常会寄来个人简历或在办公室填写申请表。通过这种方式，组织可获得求职者的“书面形象”，对这些申请表及个人简历的初审及评价是甄选系统的重要组成部分。这种初审的目的是要挑选有希望的求职者，在其余的选择过程中再收集有关该求职者的更详细的情况。这个程序被称为“筛选”，它为甄选系统后面的一些程序服务，它通过迅速地从求职者信息库中排除明显不合格者来帮助甄选系统有效地运行。

3）组织多种形式的考试和测验。考试和测验内容应根据岗位的不同要求进行设计和取舍，一般而言，此项工作通过对应聘者施以不同的考试和测验，可以就他们的知识、能力、性格、职业性向、个人素质等多方面加以评定和甄选，从中选出优良者，进入到面试候选人的范围。

4）确定最后参加面试的人选，并发出面试通知书；进行面试前的多项准备工作。其中包括：①确定面试考官。面试考官应由人事部门主管、用人部门主管和独立评选人 3 部分人员组成。但是，无论什么人担任面试考官，都要求他们能够独立、公正、客观地对每位面试者作出准确的评价。②选择合适的面试方法。面试方法有许多种类，面试考官应根据具体情况选择最合适的方法组织面试。③设计评价量表和面试问话提纲。面试过程是对每位参加面试的应聘者的评价，因此，应根据岗位要求和每位应聘者的实际情况，设计评价量表和有针对性的面试问话提纲。④面试场所的布置与环境控制。要选择适宜的场所供面试地使用，许多情况下，不适宜的面试场所及环境会直接影响面试的效果。

5）面试过程的实施。这一阶段是面试工作程序中最主要的环节，它依靠面试考官的面试技巧来有效控制面试的实际操作。

6）分析和评价面试结果。这部分工作主要是针对应聘人在面试过程中的实际表现作出结论性评价，为录用人员的取舍提供建议性依据。

7）依据上一阶段的结果确定人员录用的最后人选。这里需要注意的一个原则是：如果人事部门与用人部门在人选上意见有冲突，应尊重用人部门的意见。

8）面试结果的反馈。面试结果的反馈有两条线路：①由人事部门将人员录用结果反馈到组织的上级和用人部门；②逐一将面试结果通知应聘者本人，其中既包括录用人员，也包括未录用人员，对未录用人员表示组织的辞谢。

9）将所有面试资料存档备案，以备查询，录用人员接受岗前培训。至此，面试招聘与评价工作全部完成，重新回到人员选聘与录用的主程序之中。

（3）面试中常犯的几个错误　理论上，我们肯定会认为面试中倾听得到的信息总比通过自己说话所得到的要多得多。但是对于这么重要的倾听，我们仍会出现很多错误。

1）打断对方的谈话。在应聘者侃侃而谈时很不礼貌地一下子打断：“你刚才说什么，再说一遍。”或者“你说的就到这儿。你对下一个问题怎么看？”粗暴地打断别人的谈话，不听完全部过程，这种做法会给对方留下没有教养的坏印象。

2）面试时做其他工作。某些经理在面试时显得工作非常忙，一会儿看表，一会儿接电话，一会儿签字……这些都会给应聘者造成不良的印象，认为经理不重视他或是对他不尊重，即使以后录用了他，他会觉得自己的岗位很不重要。

3）只听自己希望了解的信息。招聘一个餐厅经理时，已经设计好了5个胜任特征，其中“善于与别人和谐相处”是很重要的一项。在面试过程中，一听应聘者说到“沟通”、“团队合作”时，就眼睛发亮。实际上，如果只听他说团队精神、沟通能力，便会忽视其他更为重要的信息。而且他说的只是两个概念，如果没有事实作依据的话，完全证明不了此人是一个好的餐厅管理人员。如果只注到了自己想听的重要特征，而忽略了其他相关信息，会得出非常错误的面试结论。

4）忽略非语言信号。面对面交谈时，肢体语言偶尔更能真切地表达应聘者的真实意思。忽略非语言信号是个非常错误的倾听习惯。例如，有的应聘者回答时眼光始终不与面试官接触，我们在考虑应聘者害羞紧张的同时，更应该考虑他的回答是否真实，对他应聘的岗位是否有诚意，是否开朗、热情。如果我们不能探究到真实情况，这个应聘者只能挂起来，另作考察。

5）处理信息时机不当。经常有面试官在听应聘者叙述或者自己做记录时，心里嘀咕：“这个人说得不太好”、“这方面不太合适”、“我不想要他”……实际上，正确的方法是：不要当场处理类似的信息，而应在整个面试过程中侧重于倾听和记录，等进行了详细分析后再下结论。

6）提问方式不当。在应该用开放式提问时用了封闭式提问，如有家饭店的老总对应聘销售经理的人问了3个重要问题：这个职位要带领十几个人的队伍，你认为自己有领导能力吗？这个职位要到处交流、沟通，你有团队精神吗？这个职位压力很大，要经常出差，你能适应高压工作吗？这个应聘者其实领导能力和团队精神都不错，但没法多说，因为明显的，老总希望他这些方面是好的；这个应聘者很不喜欢出差，但是老总的问话给了他暗示，他只能说喜欢出否则他只能被淘汰。作为老总，除了告诉应聘者他的希望以外，什么都没有考察出来。

4．情境模拟测试法

情境模拟测试法是一种非常有效的人员选拔方法，情境模拟测试是根据被试者可能担任的岗位，编制一套与该岗位实际情况相似的测试项目，将被试者安排在模拟的、逼真的工作环境中，要求被试者处理可能出现的各种问题，用多种方法来测试其心理素质、实际工作能力、潜在能力等综合素质。

（1）特点　由于将应聘者放在一个模拟的真实环境中，让应聘者解决某方面的一个“现实”问题或达成一个“现实”目标，因而这种方法较容易通过观察应聘者的行为过程和行为效果，来鉴别应聘者的工作能力、人际交往能力、语言表达能力等，比较适合在招聘服务人员、事务性工作人员、管理人员、销售人员时使用。但是，由于这种测试方法设计复杂，且费时耗资，因此目前在招聘中高层管理人员时使用较多。

（2）分类　根据情境模拟测试内容的不同，可以分为语言表达能力测试、组织能力测试、事务处理能力测试等。其中，语言表达测试侧重于考查语言表达能力，包括演讲能力测试、介绍能力测试、说服能力测试、沟通能力测试等；组织能力测试侧重于考查协调能力，如会议主持能力测试、部门利益协调能力测试、团队组建能力测试等；事务处理能力测试侧重于考查事务处理能力，如公文处理能力测试、冲突处理能力测试、行政工作处理能力测试等。这些素质是对现代管理人员必备的要求。

（3）优点　情境模拟测试法可从多角度全面观察、分析、判断、评价应聘者，这样企业就可能得到最佳人选。由于被测试者被置于其未来可能任职的模拟工作情境中，而测试的重点又在于实际工作能力。因此，通过这种测试选拔出来的人员往往可直接上岗，或只需经过有针对性的简短培训即可上岗，从而为企业节省大量的培训费用。

课外阅读

案例 1　我决不会到这家饭店上班

陈先生到一家中外合资的饭店面试，主考官是一个中国通的外方代表。陈先生刚坐下，主考官就对他说："谢谢你今天来参加面试，我一共问你 10 个问题，请你如实回答。"10 个问题答完之后，陈先生就想：终于轮到我发问了，我问一问饭店的情况吧。结果没等他开口，那个外方的主考官就对他说："好，今天面试就到这儿，谢谢你。你出去时，顺便把第二个人给我带进来，好不好？"陈先生出了大门就想：我决不会来这个饭店上班。

案例 2　男士和女士着装技巧

着装反映了一个人的工作和生活态度，没有一个企业想招聘做事拖沓的人，所以面试时，一定要着正装，不但能体现对面试的重视程度，热切希望得到这份工作的意愿，也可以让自己与职场氛围相融，与面试官在同一水平谈问题。最标准的正装莫过于深色西装套装了，无论男性、女性，面试时应该穿上它。

虽然行业不同、公司不同，对员工的着装要求也会不一样，如金融、法律、商业等领域要求着正装，广告、科技公司则不会对着装有过多要求，但无论什么行业、不管什么性质的公司，面试时着正装绝对不会错，所以，当没有更好的选择时就穿西装套装去面试，不要因为着装问题留有遗憾！

◆ 男性西装不能有褶皱。

◆ 领带首选深色，如深蓝、深灰。图案以条纹和小点为佳。质地可选偏厚的丝绸或丝绸混纺。理想长度应该是打完后触及皮带。

◆ 准备一个黑色的公文包，决不能带文件袋。

◆ 手指甲必须修剪整齐，保持整洁。

◆ 皮带要深色，首选黑色。

◆ 皮鞋最好与皮带颜色一致，首选黑色。不穿露脚趾和脚跟的皮鞋。

◆ 不能穿白色袜子，要着深色袜子前往面试。

◆ 女性选浅色衬衫，黑色或深灰色套装。

◆ 头发要整洁，长发女性要把头发扎起来。

◆ 女性化淡妆。推荐涂一点与肤色接近的粉，涂黑色睫毛膏，再涂淡红色唇彩即可。

◆ 不要佩戴首饰。

◆ 女性穿着肉色透明丝袜（不能是短袜）。

任务结论

人员选拔是从应聘者中选出最适合组织岗位要求的人的过程，包括初步筛选、笔试、面试、情境模拟、心理测试、体检、个人资料核实等内容。

招聘和选拔不仅要考虑饭店的需要，而且要考虑国家的人事政策和劳动法规。

课堂训练与测评

一、课堂实训

某饭店因业务发展需要，拟招聘以下员工：前厅领班 1 名；客房服务员 5 名；餐厅服务员 10 名；营销经理 1 名；人力资源招聘专员 1 名。

（1）请你为该饭店设计招聘程序，并拟定一份招聘广告。

（2）分析写出上述职位的胜任特征。

（3）写出上述职位的面试提纲。

（4）全班同学分成应聘者和面试者两类，利用虚拟的个人简历和面试提纲的要求，对应聘者进行 15～20 分钟的模拟面试，筛选出合格者。

二、招聘案例分析

王某刚刚参加过一次人才交流会。会场上，他看到正前方有 3 个展台。在其中的一个展台上，没有关于岗位的介绍，没有关于公司的视觉展示材料，公司的代表们忙于窃窃私语。在第二个展台上，整齐地摆放关于公司和所招聘岗位的材料，有一些宣传品可以随便领取。公司的代表们坐在那儿，阅读公司材料。在第三个展台上，没有花哨的东西，也没有宣传品可以随便领取，但关于公司和所招聘的岗位的基本介绍材料摆放在那儿，十分醒目。公司的代表们热情与经过的人打招呼，似乎在尽力收集应聘人员的简历和回答他们问题。

假设这 3 个公司有着相同的招聘需求，那么王某最可能首先光顾哪个展台？请说明理由。本题要求学生利用所学知识，分析、评价上述招聘案例，并给出自己完善的建议。

三、情境模拟练习

某企业集团聘请招聘专家为其下属百货公司选拔总经理。在最后阶段，招聘专家对一路过关的 4 位候选者使用了情境面试的方法。4 位候选者被安排同时观看一段录像，录像内容如下：

画面呈现一座小城市，画外音告知这是一个中等发达程度的小县城。镜头聚焦于一家百货商场，时间显示当时是上午 9:30。这时，商场的正门入口处出现了一位身高 1.80 米左右、穿夹克的年轻小伙子。他走进商场，径直走向日用品柜台。柜台里是一位 30 岁出头的女售货员。小伙子向女售货员说："拿包牙膏。"女售货员问："什么牌子？""中华牌。"小伙子答道。女售货员说："3.8 元。"小伙子掏出钱包，取出一张 100 元的人民币，女售货元找给他 96.2 元。然后，小伙子将钱和牙膏收好，走出了商场。

画面重新回到了百货商场正门，时间显示是上午 10 时整。这时，一位身高 1.65 米左右、穿笔挺西装的小伙子出现在门口，并径直向日用品柜台走去。"同志，要点什么？"女售货员问道。"一支牙刷。"小伙子答道。"什么牌子？"女售货员接着问。小伙子用手指了其中的一种。女售货员说："两块八毛钱。"小伙子掏出钱包，取出一张 10 元的人民币递给了女售货员。女售货员给小伙子一只牙刷并找回 7.2 元。然而，小伙子突然说："同志，你找错钱了，我给你的是 100 元钱。""你给我的明明是 10 块钱呀！"女售货员吃惊地说道。"我给你的就是 100 元钱，赶快给我找钱，我还有事情要做！"小伙子提高了嗓门，语气也相当严厉。女售货员急了，声音也提高了八度："你这人怎么不讲理呢？你明明给的是 10 元钱，为什么偏要说是 100 元呢？你想坑人啊？”这时，日用柜台边已经聚拢了十几位买东西的顾客看热闹。这位小伙子似乎实在难以容忍了，向整个人群说道：“大伙都瞧瞧，这是什么服务态度！你们经理呢？我要找你们经理。”

说来也巧，百货商场的总经理正好从楼上下来，看到这边有人围观，便走了过来。总经理看上去是一位二十八九岁的年轻人。“怎么回事？”总经理问道。女售货员看到总经理来了，像来了救兵一样，马上委屈地向总经理告状：“经理，这个人太不讲理了，他明明给我的是一张 10 元钱，硬说是一张 100 元钱。”经理见她着急的样子，立即安慰她说：“张姐，别着急，慢慢讲，他买了什么？你有没有收 100 元一张的人民币？”这位被总经理称为“张姐”的女售货员心情似乎平静了些。“他买的是牙膏，噢不，他买的是牙刷。对了我想起来了，今天，我没收几张 100 元的人民币，有一位高个儿给了我 100 元钱，他买的是牙膏。这个人给我的就是 10 元钱。”总经理听了张姐的话，眉头有些舒展，转身走向人群中那位小伙子，很有礼貌地说道：“很不好意思出现了这种事情。您能告诉我事情的真实情况吗？”小伙子也似乎恢复了平静，同样有礼貌地坚持自己付给女售货员的是一张 100 元钱，是女售货员将钱找错了。这时总经理环视了一下人群，然后将视线定格在这位小伙子身上，继续有礼貌地说：“这位先生，根据我对这位售货员的了解，她不是说谎和不负责任的人，但是我同样相信您也不是那种找茬的人。所以为了更好地将事情弄清楚，我可否问您一个问题？”“什么问题？”小伙子问道。“您说您拿的是一张 100 元钱，请问您有证据吗？”总经理问道。小伙子的眼睛一亮，马上提高了嗓门说：“证据？还要什么证据？不过我想起来了，昨天我算账的时候，顺手在这张钱的主席像一面的右上角用圆珠笔写了 2 888 四个数字”，你们可以找一下。“总经理立即吩咐张姐在收银柜中寻找，果真找到了一张主席像一面用圆珠笔写 2 888 的 100 元钱纸币。这时，小伙子来了精神，冲着人群高喊：“那就是我刚才给的 100 元钱，那个 2 888 就是我写的。不信，可以验笔迹。”

人群开始骚动，顾客们明显表示出对商场的不满。镜头在人群、小伙子、张姐和总经理之间切换，最后定格在总经理眉头紧锁的脸上。这时录像结束，并在屏幕上弹出两个问题：

（1）假如您是该百货商场的总经理，您将如何应付当时的局面？

（2）作为总经理，您将如何善后？

本题要求学生以应聘者的身份，针对设计的情境作出自己的分析判断，给出处理方法。4 位候选者被要求准备 10 分钟，然后分别向专家组陈述自己的答案，时间不超过 5 分钟。

模块4

饭店人力资源培训

教学目标

能力目标

能够使用各种工具进行培训需求分析，明确培训内容，制定培训目标；能够根据培训需求分析的结果，编写培训计划；能够根据实际需要，做好培训的组织活动；能够有效实施培训效果评估。

知识目标

掌握培训需求分析的步骤、调查技术；掌握培训计划的构成要素及设计要点；了解培训准备及实施的常规知识；了解 4 个层次的培训评估；了解培训需求分析的信息来源和培训的常规方法；掌握培训费用预算、培训效果的评价体系。

态度情感与价值观目标

熟悉饭店人力资源部培训专员的工作职能。

任务1 收集培训需求信息

任务描述

设计一份需求调查表，使饭店人力资源部了解员工需要参加哪一方面的培训。

任务实施

培训需求调查表的设计，见表4-1。

表4-1 培训需求调查表

岗位：		在岗时间：			
职务：		在职时间：			
年龄：	性别：	前一个职务：			
		优	良	中	差
工作技能熟练程度：					
自我感觉当前工作表现：					
培训需要：		是		否	
1．当前您在工作中最大的困难或存在的问题是什么？					
2．为弥补不足，当前您最需要的培训是什么？					
填写时间：		地　　点：			
备注： 1．根据实际，如实填写。 2．字迹清晰。 3．请于　　年　月　日前将本表送回。					

任务分析

收集培训需求信息的常用方法有员工行为观察法、问卷调查法、资料收集法和讨论法等。

1．员工行为观察法

培训者直接到员工生产工作岗位去了解员工生产具体情况，实地观察员工的工作技能、工作态度及其与饭店要求的差距，由此发现、收集并确定相应的培训需求。

此法基本上不妨碍被考察对象的正常工作和活动，所得的结论与实际培训需求之间的相关性较高，适用于餐厅、酒吧、客房、前厅、康乐中心等工作过程动作外显的基层服务岗位。

2．问卷调查法

培训者利用事先设计好的问卷发给员工，让其填写回收后进行整理分析，由此了解员工培训需求。这个方法成功与否的关键是问卷设计的合理性，一般来说，问卷答案需要有两种以上的选择余地，对问卷方案由若干小组成员进行评价，以保证问卷的科学性。

此法可以在短时间内收集到观察不到的信息，花费较低，问卷对象可畅所欲言，易于形成文字。既适用于上述岗位，也适用于各种管理岗位，如销售、采购、电脑中心、工程部等。

3．资料收集法

培训者通过对有关专业期刊、行业报纸、贸易杂志及机构内部出版物的分析研究，获得有关工作胜任的信息，从而确定培训需求。要注意的是工作胜任信息需要以未来为导向，与组织目标紧密相连。

4．讨论法

培训者采用当面个别接触或者与一群选定的被访谈人讨论，了解和调查培训需求，进而确定培训。因为讨论会形成比较热烈的气氛，收集到的信息会杂乱、分散，所以在讨论前必须有一个提纲，便于控制讨论话题和进度。

此法的优点在于收集信息的工作人员可充分了解对象提供的情况，有利于培训双方建立信任关系，得到员工对培训工作的支持，有利于激发员工参加培训的热情，不足之处是时间和人工成本比较高。一般情况下，使用讨论法可以补充问卷法和观察法中不够全面的地方，它适用于各种岗位。

任务 2　分析培训需求

任务描述

小王进饭店 3 个月了，先在餐厅传菜，后来经理看他机灵，就叫他做账台划单，但是小王搞不清楚菜单，经常拉住一起来的老乡小陈，求他帮着看。小陈也是传菜的，他经常被客人抱怨端菜时手指甲伸进菜碗里了，或者托盘时滑落了菜盆、酒杯，为此很苦闷，私下和小王说："我们换换多好。"于是在一次早会上，他俩向经理提出了换工作的想法，经理不同意，说你们进饭店时都参加过饭店的培训，最近饭店还要开展业务培训，你们一起去。两个星期后，小王和小陈耷拉着脑袋回来了，因为那里是给服务员培训英语，他俩的英语水平已经是大学四级，可以做老师了。这下轮到经理糊涂了："不是给人事部说过要给员工培训，怎么变成英语培训了？"

该饭店为什么会发生培训错位？

任务实施

培训需求分析的最终目的是确保饭店培训的针对性和实用性。通常分为 4 个步骤：

（1）发现和收集培训信息是培训需求分析的前提和基础。

（2）结合企业组织分析、工作分析、人员分析、绩效分析的内容和结果，对收集的培训需求信息进行分析。具体方法有：

1）任务分析法，即根据任务分析来详细研究某项工作，以确定需要什么专门技能。它适用于确定从事新工作的员工的培训需求，对引进新技术、安装新系统、增加新职位的培训需求分析，也非常适合。

2）工作绩效分析法，就是通过检查当前工作绩效与要求的工作绩效之间的差距，从而确定是通过培训来纠正这种差距，还是通过其他方式来纠正。

3）问卷调查法，就是通过问卷的形式，让组织需要进行培训需求分析的人员对问卷问题进行回答的调查方法。它能较快捷地收集到大部分人员的培训需求信息，成本较低。

4）小组讨论法，就是通过与培训部门选定的被访谈小组进行面对面的交谈，获取培训需求。

5）基于胜任力的培训需求分析法。胜任力是指在工作情景中员工的价值、动机、个性或者态度、技能力和知识等关键特征，它决定着员工对某一工作或任务的胜任程度。

（3）确认需求分析结果，见表 4-2。

表 4-2　饭店培训需求确认表

1．普遍培训需求：	
2．个别培训需求：	
3．短期培训需求：	
4．长期培训需求：	
5．目前培训需求：	
6．未来培训需求：	
经培训需求调查和分析以及培训需求讨论会议通过，以上为本部门员工培训需求情况。	
部门经理： 培训管理者：	员工代表：
地　　点：	时间：　　年　月　日

（4）在培训中对需求进行调整和修订，见表 4-3。

表 4-3　饭店培训需求纠偏表

原确定的培训需求：	
目前的实际情况：	
采取的纠偏措施：	
部门经理：	培训管理者：

说明：使用此表应注意以下问题：①需求偏差纠正；②新的培训需求的不断补充；③已实现的培训需求的淘汰。

任务分析

培训需求分析相当重要，它能够使培训的投入有最基本的效果，保证不会产生培训和不培训的结果一个样的现象。本案例中，该饭店业务培训前没有认真分析小王和小陈需要培训什么，从而导致培训发生错位。

任务 3　拟定培训计划

任务描述

某饭店经过培训需求分析，准备对员工进行年度培训。现在，你是该饭店的人力资源部经理，请为饭店拟订一份培训计划书。

任务实施

培训计划书的制定，见表 4-4、表 4-5。

表 4-4 饭店员工年度培训计划表

举办培训班名称		本年度举办班数		培训地点		培训教授	
培训目的					预算费用		
培训对象		培训人数		培训时间		主办单位	
培训目标							
培训性质							
培训科目	科目名称	授课时间	讲师姓名	教材来源	教材大纲	备　注	
培训方式							
培训进度	周　次	主要培训内容				备　注	
	第一周						
	第二周						
	第三周						
单位申请人：							

表 4-5 课程培训报表

课程名称			课程编号	
项目	举办日期	培训时数		参加人数
计划				
实际				
培训费用	项　目	预算费用	实际金额	备　注
	课时费			
	教材费			
	其他			
	合计			
培训检讨及呈核	学员意见			
	讲师意见			
	会计部		培训部	
经理：	审核：	拟定：		

任务分析

培训计划书的制定，一般有 6 个步骤：

1. 确定饭店培训需求

一般来说，饭店要确定培训需求可以从以下 4 个方面进行考虑：

（1）对于一年度工作的预测，即通过预测下一年度拟开辟哪些新的效益增长点，拟开发哪些新产品（新的服务项目），拟对哪些现存问题进行改革，从而确定推广运用哪些服务管理技术，对哪些员工进行培训，让他们学习掌握哪些知识技术。这是确定培训需求的根本点。

（2）审视发展战略，确定人力资源应提升的资质等级，即通过认证，准备让哪些员工获取专业资格证书，提升哪些知识和技能等。

（3）根据饭店变革的要求，拟从哪些方面进行培训，帮助新政策的顺利推进。

（4）优化队伍结构，增强整体实力，即为优化员工队伍的技术结构（专业、工种、层次），准备培养哪些员工成为生产业务骨干，从而消除生产保障的薄弱环节。

2. 确定饭店培训的目标

在确定培训目标时应注意以下几点：

（1）培训目标必须与饭店发展目标相吻合，同时也要结合被培训者的需要。

（2）一次培训目标不能定得太高，应当切合实际，具备一定的可行性。

（3）培训目标应有良好的系统性，保证每一个分目标均为总目标服务。

（4）培训目标应有一定的层次性，让每一层级的员工都能在培训中受益。

3. 确定饭店培训费用

培训费用一般是指实施培训计划的直接费用，包括场地费、资料费、培训奖励、组织费用、派员出外学习费用、师资酬金及接待费用等。

4. 确定饭店培训计划

准确选择培训对象，有助于控制培训成本，强化培训的目的性，提高培训的效果。在选择培训对象时，必须考虑工作岗位的需要和员工能力两方面。

5. 确定饭店培训内容

提高和保证效果，要选择好培训内容。通常主要考虑以下几点：

（1）培训目标是根本。

（2）以工作标准和要求为依据。

（3）以市场变化和顾客需求为依据。

（4）以问题的轻重缓急为依据。

6. 确定饭店培训形式和方法

培训形式和方法是为培训内容服务的，它直接影响到受训员工对培训内容的接受程度，同时培训形式和方法的确定也便于受训人员做好受训准备。

此外，制定培训计划应注意：

（1）计划书要简洁，所涵盖的内容应能传递给培训者和被培训者最重要的信息，即把培训业务上的主要方面展示给他们，尽量避免或减少涉及那些无关紧要方面。

（2）必须清楚地简述管理者最关心的 3 个方面，即独特性、师资团队、财务预算。因为独特性是管理者首先寻求的，他们想知道支持培训的原因；师资团队是培训工作成功的关键因素，管理者宁愿选择二流的设备加一流的师资人才，也不愿选择一流的设备加二流的师资人才；资金是第三个关键因素，培训部须为企业制定一份切实可行的资金规划。

（3）培训计划的目的要尽可能简单扼要，突出核心要点。

（4）培训计划书表现方式宜简单明了，并可适当加入一些图表。

任务 4　建立培训评估体系

任务描述

国内某著名饭店与英国某大学签订了一项培训协议，每年选派 2～3 名管理人员到该学校攻读管理硕士学位。学业完成后，员工必须回公司服务 5 年，服务期满方可调离。2002 年 5 月，客服部助理小张经过公司几轮挑选，终于与其他两位同事一起获得了推荐。但小张早有预谋，在此之前已获取了英国另一所学院管理硕士的录取通知书。虽然该校的学费较高，但其声誉好，教学质量高，还能帮助学生申请到数额可观的助学贷款。经过饭店人事部的同意，小张用饭店提供的奖学金交了学费，又申请了 3 万美金的助学贷款，以解决和妻子在英国的生活费。按照目前小张的收入水平，需要 8 年时间才能还清贷款，如果他在一家外资公司工作，不到 4 年便可还清贷款。行期将近，饭店人事部多次催促与其签订培训合同书，一直到离开饭店的前一天小张才在协议书上签了字。

2003 年 9 月末，小张学成回国，并马上回饭店报到。不过，10 月初，他便向饭店人事部递交了辞呈，并按合同还清了饭店为其支付的英语培训考试费、赴英签证费、学费等一切费用。不久，他便在一家美国大公司得到一个年收入 20 万以上的职位。

如何进行有效的培训效果评估，避免培训损失？

任务实施

一般说来，培训评估包括以下 6 个步骤：

1．分析培训需求

进行培训需求分析是培训项目设计的第一步，也是培训评估的第一步。不管一个培训项目是由什么原因引起的，人力资源开发人员都应该通过培训需求分析来决定具体的知识、技能、态度的缺陷。培训需求分析中所使用的最典型的方法有访谈法、调研法和问卷调查法。调查的对象主要集中在未来的受训人员和他们的上司，同时，还要对工作效率低的管理机构及员工所在的环境实施调查，从而确定环境是否也对工作效率有所影响。

2．确定评估的目的

在培训项目实施之前，人力资源开发人员就必须把培训评估的目的明确下来。多数情况下，培训评估的实施有助于对培训项目的前景作出判断，对培训系统的某些部分进行修订，或是对培训项目进行整体修改，以使其更加符合企业的需要。例如，培训材料是否体现公司的价值观念，培训师能否完整地将知识和信息传递给受训人员等。重要的是，培训评估的目的将影响数据收集的方法和所要收集的数据类型。

3．建立培训评估数据库

进行培训评估之前，企业必须将培训前后发生的数据收集齐备，因为培训数据是培训评估的对象。培训数据按照能否用数字衡量，可以分为两类标准：硬数据和软数据。硬数据是对改进情况的主要衡量标准，以比例的形式出现，是一些易于收集的无可争辩的事实，这是最需要收集的理想数据。硬数据可以分为4大类，即产出、质量、成本和时间。几乎在所有组织机构中这4类都是具有代表性的业绩衡量标准。有时候很难找到硬数据，这时，软数据在评估人力资源开发培训项目时就很有意义。常用的软数据类型可以归纳为6个部分：工作习惯、氛围、新技能、发展、满意度和主动性。

培训数据收集的关键是人力资源开发人员与直线部门人员良好的配合。例如，培训需求来自直线部门，他们知道员工技能的差距，他们能够指出员工技能改善的方向和预期改善目标。人力资源开发人员只有与直线部门人员配合，才能更好地把握培训方向。收集的数据最好是在一个时段内的，以便进行实际分析比较。例如，前6个月的不满意数量，去年处理的失误次数，上一个季度事故发生的次数，过去年份平均每月的销售成本等。

4．确定培训评估的层次

有关培训评估的最著名的模型是由柯克帕特里克提出的。从评估的深度和难度看，柯克帕特里克的模型包括反应层、学习层、行为层和结果层4个层次。

5．调整培训项目

基于对收集到的信息的认真分析，人力资源开发部门就可以有针对性地调整培训项目。如果培训项目没有什么效果或是存在问题，人力资源开发人员就要对该项目进行调整或考虑取消该项目。如果评估结果表明，培训项目的某些部分不够有效，如内容不适当、授课方式不适当、对工作没有足够的影响或受训人员本身缺乏积极性等，人力资源开发人员就可以有针对性地考虑对这些部分进行重新设计或调整。

6．沟通培训项目结果

在培训评估过程中，人们往往忽视对培训评估结果的沟通。尽管经过分析和解释后的评估数据将转给某个人，但是，一旦应当得到这些信息的人没有得到时，就会出现问题。在沟通有关培训评估信息时，培训部门一定要做到不存偏见和有效率。一般来说，企业中有4种人是必须要得到培训评估结果的。最重要的一种人是人力资源开发人员，他们需要这些信息来改进培训项目。只有在得到反馈意见的基础上精益求精，培训项目才能得到提高。管理层是另一个重要的人群，因为他们当中有一些是决策人物，决定着培训项目的未来。评估的基本目的之一就是为妥善地决策提供基础。是否应该为继续这种努力投入更多的资金，或者这个项目是否值得做，应该向管理层沟通这些问题及其答案。第三个群体是受训人员，他们应该知道自己的培训效果，并且将自己的业绩表现与其他人的业绩表现进行比较。这种意见反馈有助于他们继续努力，也有助于将来参加该培训项目学习的人员不断努力。第四个群体是受训人员的直接经理。

任务分析

员工培训效果评估是指企业组织在员工培训过程中，依据培训的目的和要求，运用一定的评估指标和评估方法，检查和评定培训效果的活动过程。培训效果是指企业和受训者从培训当中所获得的利益，即通过系统的培训，员工可以端正工作态度，学习新的行为方式，掌握新的技术技巧，而企业则可以提高产品质量，增加产品产量，促进销售额的上升，提高顾客的满意度，取得更高的经济和社会效益。

1．培训效果评估的内容

完整的培训评估应包括两个部分内容：过程评估和结果评估。过程评估用来检查整个培训过程是否存在问题，即需求分析、计划和设计、实施阶段可能出现的问题；结果评估是要确认培训是否达到预期目标，从而判断培训的有效性，是培训评估中最重要的内容。具体来说，有以下几项：

（1）培训内容是否按计划顺利完成。

（2）受训员工实际接受程度如何，是否对工作有指导意义。

（3）培训后的员工有哪些变化。

（4）培训师资的水平与质量如何。

（5）培训的时间、地点是否适合。

（6）培训投资与收益分析。

（7）培训中成功与失败之处，还需作何改进。

2．培训效果的4级评估

有关培训评估的最著名的模型是由柯克帕特里克提出的，从评估的深度和难度看，柯克帕特里克的模型包括反应层、学习层、行为层和结果层4个层次：

（1）反应层评估是指受训人员对培训项目的看法，包括对材料、老师、设施、方法和内容等的看法。反应层评估的主要方法是问卷调查。问卷调查是在培训项目结束时，收集受训人员对于培训项目的效果和有用性的反应，受训人员的反应对于重新设计或继续培训项目至关重要。问卷调查易于实施，通常只需要几分钟的时间。

（2）学习层评估是目前最常见，也是最常用到的一种评价方式。它是测量受训人员对原理、事实、技术和技能的掌握程度。学习层评估的方法包括笔试、技能操练和工作模拟等。培训组织者可以通过笔试、绩效考核等方法来了解受训人员在培训前后，知识和技能等方面有多大程度的提高。笔试是了解知识掌握程度的最直接的方法，而对一些技术工作，如饭店里面的电工、钳工等，则可以通过绩效考核来掌握他们技术的提高。另外，强调对学习效果的评价，也有利于增强受训人员的学习动机。

（3）行为层的评估往往发生在培训结束后的一段时间，由上级、同事或客户观察受训人员的行为在培训前后是否有差别，他们是否在工作中运用了培训中学到的知识。这个层次的评估可以包括受训人员的主观感觉、下属和同事对其培训前后行为变化的对比，以及受训人员本人的自评。这种评价方法要求人力资源部门建立与职能部门的良好关系，以便不断获得员工的行为信息。培训的目的，就是要改变员工工作中的不正确操作或提高他们的工作效果，因此，如果培训的结果是员工的行为并没有发生太大的变化，这也说明过去的培训是无效的。

（4）结果层的评估上升到组织的高度，即组织是否因为培训而经营得更好了等。这可以通过一些指标来衡量，如事故率、生产率、员工流动率、质量、员工士气以及企业对客户的服务等。通过对这样一些组织指标的分析，企业能够了解培训带来的收益。例如，人力资源开发人员可以分析比较事故率，以及事故率的下降有多大程度归因于培训，从而确定培训对组织整体的贡献。

3．5种培训成果的评估

（1）认知成果　认知成果可以用来测量受训者对培训项目中所强调的基本原理、程序、步骤、方式、方法或过程等所理解、熟悉和掌握的程度。

（2）技能成果　技能成果可以用来评价受训者对培训项目中所强调的操作技巧、技术或技能以及行为方式等所达到的水准。

（3）情感成果　情感成果可以用来测量受训者对培训项目的态度、动机以及行为等方面的特征，如受训者对培训项目的各种反应。

（4）绩效成果　绩效成果可以用来评价受训者通过该项目培训对个人或组织绩效所产生的影响程度，同时也可以为企业人力资源开发及培训费用计划等决策提供依据。

（5）投资回报率　投资回报率指培训项目的货币收益和培训成本的比较。其公式为

$$投资回报率=培训项目产出/培训项目投入\times 100\%$$

或者

$$投资回报率=（培训项目收益-培训项目成本）/培训项目成本\times 100\%$$

科学的培训评估对于了解投资的效果，界定培训对组织的贡献，证明员工培训所做出的成绩，是非常重要的。

4．撰写培训效果评估报告

将有关评估过程、收据、分析结果等内容进行整合，形成一份综合性的评估报告。评估报告包括的主要内容：

（1）摘要　对整个报告的简要综述，概括评估的主要结果和建议。

（2）项目背景　培训项目的总体说明，包括对需求分析的概括，培训的总体目标、培训方案的概要等。

（3）评估目的　详细说明评估目的、各层的评价目标。

（4）评估方法和策略　评估层次、评估过程、评估方案、评估方法、评估工具等。

（5）数据收集和分析　数据如何收集和何时收集、数据分析的方法、分析结果的解释等。

（6）项目成本　分类汇总各项成本和总成本。

（7）反映效果　详细说明学员对项目的反应和满意程度。

（8）学习效果　详细说明学员对新知识、技能和态度的掌握和接受情况。

（9）应用效果　详细说明学员所学内容的实际应用情况，包括主要的成功之处和不足。

（10）业务影响　说明作为培训结果的业绩改进程度。

（11）ROI　比较项目收益和成本，用投资回报率的比值显示结果。

（12）无形收益　对与项目有关的无形指标（无法核算经济价值的指标）加以说明。

（13）支持因素和障碍　对项目实施起到积极作用的各种因素，以及项目实施中的问

题和障碍，为以后的培训和业绩改进提供参考依据。

（14）结论和建议　综述各层目标的实现情况，提出项目的改进建议，具体见表 4-6。

表 4-6　培训效果评估报告表

摘要：
项目背景：
评估目的：
评估方法和策略：
数据收集和分析：
项目成本：
反映效果：
学习效果：
应用效果（成功与不足）：
业务影响：
ROI：
无形收益：
支持因素和障碍：
结论和建议：

相关知识

小资料

饭店的整体培训

两位客人走进一家四星级饭店的大堂，正好碰上刚送完行李的行李员。行李员以为客人要住店，就指引他们去总台登记。未料客人并不是来住店，而是来就餐的。

客人问："你们的旋转餐厅很有名，在几楼？"

行李员答："28 楼。请乘左边的快速电梯上去。"

问："有广州菜吗？"

答："有粤菜，也有淮扬菜。实际上，像上海这样开放城市的饭店，菜肴已经是集各帮之长，这里也有北京烤鸭，也有四川火锅，很难绝对说只是哪一帮。你们不妨上去试一试。"

客人又提出第三个问题；"价格贵不贵？"

答："旋转餐厅和二楼的潮州餐厅都很豪华，档次高。价格比较贵。平均每位消费总额要 100 多元，如果点海鲜或高档菜的话恐怕要 200 多元了。底楼东侧的百花厅也可以吃，价格适中。你们两人夫吃，100 元出头就差不多了。"

两位客人得到了准确信息，商量了一下，决定还是直奔 28 楼旋转餐厅。临走之前，又问行李员一句："旋转餐厅开到几点？""晚上 11 点。"行李员不假思索地回答。

思考：饭店整体培训到底是一个什么样的概念？

一、培训的含义（什么是饭店人力资源管理培训）

培训既是人力资源开发的中心环节，可以理解为是提高人们实际工作能力而实施的有组织、有计划的介入行为，还可以定义为：通过正式的、有组织的或有指导的方式，而不是一般监督、工作革新或经验，从而获得与工作相关的知识和技能的过程。

饭店企业的培训是使员工的知识、技能、工作态度达到标准要求的过程，即通过改变受训员工的知识、技能、工作态度，从而提高其思想水平及行为能力，以使其有相当的能力去完成现时担当的工作，甚至准备迎接将来工作上的新挑战的过程。

从这个定义中可以看出：①培训的本质是学习；②培训是一个有计划的、连续的系统过程；③培训的终极目标是实现员工个人发展和组织发展的双赢。

二、培训需求分析的意义（为什么要做培训需求分析）

培训需求分析，就是确定饭店是否需要培训及培训内容的一种活动或过程。培训需求分析对饭店的培训工作至关重要，它是真正有效地实施培训的前提条件，是使培训工作实现准确、及时和有效的重要保证。

培训需求分析的作用主要有：

1．确保培训工作的针对性和实用性

例如，当我们发现餐厅的员工在布置餐桌、传菜、托盘等工作符合要求，但客人满意度仍然不高的时候，发现存在的问题是员工的服务态度生硬，如果要培训的话，是加强服务人员的人际交往能力的学习和工作行为态度的教育。假如我们不作具体分析，发现客人不满，只对传菜速度、酒水知识等具体业务进行反复操练，就会发现虽然酒水菜肴及时而丰盛，但客人依旧对服务有意见。

2．有利于提高培训工作的系统性和前瞻性

员工在社会和饭店的系统中生存、活动，影响员工行为、价值取向的因素多种多样。通过培训需求分析，全面把握社会发展、企业变动和员工现状之间的差异，就能正确、全面、前瞻地确定培训工作及其开展，从而使培训工作对企业发展的契合度和支持力度大大增强。仍以前例而论，如果我们能在客人满意度不高之前，提高查阅员工档案并发现餐厅的员工中很多人是第一次做服务工作、以前的职业大部分与服务无关，那么，培训工作就要在服务员上岗前特别加强服务岗位的接待能力和人际交往能力的锻炼，从而降低客人关于服务态度方面的不满意；如果发现员工的工作态度令客人不够满意，不是因为员工缺乏人际交往能力，而是对饭店实行的新的薪酬制度不满而导致工作时带情绪，那么培训可能就变成管理政策的教育了，要在饭店内部成本、外部竞争等方面对员工进行沟通式的教育，从而保证员工对饭店政策的理解，进而保持工作热情。

三、培训需求的时机（什么时候需要培训需求分析）

培训需求一般是在饭店对现实的人力资源的现状产生某种不满意之后提出来的，当有以下几种情况时就要考虑是否开始培训：①新员工加入；②员工劳动效率下降；③饭店服务质量不能满足客人需要或损耗上升；④饭店员工岗位调整；⑤饭店采用新技术、新工艺、

新设备；⑥有员工晋升。

四、培训计划内容

通过培训需要分析，明确了培训需求之后，饭店人力资源部就可以制定一个系统完整的培训计划。这既是对培训的要求调查的一个阶段性小结，也是进一步具体实施员工培训的重要规划，起着承上启下的作用。培训计划制定一般包括以下内容：

（1）培训项目的名称。如“花园饭店 2006 年新员工培训计划”。

（2）培训目的。从饭店的发展战略和整体上明确培训所要解决的问题和要达到的目的。这是培训工作的方向性内容，同时也是培训结束时的检验依据。

（3）培训需求。这是培训计划的依据和基础，表明饭店发展目标与现实状况之间的差距，通过培训要消除这些差距，达到饭店的目标要求。

（4）培训对象。培训所针对的人员构成，包括具体岗位、部门、学历以及参加培训人员的其他要求。

（5）培训目标和内容。培训目标是指培训后的员工所达到的工作要求。设置培训目标，一般包括 3 个层次：①内容，即企业期望员工做什么事情；②标准，即企业期望员工以哪种标准来做事情；③条件，即在什么状况下达到这种标准。例如，某饭店对客房服务员培训，其培训目标设置就是：培训结束，员工应当能够在不求助他人的情况下（条件要素），在 25 分钟之内（标准要素）把客人的空房间打扫干净（内容要素）。

（6）培训方式。培训采用何种形式和方式进行，是脱产还是业余，是课堂教学还是工作实践中师傅带徒弟或是外出实习考察，是用现成教材还是饭店的文件代替，培训地点是在饭店内进行还是到社会上借教室等。

（7）培训时间。培训时间分 3 个层次的内容：整个培训计划起止时间，培训计划中每个项目花费的课时，每个培训项目安排的具体时间。

（8）培训师资。培训师资为委托外部人员任教还是饭店内部部门经理或资深员工任教，不同的选择适合不同的课程和对象。例如，新员工的入职培训一般包括饭店内部企业文化培训、规章制度及各部门工作的业务知识培训等，而英语和礼仪内容的培训则请店外专家辅导，对于老员工的晋升培训，所需的市场竞争和管理内容一般请外部教师完成。

（9）组织实施培训的部门和人员。一般中小型饭店由人力资源部负责，大型饭店由专门的培训部负责。明确饭店开展培训的职能部门和责任人，有利于工作协调，职责落实，是培训效果的保证。

（10）培训考评及反馈。为检验培训效果，所有的培训必须进行考评。培训计划应对考评方式（笔试、面试、操作）加以明确，以便在时间、人员、费用等方面作出全面安排。考评的成绩有培训完时计算和培训后一段时间中的工作能力提升两种，后者是一种比较科学的方法。

（11）培训费用。一般指培训计划实施过程中需要的直接费用，包括师资、场地、设备、教材、资料印制、组织管理、后勤保障等需要的费用。培训费用构成一般包括以下内容：①场租费。饭店建筑面积寸土寸金，有的饭店没有专门的培训教室，则需租借。如饭店有专门的教室，则需分摊课室当年的折旧费。②培训设备、设施费。饭店借助现代化的教学设备事实，如语音室、多媒体电教室等。③外聘教师讲课费。由于饭店培训涉及的领域日益拓宽，培训科目多样化，饭店自有的师资力量不能满足所设科目的日益增长的需要，需借助大专院校和相关机构的力量，聘用外部师资，建立自己的师资库。④教材费。⑤培训管理费用。包括培训部专职管理人员、讲师及教员的工资、福利、办公费用等。⑥交通差旅费。⑦其他支出。例如，员工参加培训损失的生产率（或当受训者接受培训时代替其工作的临时工成本），实际操作材料费用等。

五、培训方法例举

1. 破冰游戏

破冰又称融冰，是指打破人际交往间怀疑、猜忌，就像打破严冬厚厚的冰层。这个破冰游戏可帮助人们变得乐于交往和相互学习，打破陌生人之间的隔膜，消除同事间的积怨。

低风险的破冰游戏例子包括：让人们自我介绍；两人一组组成一对，要求每一拍档介绍同组另一拍档的名字、工作等情况；让人们介绍各自不同的培训经历；将所有参与者的从业年数相加，指出相互学习的重要性。

更富挑战性、耗时的破冰游戏包括：显示团队合作的价值；参加者根据所给的特殊声明书中所列清单扮演拾荒者，他们将与同班的学员在这场比赛中竞争，为鼓励互相认识，对那个最先完成任务的人给予奖励。

注意！不是所有的破冰游戏都会起作用。有一些甚至会出现反作用，给随后的培训造成阴影。为避免此种结果，应考虑以下方面：

（1）调整游戏长度以适合个案。一个 2～5 天的培训可教复杂的破冰游戏，一个几分钟的快速练习则适合一天以内的课程。

（2）了解你的听众，并不是所有的成年人都愿意一开始在教室做一些他们觉得有点琐碎的小事。一般而言，地位越高的人越不愿冒险做可能使他们看上去愚蠢的游戏。

（3）人们的穿着打扮可能给你一个暗示，帮助你判断一开始究竟有多少学员愿意冒险尝试。你应根据他们的穿着打扮来选择游戏的开放性。

（4）已经互相认识的人会发现这类练习没什么意思。来自不同公司的人组成的学员往往会感觉破冰游戏有助于相互了解。

（5）在企业内部举办的培训应选择冒险较少的破冰游戏。

实践中我们已发现，从破冰游戏中学到的“软件”（如避免摩擦和人际交流）所获得的好处远大于学习电脑软件，而且，经常与他人合作的学员比那些只与少数人合作的人更愿意参加特殊的练习。

下面，介绍破冰游戏的具体实例：

（1）交换名字

内容：这个游戏在于考验人们的习性。对于自己的名字，可说是再耳熟不过了，但若临时更换名字，就会觉得陌生了。

方法：

① 人数在 10 个人最适合。

② 参加者围成一个圆圈坐着。

③ 围成圆圈的时候，自己随即更换成右邻者的名字。

④ 以猜拳的方式来决定顺序，然后按顺序来提出问题。

⑤ 当主持人问及“张三先生，你今天早上几点起床？”时，真正的张三不可以回答，而必须由更换成张三的名字的人来回答：“恩，今天早上我 7 点钟起床!”……

⑥ 当自己该回答时却不回答、不是自己该回答时却回答的人就要被淘汰。

⑦ 最后剩下的一个人就是胜利者。

（2）**大树与松鼠**

适合人数：10 人以上。

材料及场地：无。

适用对象：所有学员。

时间：5～10 分钟。

操作程序如下：

① 事先分组，三人一组。二人扮大树，面对对方，伸出双手搭成一个圆圈；一人扮松鼠，并站在圆圈中间；培训师或其他没成对的学员担任临时人员。

② 培训师喊“松鼠”，大树不动，扮演“松鼠”的人就必须离开原来的大树，重新选择其他的大树；培训师或临时人员就临时扮演松鼠并插到大树当中，落单的人表演节目。

③ 培训师喊“大树”，松鼠不动，扮演“大树”的人就必须离开原先的同伴重新组合成一对大树，并圈住松鼠，培训师或临时人员就应临时扮演大树，落单的人表演节目。

④ 培训师喊“地震”，扮演大树和松鼠的人全部打散并重新组合，扮演大树的人也可扮演松鼠，扮演松鼠的也可扮演大树，培训师亦插入队伍当中，落单的人表演节目。

破冰游戏是许多培训者作为培训开始的必要环节，因为有了破冰游戏可以使培训者更好地把握整个培训团体，并更快速地达到培训的目的与期望。破冰游戏是一种非常有效的手段，可以使大型的团体更加融洽，鼓励害羞的人更多地参与，活跃团队的气氛，使完全陌生的人群建立起凝聚力。事实上，破冰游戏可以有效地应用于任何团队情境，你所要做的只是选择一个最恰当的破冰游戏。

2．沙盘模拟培训

沙盘模拟培训，又称沙盘培训、沙盘推演，是通过引领学员进入一个模拟的竞争性行业，由学员分组建立若干模拟公司，围绕形象直观的沙盘教具，实战演练模拟企业的经营管理与市场竞争，在经历模拟企业 3～4 年的荣辱成败过程中提高战略管理能力，感悟经营决策真谛。每一年度经营结束后，学员们通过对公司当年业绩的盘点与总结、反思决策成败、解析战略得失、梳理管理思路、暴露自身误区，并通过多次调整与改进的练习，切实提高综合管理素质。

企业沙盘模拟培训源自西方军事上的战争沙盘模拟推演。战争沙盘模拟推演通过红、蓝两军在战场上的对抗与较量，发现双方战略战术上存在的问题，提高指挥员的作战能力。英、美知名商学院和管理咨询机构很快意识到这种方法同样适合企业对中、高层经理的培养和锻炼，随即对军事沙盘模拟推演进行广泛的借鉴与研究，最终开发出了企业沙盘实战模拟培训这一新型现代培训模式。

沙盘模拟培训通过实战模拟演练完成体验式学习。您可以选择十年的时间去摸索，也可以选择两天的时间来体验。沙盘模拟训练的最大特点就是“在参与中学习”，强调“先行后知”，以学员为中心，以提升实战经营管理水平为目标。培训班中每 6 名学员成立一个公司，分任总经理、财务经理、销售经理、人力资源经理、生产部经理、研发部经理（课程不同，角色设置相应变化）。共形成4～6个相互竞争的模拟公司，连续从事三四期的经营活动。学员在两天的模拟训练中，将切身体验企业经营中经常出现的各种典型问题，他们必须和同事们一起去发现机遇，分析问题，制定决策并组织实施。

模拟经营充满了挑战，各公司管理层将依据市场信息决定公司的市场定位和竞争策略，由于各家公司选择的竞争策略和运作能力各不相同，竞争态势此消彼长，最终盈亏分明，几家欢乐几家愁……

沙盘模拟培训特有的互动性、趣味性、竞争性特点，能够最大程度地调动学员的学习兴趣，使学员在培训中处于高度兴奋状态，充分运用听、说、学、做、改等一系列学习手段，开启一切可以调动的感官功能，对所学内容形成深度记忆，并能够将学到的管理思路和方法在实际工作中很快实践与运用。在沙盘模拟培训中学员得到的不再是空洞乏味的概念、理论，而是极其宝贵的实践经验和深层次的领会与感悟。

3．基于计算机的培训

基于计算机的培训利用了计算机的速度、记忆和数据处理能力，具有更大的灵活性。对教师依赖性更小是这种培训的优点。教学可以在某个中心地点举行，也可以分散在各个办公室进行。但是有些学生反对没有人做引导者的教学方式。另一个不足之处是硬件和软件费用较高，但如果接受培训者足够多的话，费用很快就达到一个可接受的水平。

课外阅读

案例1　需要参加哪类培训

（1）某天，总台接待了一位荷兰籍华人张先生，进入房间以后，张先生打电话给客房中心，要求加快洗一条裤子，下午他要外出办事。客房服务员很快就到了客人房间收取张先生的裤子，张先生特意关照服务员裤子需要干洗不要熨烫。在规定时间内，服务员将裤子送到了房间。张先生一看非常恼火，裤子的面绒被烫倒、发亮，而且还烫了2条笔直的裤线，客人要求投诉。客房服务员将此事告知值班的大堂副理，大堂副理了解情况后直接到客人房间，当面向客人道歉。张先生非常气愤地说："本来以为你们是星级饭店，服务水准很高，没想到会是这样。我事先与服务员讲过，这条裤子是从国外带回来的新面料，只要洗干净就可以了，根本不需熨烫。"大堂副理向张先生再次道歉，并感谢他给饭店提出的宝贵的意见，同时请张先生放心地外出办事，保证他回来后能看到一条完好如初的裤子。张先生这才稍微地露出一点笑容，持着怀疑的目光看着大堂副理说："真的可以吗？"大堂副理微笑着对张先生说："您就放心吧。"裤子很快送到洗衣房，负责人亲自将裤子重洗一遍，用软毛刷将面绒倒着刷一遍，大堂副理还准备了一盆鲜花和水果给客人送去，并请前厅做客史存档。张先生回房后，表示非常满意并致谢。此后，张先生经常入住这家饭店，并提出一些很好的建议，饭店也将张先生作为VIP客人来接待。

（2）北方某宾馆。一位40来岁的客人陈先生提着旅行包从512号房间匆匆走出，走到楼层中间拐弯处的服务台前，将房间钥匙放到台上，对值班服务员说："小姐，这把钥匙交给您，我这就下楼去总台结账。"却不料服务员小余不冷不热地告诉他："先生，请您稍等，等查完您的房后再走。”说完便给同伴打电话。陈先生顿时显得十分尴尬，心里很不高兴，只得无可奈何地说：“那就请便吧。”这时，另一位服务员小赵从工作间出来，走到陈先生跟前，将他上下打量了一番，又扫视了一下旅行包。

陈先生觉得受到侮辱，气得脸色都变了，大声嚷道：“你们太不尊重人了！”小赵也不搭理，拿了钥匙，径直往512号房间走去。她打开房门，进去不紧不慢地检查：从床上用品到立柜的衣架，从冰箱里的食品到盥洗室的毛巾，一一清查，还打开电控柜的电视机开关看看屏幕。然后，她回到服务台前，对陈先生说：“先生，您现在可以走了。”陈先生早就等得不耐烦了，听到了放行的“关照”更觉恼火，待要发作，又想到要去赶火车，只得作罢。他带着一肚子怨气离开了饭店。

（3）一天，一位美国客人到内地某宾馆总台登记住宿，用英语顺便询问服务员小杨：“贵店的房费是否包括早餐？”小杨英语才C级水平，没有听明白客人的意思，便随口回答了个“YES”。次日早晨，客人去西式餐厅用自助餐，出于细心，向服务员小贾提出了同样的问题。不料小贾的英语也欠佳，慌忙中又随便回答了个“YES”。

几天以后，美国客人离店到前台结账，一看，账单每顿早餐一笔不漏，客人越想越糊涂：明明总台和餐厅服务员两次答“YES”，怎么还是要他付早餐的费用呢？他百思不得其解。经再三追问，总台才告诉他：“我们饭店的早餐历来不包括在房费内。”客人将初来时两次获得“YES”答复的原委告诉总台服务员，希望免费供应早餐的许诺能得到兑现，但遭到拒绝。客人于无奈中只得付了早餐费，然后怒气冲冲地向饭店投诉。饭店重申了总台的意见，仍没有同意退款。美国客人心里不服，怀着一肚怒气离开了饭店。

案例2　东莞××××饭店2003年度培训工作计划（部分）

为使饭店员工综合素质达到饭店“五星”水准，养成良好的职业意识和职业习惯，真正提高饭店的服务质量和经营管理水平，根据集团企业文化建设的策略及饭店现行经营管理的需要，提出本计划。

一、饭店企业文化建设思路

培训作为企业经营成功的重要一环，肩负着宣传贯彻集团经营理念，提高饭店全员综合学习能力，加强员工对企业的认知及归属感的使命。在人力资源管理的基础上，2003年度培训工作将在集团企业文化的指引下，积极宣传贯彻集团各种理念及最高指示，努力营造一种让员工感到自身价值、受到认可并且有强烈参与愿望的培训和工作环境。实施“配合高层、强化中层、巩固基层”的年度培训战略，建立一个持续的饭店培训平台，使饭店员工适时地受到“高品质”的有效培训，并在企业文化理念的熏陶下看到自己将来发展的方向。

二、培训的质量目标

（1）中层管理人员的素质培训每两个月进行一次，每次结束后要求根据本部门实际情况将培训内容实施到位，行政人事部将进行严格的培训效果评估。

（2）为端正各级员工的饭店行为，培训员工的仪容仪表及礼貌礼仪，进行严格的抽样检查，全员按饭店要求达标率为99%。

（3）加强对晋升人员的培训。对准晋升人员晋升前作正式考核，合格后安排时间对其进行管理角色转换、责任心培训等。培训效果由行政人事部作长期跟踪。

（4）积极宣传贯彻集团文化理念及重要精神。

（5）新入员工岗前培训率 100%，培训合格率 98%以上，部门满意率达 95%以上。

（6）饭店职员工接受在职培训率达 95%以上，合格率达 98%以上。

（7）每月至少进行一次公开性专题培训，旨在培养员工良好的职业意识和职业习惯。

（8）语言培训每年两次，包括粤语、英语、日语。

（9）饭店质量管理体系的再培训每季一次。

三、培训要求

（1）为确保饭店培训质量，所有部门培训员将从饭店范围内挑选最具有专业素质的人员担当，各部门主管及行政人事部将对培训员的能力及培训效果严格把关，正确评估并作出报告。

（2）各部门根据饭店制定的培训总体计划，合理安排培训项目，培训结束后次日将培训效果的相关资料交至行政人事部。

（3）各级管理人员（包括培训员）及受训人员的培训接受能力和跟踪情况，将与员工工作绩效考核直接挂钩。

四、培训项目设置（部分）

为使培训工作井然有序地进行，行政人事部将各部分培训项目作具体的设计，分两大块进行细分。细分的主要目的是区分权责，而不是孤立地进行。

1．中层管理人员素质培训

时　　间：3 月、6 月、9 月、12 月，每月安排一次，每次 4～6 小时

范　　围：中层管理人员

培训目标：有效提高中层管理人员的综合管理水平

教学纲要：管理的基本认知
用人的原则
如何正确授权
学习型组织的建立和管理
财务分析能力、沟通能力
有效发挥组织能力

2．晋升培训

时　　间：不定时，晋升培训每次 3 小时

范　　围：晋升人员及准晋升人员

培训目标：及时使晋升人员进行角色转换及了解基本的管理方法技巧，有效发挥管理者的管理职能

教学纲要：准晋升人员的考核
角色的转换艺术
管理者的基本认知
有效的沟通
授权艺术

3．基础英语、粤语、日语培训

时　　间：英语培训 4～6 月，每月 8 课时，每课时 2 小时

粤语培训 5～7 月，每月 8 课时，每课时 2 小时
日语培训 8～10 月，每月 8 课时，每课时 2 小时

范　　围：各部选定参加培训的员工
目　　标：提高员工用外语/粤语接待的能力
教学纲要：新概念英语初级或饭店英语 900 句
粤语会话 900 句
标准日本语（初级）
外语角

4．新员工入职培训

时　　间：每月进行 2～3 次，每次 3 天
范　　围：全体新入职员工
目　　标：使全体新员工更好地了解集团企业文化和饭店基本运作，树立正确的工作态度。
教学纲要：集团介绍及企业文化
仪容仪表及礼貌礼仪的标准
饭店组织结构、服务功能设施
员工手册
员工接听标准及技巧
基本财务知识和设备设施保养常识
安全消防意识
布草使用知识

5．管理见习培训

时　　间：1～2 年
范　　围：经相关考核达到饭店要求的员工
目　　标：为饭店建立后备管理人员，提高员工综合管理素质
教学纲要：按期到各部门了解各类岗位的实际操作及相应管理

6．培训员培训

时　　间：每月 1 次，每次 2～3 小时
范　　围：饭店全体培训员
目　　标：提高培训员的培训能力及综合素质
教学纲要：培训员应具备的能力
如何开发培训课程
培训需求
培训现场的相关技巧
各类管理能力及管理知识

7．电脑使用常识

时　　间：4 月、7 月份各培训 1 次，每次 2～3 小时
范　　围：所有使用电脑的工作人员

目　　标：提高员工正确使用电脑系统的能力及一些简单的维护保养知识
教学纲要：饭店电脑系统
　　　　　Windows 操作系统
　　　　　网络知识
　　　　　电子邮件知识

8．**饭店员工综合素质培训**（专题）
时　　间：每月至少 1 次，运用业余时间进行，每次 3 小时
范　　围：积极参与培训的员工
目　　标：提高员工的职业意识和职业自我管理能力
教学纲要：自信心的树立
　　　　　如何成为一名优秀的饭店从业人员
　　　　　公关技巧
　　　　　接待中的语言艺术
　　　　　着装及化妆
　　　　　礼仪、礼貌、训练（民俗、民风知识）
　　　　　与“上帝”交朋友（系列，共 10 册）

9．**急救基础知识**（专题）
时　　间：根据需要进行，一年至少 2 次，每次运用业余时间进行 2 小时
范　　围：资源参加培训的员工
目　　标：了解各类急救的方法与技巧
教学纲要：溺水的急救措施
　　　　　骨折的急救措施
　　　　　各类急救医护知识

10．**顾客投诉处理**（专题）
时　　间：6 月、12 月，每月 1 次，运用业余时间进行，每次 2～3 小时
范　　围：部门发动员工参与
目　　标：掌握处理顾客投诉处理的方法及技巧
教学纲要：投诉的分类
　　　　　投诉产生的原因分析
　　　　　处理投诉的程序
　　　　　处理投诉过程中的避讳与技巧
　　　　　面对不同类型的投诉如何处理（案例）

11．**店内销售技巧**（专题）
时　　间：4 月、8 月，每月 1 次，每次运用业余时间进行 2 小时
范　　围：部门发动员工参与
目　　标：增强员工店内销售意识及销售能力
教学纲要：市场细分知识
　　　　　产品的认识

销售中报价的技巧
消费心理的研究
如何与消费者沟通

12. **店外培训**

根据集团及饭店需要组织员工接受店外培训

任务结论

在人力资源管理工作中，培训工作是一项拓展性的工作，它的意义在于帮助组织进一步获取竞争优势。培训的流程包括培训需求分析、拟定培训计划、选择培训方法、培训的实施和培训效果评估 5 个方面。其中拟定培训计划是开展培训的指导，培训计划的合理拟定，是培训活动取得良好效果的前提。

培训工作在饭店管理中的意义在于它是保证饭店人力资源正常运转的重要保证。培训不仅要考虑饭店的需要，同时也要考虑国家的人事政策和劳动法规。

课堂训练与测评

一、课堂设计

某饭店经过培训需求分析，决定对前台接待员进行素质培训。为了提高前台接待的服务水平，决定在培训课室对前台接待员进行两个星期的培训。培训的主要科目有礼仪知识、形体训练、顾客服务心理知识、人际交往知识、语言运用技巧、前厅预订技巧、前厅接待技巧、电话接听技巧、客房推销技巧、前厅常见问题处理等。

请你为其设计一份培训计划书。

二、能力提升

1. 下面是一段关于培训制度的叙述

企业培训制度的根本作用在于为培训活动提供一种制度性依据，使培训沿着法制化、规范化轨道进行。培训服务制度中的制度条款会涉及员工离职后关于培训的赔偿责任问题。培训服务制度设立的目的是人力资源部作为服务部门所应该遵守的准则。企业防止培训风险的措施是与员工建立稳定的劳动关系和加倍赔偿。企业的培训奖惩制度既可以检测培训效果，也是规范培训相关人员行为的重要途径。人职培训制度体现了“先上岗，后培训”的原则。

请指出上述描述中存在的 5 处错误，并予以改正。

（1）______________________________

（2）______________________________

（3）______________________________

（4）______________________________

（5）______________________________

2. 下面是一段关于企业培训中培训方法的叙述

培训是企业人力资源管理工作中非常重要的一项工作。企业在设立培训项目之前要进行费用预算，培训过后要进行培训需求分析。企业中做培训的师资可以来自外部，也可以来自内部，但内部的师资一般来说成本较高。培训中选择何种培训方法完全取决于培训对象的类型，如企业要提高管理人员的创造力，可以选用无领导小组讨论的方法、头脑风暴法等。为让中低层管理人员多掌握管理的基本原理，可采用敏感性训练法。

请指出上述描述中存在的 5 处错误，并予以改正。

（1）______________________________

（2）______________________________

（3）______________________________

（4）______________________________

（5）______________________________

三、计算

××酒店是一家非常注重培训的企业，现将为该企业 60 名员工实施一项为期 10 天的培训。费用如下：培训使用的教材每人 60 元，培训后的自学材料每人 25 元，培训教室和视听设备租赁费 7 000 元，每天每人餐费 6 元，培训管理人员工资及福利 6 000 元，受训员工的工资每人每天 50 元，培训教师的授课费用 1 200 元，培训教师的课时补贴 2 000 元，管理费用占已支出总培训费用的 10%。经过培训，企业新增收益为 300 万元，其中由培训产生的收益为 150 万元，由技术改造产生的收益为 90 万元，其他原因为 60 万元。

请计算：①总培训成本和每个受训者成本；②该培训项目的投资回报率。

四、案例分析

为了打造学习型组织，A 公司规定公司每年的培训经费为公司毛利的 2%，并将其是否使用到位作为考核人力资源部的一项指标。2006 年年初，公司估计全年的毛利为 2 000 万元，因此其培训费用预算为 40 万元。公司人力资源部根据员工的状况及职业生涯规划要求制定了相应的培训计划。但到 10 月底，公司经营状况非常好，毛利已达 2 300 万元，预计全年毛利在 2 700 万元左右。公司总经理指示人力资源部将培训费用调整为 54 万元。但由于人力资源部做培训计划时只按照 40 万元进行考虑，加上已经是 11 月份了，因此人力资源部不知如何使用多出来的 14 万元培训经费。为了应付考核指标，人力资源部经理就把这一任务交给了负责培训工作的小李。由于时间紧，小李就到网上搜索培训广告，凡是与本公司业务有关联的一律报名，然后要求各部门必须派人参加培训。由于年底工作任务比较重，各部门在派人参加培训时都是将非关键岗位上的人员派出去，而这些人员虽然觉得课上得不错，但由于和自己的工作关联不大，因此参加培训的人员都不是太重视。到 12 月 25 日，小李终于把增加的 14 万元培训经费用完了。

问题：

（1）A 公司的培训工作有何可取之处？

（2）A 公司的培训工作存在哪些问题？

模块5

饭店绩效管理

教学目标

能力目标

能够熟悉并掌握饭店绩效考评的一些常用方法；能够针对绩效考评常见偏差，提出对策。

知识目标

了解饭店员工绩效考评的内容；熟悉饭店绩效管理的流程及其重要步骤；了解饭店绩效管理中存在的问题，熟悉绩效考评的组织实施和绩效考评结果的运用。

态度情感与价值观目标

熟悉饭店人力资源部绩效考评专员的工作职能。

项目 1　熟悉饭店绩效管理系统

任务 1　界定绩效指标和建立绩效标准

任务描述

某公司在制定绩效目标时，对采购经理规定的绩效指标与绩效标准见表 5-1：

表 5-1　绩效指标与绩效指标标准

关键绩效指标	采购所需的设备和材料	改进采购的工作流程和标准	供货商关系管理	向上级提供采购报告
绩效标准	1 个月内员工投诉有在承诺的期限内得到设备或材料；1 年内因采购错误造成的退货次数不超过 3 次；采购成本控制在预先设定的范围内	所有采购有关的流程和工作标准每年至少进行 2 次修订；相关规定得到正确的发布和沟通；在流程中能够考虑对不同情况区别对待	对大的供应商定期进行拜访；与供货商之间纠纷减少，1 年之内不超过 2 次；帮助供应商提高服务水平	采购报告要有意义；报告要有助于改进饭店的管理水平

采购经理接到这个绩效计划后找公司总经理反映，认为采购成本需要半年修订一次，与供应商的纠纷以什么为标准要明确，4 项指标的百分比没有明确。总经理听后要采购经理找人事部经理反映，说他不管部门经理的绩效目标。

你认为采购部经理的 4 项绩效指标的设定是否合理？如何实施？

任务实施

1．绩效指标

采购人员绩效评估应以“5R”为核心，即适时、适质、适量、适价、适地，并用量化指标作为考核尺度。

（1）时间绩效　用以下指标考核时间管理绩效：

1）停工断料影响工时。

2）紧急采购（如空运）的费用差额。

（2）品质绩效　用以下指标考核品质管理绩效：

1）进料品质合格率。

2）物料使用的不良率或退货率。

（3）数量绩效　用以下指标考核数量管理绩效：

1）呆滞物料金额。

2）呆料处理损失金额。

3）库存金额。

4）库存周转率。

（4）价格绩效　用以下指标考核价格管理绩效：

1）实际价格与标准成本的差额。

2）实际价格与过去移动平均价格的差额。

3）比较使用时的价格和采购时的价格的差额。

4）将当期采购价格与基期采购价格比率同当期物价指数与基期物价指数比率相互比较。

（5）效率指标　其他采购绩效评估指标有：

1）采购金额。

2）采购金额占销售收入的百分比。

3）采购部门的费用。

4）新开发供应商的数量。

5）采购完成率。

6）错误采购次数。

7）订单处理的时间。

8）其他指标。

2．绩效标准

有了绩效评估的指标之后，必须考虑依据何种标准作为与目前实际绩效比较的基础。一般常见的标准如下：

（1）历史绩效　选择公司以往的绩效作为评估目前绩效的基础，是相当正确、有效的做法。但只有在公司采购部门组织、职责或人员等都没有重大变动的情况下，才适合使用此项标准。

（2）预算或标准绩效　若过去的绩效难以取得或采购业务变化甚大，则可以预算或标准绩效作为衡量基础。标准绩效的设定有下列 3 种原则：

1）固定的标准。评估的标准一旦建立，则不再做改动。

2）理想的标准。这是指在完美的工作条件下，应有的绩效。

3）可达成的标准。这是指在现况下，应该可以做到的水平，常依据当前的绩效加以考量设定。

（3）同业平均绩效　若企业与其他同业公司在采购组织、职责及人员等方面相似，则可与其进行绩效比较，以辨别彼此在采购工作成效上的优势。若个别公司的绩效资料不可得，则可以整个同业绩效的平均水准来比较。

（4）目标绩效　预算或标准绩效是指在现况下“应该”可以达成的工作绩效；而目标绩效则是在现况下，非经过一番特别的努力，否则无法完成的较高境界。目标绩效代表公司管理当局对工作人员追求最佳绩效的“期望值”。

任务分析

1．制定绩效计划

在绩效计划阶段，公司管理者有责任向员工明确公司的期望，并和员工就工作目标和标准达成一致，避免在以后的考评中产生争议。一般绩效计划都是做一年期的，可在年中修订。通常，绩效计划需要人力资源管理专业人员、员工的直接上级（各个职能部门的主管）和员工本人 3 方面共同来制定。公司人力资源管理部门担负监督和协调绩效管理过程的主要责任。

2．确定绩效目标

公司绩效管理的成效大小体现在是否设定关键绩效指标（KPI），关键绩效指标一般根据不同岗位的工作任务和特点为从事该岗位工作的员工量身定做，通常有 4 种类型，即数量、质量、成本和时限。在饭店，数量指标如客房的出租率、餐饮部的营业额、利润率等；质量指标如客户满意度、员工满意度、设备维修率等；成本指标如投资回报率、原材料成本、管理费用、员工工资等；时限指标如人住登记时间、上菜时间、结账时间等。关键绩效指标的设定要尽可能具体、量化，切忌抽象和主观判断。

3．确定绩效目标达成的标准

数量化绩效目标，设定的考评标准常常是一个范围，如果被考评者的绩效表现超出了标准的上限，则说明被考评者做出了超出期望水平的卓越表现，反之，则表明该被考评者存在绩效不良问题，需要进行改进。非数量化的绩效目标设定标准时，往往从客户需要的角度出发，需要在回答“客户期望被考评者做到什么程度”的基础上来确定绩效标准。标准的设定必须符合 SMART 原则：S（Specific）具体、明确；M（Measurable）可衡量；A（Attainable）可实现，避免目标设立过高或过低；R（relevant）目标与工作是否紧密相关；T（Time-bound）完成绩效指标有明确的时间要求。

任务 2　绩效沟通

任务描述

全球首屈一指的领导学权威约翰·科特在其新著《变革之心》中强调：无论是领导者还是员工，我们都应该诚实地面对自己。我们是理智的动物，更是情感的动物，我们应该重视“情感的力量”，这一朴素的真理通过人与人之间更直观地交流和感受来引导企业管理观念的变革。

饭店服务员作为酒店最基层的劳动者，表面上看没有什么职权，但当他们的利益受到侵害时，他们的“权力”就体现在消极怠工、降低服务热情和服务质量甚至辞职不干等方面。服务员之间因工作产生摩擦矛盾，同领班、主管等领导层发生矛盾，员工没有正常渠道投诉或投诉后领导层作出不公平的决断，往往是造成员工离职的重要原因。企业及企业管理人员不重视、忽视员工潜藏的这种力量，往往会造成很严重的后果。所以任何饭店企业都应定期听取服务员关于利益方面的建议和意见，并对此作出合理的解释，或者予以采纳，对于服务员受到客人的有效投诉或表扬，也要分别给予处理及奖励。

绩效沟通在摩托罗拉有一个非常实际有效的工具进行衡量，如：公司对我的工作目标具体、明确吗；我觉得哪些绩效标准是恰当的；在达到目标方面我做得如何；我能得到及时的反馈吗；当我达到目标时，我会得到赞赏和认可吗。每一项有 5 个评分标准，通过打分可以得知一年以来绩效管理差距在哪里，最终公司会形成书面结果，并以面谈沟通的形式将结果告知员工。

我们应如何重视“情感的力量”，在公司和员工之间搭起绩效沟通的桥梁？

任务实施

绩效沟通主要体现在 4 个方面，即目标制定沟通、绩效实施沟通、绩效反馈沟通、绩效改进沟通。四个方面相互配合，层层递进，共同构成了企业的沟通系统。

1．目标制定沟通

（1）沟通时间：在员工绩效目标制定时进行沟通。

（2）沟通方式：主要采取双方面谈交流沟通的方式进行。

（3）沟通内容：包括 3 个方面，即绩效目标本身、绩效实施措施、目标所需支持。

（4）目标本身：目标一定是经过双方交流沟通确定的。

在这个过程中，需要主管向员工明确说明：企业的整体目标是什么？为了完成这样的整体目标，部门的目标是什么？为了达到这样的目标，对员工的期望是什么？对员工的工作应当制定什么样的标准？检查的方法和措施是什么？完成目标后有什么奖惩措施等？通过对目标的交流，员工对自身目标有一个全面的了解，在执行目标的过程中就会心中有数，不会发生只埋头干活、不抬头看路的情况。

通过目标制定沟通，可防止主管指派任务、员工被动接受的情况，员工对自己确定的目标的认可度就会大大提升。通过实施措施和资源的保证，让员工能够感受到主管的全力支持，对完成目标充满信心，能斗志昂扬地投入工作。

通过目标制定沟通，主管对人才也能有效鉴别，如果员工对目标完成措施手段、条件分析得头头是道，对完成目标的各项要素了如指掌，这样的人就有可能是企业的可塑之材。

2．绩效实施沟通

（1）沟通时间：在目标执行、实施过程中进行例行和随机的沟通。

（2）沟通方式：例会、正式交流、非正式交流、例行检查、文件汇报等。

（3）沟通内容：员工关键节点沟通、员工问题沟通和目标实现手段沟通。

1）员工关键节点沟通：通过对先前绩效实施措施的说明，主管就会对员工的目标完成实施手段有一定的了解。对于哪些是决定目标完成的关键节点、关键路径主管也会心中有数。在关键环节，主管就需要适时地监督沟通，看看员工完成的结果怎样、进度怎样。不在关键节点沟通，如果员工隐瞒进度或问题，就有可能严重影响目标完成，到时主管再进行补救，恐怕已是船到江心补漏迟。到时，不仅员工个人目标完不成，还有可能会影响整个部门的目标。

2）员工问题沟通：主管布置完任务，并不是要撒手不管，当甩手掌柜去，主管还是要为部属的绩效完成情况负责。当部属在目标完成过程中出现问题、困难，半路卡壳时，这时主管就该出手帮助部属分析原因，解决困难和问题。让部属相信主管是他的坚强后盾，这样部属就会心存感激，心里也会很踏实。

3）目标实现手段沟通：主管要对员工实施目标的手段进行监督，防止员工为达目的不择手段，采取了短视、饮鸩止渴甚至是危害企业长远利益的行为。如果出现这种情况，主管就需要及早制止。对于员工好的方法措施也要及时表扬推广。

3．绩效反馈沟通

（1）沟通时间：在主管对员工的绩效评估打分结束后进行。

（2）沟通内容：

1）本次评估结果说明。主管要把本次评估的结果向员工说明，同时把打分的结果、依据和相关证明资料向员工展示，让员工感到主管的评估是有理有据的。同时，主管要听取员工对本次目标自评的结果及其依据，双方对照并根据实际情况对评估结果进行适当的修正。

2）员工完成或未完成目标的原因分析。对于员工未完成目标的情形，需要主管和员工共同分析原因，看看是外因还是内因所致。如果是外因，要分析是客观环境变化还是企业内部流程和制度存在问题所致。如果是内因，要分析是员工的知识能力不足、经验不够，还是态度欠缺所致。对于员工态度欠缺，需要仔细分析是企业激励措施不好或内部管理有问题，还是员工自身态度有问题；对于员工知识能力不足，则需要安排相应的培训辅导；对于员工经验不够的情形，就需要多安排其锻炼的机会。属于员工自身态度问题导致完不成任务的情况，需要进行批评教育，必要时进行惩罚甚至辞退。

对于员工完成目标的情形，也要分析员工是如何完成目标的。是个人努力所致还是外部环境有利。如果是外部环境有利，如市场需求激增、所属区域发达等因素从而使员工不费吹灰之力就完成了目标，则要分析这种有利因素是暂时的还是长久的，以及企业是否需要修改应对措施等。如果是个人努力的原因，也需要与员工仔细交流，如他采取了什么样的方法、措施，有没有经验可以吸收借鉴。可不可以推而广之等。

对于以上问题，都需要穷根究底，找出背后真正的原因，并采取相应的解决措施。

3）下一阶段达成目标的交流。绩效面谈不仅仅是谈过去，更重要的谈未来发展。绩效管理是一个循环往复的过程，一个考核周期的结束往往是下一阶段的开始。因此，对未来目标的确定就成了本次沟通的重要组成部分，双方对下一阶段目标要达成一致，对实现目标所采取的措施和相应的支持条件也要形成共同意见。

（3）沟通的方式：由于对员工的绩效进行直接评价有可能引起员工紧张甚至冲突，为了使沟通顺利进行，采取合适的沟通方式是必要的。目前国际上主要的沟通方式是“三明治”式沟通法。众所周知，三明治需要在底层放一层面包，中间加一层馅儿，上面再加一层面包，这样才能好看、管用，绩效反馈沟通也是如此。“三明治”式沟通法的第一层面是充分肯定对方的成绩；第二层面则说明哪些地方还需要改进；第三层面再鼓励对方继续努力。

4．绩效改进沟通

（1）沟通方式：例会、正式/非正式交流、例行检查、文件汇报等。

（2）沟通时间：贯穿于目标完成的全过程。

（3）沟通内容：侧重员工的绩效改进情况。

任务分析

要使绩效沟通顺利进行，必须进行几方面的准备，首先通过培训、宣传，让主管和员工们认识到绩效沟通的重要性和好处。同时，让人们学会绩效沟通的方法。然后建立系统的沟通制度，让员工尤其是主管有责任、有义务进行沟通。这样，人员对沟通的态度也会发生显著变化，从原来的抵触到愿意沟通了。

在整个绩效管理期间，管理者都要不断地对员工进行指导和反馈，即进行持续的绩效沟通。这种沟通是双方追踪计划进展情况、找到影响绩效的障碍以及得到双方成功所需信息的过程。绩效沟通可以是正式沟通或非正式沟通。正式沟通是事先计划和安排的，如书面报告、定期的会议、面谈等；非正式沟通通常是随机进行的，如开放式办公、走动式交谈、工作间歇沟通等。在多数企业中，绩效沟通大多采取正式沟通的方式，以面谈沟通为主，会议沟通主要用于对组织工作目标进行分解和对组织绩效进行考评的情况。

四个阶段的绩效沟通是循序渐进，缺一不可的。员工目标制定得好、执行得好、改进得好，完成绩效目标就是自然而然的事情。绩效结果也就不会出乎意料，因为在平时的沟通中，员工们已就自己的业绩情况和主管达成共识，考核只是对平时沟通的复核和总结而已。人才的优劣也会明显区别出来。通过动态、持续的沟通，主管与员工的关系就会更加融洽，员工的绩效逐步提升，整个团队绩效也会水涨船高。企业的整体绩效就会朝更好的方向发展。这样，员工、主管和企业就会实现共赢。绩效管理就真正成了企业绩效的促进器，推动着企业不断前进。

任务3 收集和分析绩效信息

任务描述

某旅游汽车有限公司为了提高公司的效益，树立公司的形象，形成文明礼仪的风气，准备对公司服务人员从以下几方面进行考评：①能有效地保证票款的收取；②微笑服务，礼貌用语；③注意仪表，形象良好；④熟悉相关线路的中转情况；⑤熟悉沿途景点和重要设施的分布情况。

请根据以上内容设计一张行为观察量表，以便评选出公司优秀的员工。设计方案时需考虑各因素权重的不同。

任务实施

表 5-2 旅游汽车有限公司服务人员行为观察量表

1．能有效地保证票款的收取					权 重
从不	偶尔	有时	经常	总是	
1 分	2 分	3 分	4 分	5 分	50%
2．微笑服务，礼貌用语					
从不	偶尔	有时	经常	总是	
1 分	2 分	3 分	4 分	5 分	20%
3．注意仪表，形象良好					
从不	偶尔	有时	经常	总是	
1 分	2 分	3 分	4 分	5 分	10%
4．熟悉相关线路的中转情况					
从不	偶尔	有时	经常	总是	
1 分	2 分	3 分	4 分	5 分	10%
5．熟悉沿途景点和重要设施的分布情况					
从不	偶尔	有时	经常	总是	
1 分	2 分	3 分	4 分	5 分	10%
总分（x）=					
不足	尚可	良好	优秀		
$x<3$	$3\leq x<4$	$4\leq x<4.5$	$x\geq 4.5$		

任务分析

绩效信息的数据收集和分析是一种有组织地、系统地收集有关员工工作活动和绩效的过程。对绩效信息的记录与收集可使我们积累一定的关键事件和相关信息，通过对知识、技能、态度和外部障碍 4 方面的因素分析，来诊断员工绩效，找出潜在的问题。

与员工绩效有关的信息主要有：工作目标或任务完成情况的信息；来自客户积极的和消极的反馈信息，工作绩效突出的行为表现；绩效存在问题的行为表现等。绩效信息的来源可以是全体员工和与之相关的客户。收集的渠道包括员工自身的汇报和总结、同事的共事与观察、上级的检查和记录、下级的反映和考评以及相关客户的考评。在整个绩效实施过程中必须注意：收集信息的目的要明确，要让员工参与信息收集，要把事实和推测区分开来。

可以采取的方法有：

（1）观察法。管理者直接观察员工在工作中的表现并将之记录下来的方法。例如，主管人员看到某个员工对顾客不耐烦，或看到某个员工主动帮助其他同事做工作等，都可以进行记录。

（2）工作记录法。通过工作记录体现员工工作目标的完成情况，可由员工本人、同事或者上级主管记录。例如，客户记录表格中有服务人员与客户接触的情况，财务数据可以体现销售额等。

（3）他人反馈法。管理者从员工服务的对象那里得到员工工作绩效信息。例如，通过发放顾客满意度调查表或与顾客进行电话访谈等方式了解员工的绩效；对于职能部门，可从其提供服务的其他部门的员工那里了解信息。

任务 4　绩效考评

任务描述

新星饭店是一家小型饭店。创业初期，降低成本、提高销售额成为公司的总目标。由于业务繁忙，公司没有时间制定一套正式的完整的绩效考评评价制度，饭店老总王某兼任人力资源总监。王某会不定期地对工作业务好的员工提出表扬，并予以物质奖励。对态度不积极的员工提出批评。一旦员工的销售业绩连续下滑，他会找员工谈心，找缺陷，找不足，鼓励员工积极进取。

现在饭店规模大了，由最初的十几个人发展到现在的几百人。随着规模不断扩大，管理人员和服务人员增加，问题也出现了：员工的流失率一直居高不下，员工的士气也不高。

王某不得不考虑，是否该建立绩效考评的正式制度，以及如何进行绩效考评等问题。

任务实施

绩效考评的程序按绩效考评工作实施的先后顺序和步骤，一般包括：制定绩效考评标准体系；实施绩效考评，即对员工的工作绩效进行考查、测定和记录；绩效考评结果的分析与评定，与既定的标准作对照，进行分析与评判，从而获得绩效考评的结论。表 5-3 是一个饭店客房部员工考核的范例。

表 5-3　员工工作表现考核

一、态度	（一）工作守时与考勤	员工是否守时及经常保持出勤？
	1．员工保持很好的考勤记录，在考核期内绝无迟到或缺席 2．员工能够基本保持良好的考勤记录，在考核期内曾有少于 3 天的缺勤记录 3．员工保持平平的考勤记录，在考核期内偶有迟到并有超过 4 天的缺勤记录 4．员工考勤记录甚差，在考核期内经常迟到并有缺勤超过 5 天的记录	
	（二）主动性	即使没有提醒，员工能否主动负起自己的职责？
	1．能主动应付工作，善于发挥能力和智慧去完成工作 2．基本能够主动地完成经常性的工作，偶尔会有所疏忽 3．工作中需要提醒才能完成本职任务 4．需要经常催促，不能主动完成工作任务	
	（三）礼貌与合作性	员工对上司、同事及客人是否谦恭有礼？员工是否十分乐意地与上司、同事及下属协调地工作？
	1．非常注重礼貌待人接物，经常保持和颜悦色，乐于助人 2．基本能做到彬彬有礼，乐于与人合作 3．只对喜欢的人有礼貌，愿意分工合作 4．没有礼貌，不愿分工合作	
二、品行	职业道德	员工是否值得信赖并对委派工作谨慎尽责？
	1．非常值得信赖，经常准时按要求完成指定工作，极少需要督导 2．大多数情况都可以信赖，只是偶尔需要督导 3．在完成工作前需要经常查核 4．不能信赖，需要经常密切监督	
三、能力	工作知识与技能	员工是否了解自己工作的一切功能、要求及责任？员工具备的技能如何？
	1．对本职工作各方面有充分认识，极少需要指导 2．对本职工作多方面基本上有足够的认识，偶尔需要引导 3．对本职工作某方面缺乏认识，经常需要引导，并需要继续培训 4．对本职工作多方面缺乏认识，经常需要引导，并需要继续培训	
四、业绩	工作质量	员工是否处事严谨并且不易出差错？员工的工作是否有条不紊，容易使人接受？
	1．工作做得很好，极少出差错 2．工作良好，稍有些错处，极少犯相同错误 3．工作表现平平，要经过审核才能被接受 4．处事十分粗心大意，经常犯同样的错误	
总评分	适合晋升	降级	予以转正
	表现满意	表现一般	延长试用期/不予录用
	1．是一位工作表现一贯卓越的非常好的员工 2．是一位有能力去完成预期的工作，表现良好的员工 3．是工作表现较好的员工，在若干方面具备长处，但仍需改进，以收到更好的工作效果 4．是一位工作表现平平的员工，需要继续努力，以求达到更佳工作表现 5．员工需要改善工作表现，才能达到基本的工作要求	

任务分析

饭店员工的日常工作考评，通常以业绩考评为主。其考评的结果易于量化而且直观，可操作性强，但对了解员工的潜能、素质等则明显不足，有时必须考虑员工的性格（内向、外向)、兴趣、习惯和嗜好对该工作是否有利。不同的饭店，可以在考评项目的侧重点上进行适当的调整。例如，在“德”的因素方面，不是设置一般的政治思想表现和组织纪律性指标，而是设置对饭店的忠诚度和对饭店文化的贯彻指标。又如，在“绩”的因素方面，更加注重考评计量数据的精确性。

绩效管理系统的特点之一，是不同的绩效管理对象承担不同的工作职责，应根据其特点对应不同的绩效考核方法。通常公司的绩效管理系统适用于全体员工，包括管理层和普通员工。

管理层的特点是对公司生产经营结果负有决策责任，并具有较为综合的影响力。对应这样的特点，对管理人员的考核应采用量化成分较多、约束力较强、独立性较高、以最终结果为导向的绩效评估方式。

普通员工的特点是工作基本由上级安排和设定，依赖性较强，工作内容单纯，对生产经营结果只有单一的、小范围的影响。对应这样的特点，对普通员工的考核，应采用量化成分少，需要上下级随时、充分沟通，主要以工作过程为导向的绩效衡量方式。

根据咨询经验和实施效果来看，通常原则如下：

中基层部门主管：绩效考核目标=绩效目标+衡量指标+改进点

一般性工作人员：绩效考核目标=工作计划+衡量指标+改进点

事务性工作人员：绩效考核目标=应负责任+例外工作+衡量指标

例行性工作人员：绩效考核目标=工作量+准确性

应急性工作人员：绩效考核目标=工作量+高压线

各级员工关键绩效指标和工作目标权重分配建议表见表 5-4。

表 5-4 各级员工关键绩效指标和工作目标权重分配建议表

考核对象	内容及权重	
	关键绩效指标（%）	工作目标完成情况（%）
总经理及以上管理者	100	
各中层管理人员	60	40
各基层管理人员	20	80
纯粹操作/事务执行员工		100

为使员工工作绩效相互间具有可比性，以便有效地实施奖惩，通常采用绩效分值计算法，评估员工个人工作绩效完成情况。个人绩效分值计算公式为

个人绩效分值=∑（KPI 绩效分值×KPI 权重）×KPI 总权重+∑（工作目标完成分值×权重）×工作目标总权重。

任务 5 绩效反馈

任务描述

小王在一家饭店做基层主管已经有 3 年了。这家公司在以前不是很重视绩效考评，但是依靠自己所拥有的资源，饭店发展很快。去年，饭店从外部引进了一名人力资源总监，

至此，公司的绩效考评制度才开始在公司中建立起来，公司中的大多数员工也开始知道了一些有关员工绩效管理的具体要求。

在去年年终考评时，小王的上司要同他谈话，小王很是不安，虽然他对一年来的工作很满意，但是他不知道他的上司对此怎么看。小王是个比较“内向”的人，除了工作上的问题，他不是很经常地和他的上司交往。在谈话中，上司对小王的表现总体上来讲是肯定的，同时，指出了他在工作中需要改善的地方。小王也同意那些看法，他知道自己有一些缺点。整个谈话过程是令人愉快的，离开他上司办公室时小王感觉不错。但是，当小王拿到上司给他的年终考评书面报告时，小王感到非常震惊，并且难以置信，书面报告中写了他很多问题、缺点等负面的东西，而他的成绩、优点等只有一点点。小王觉得这样的结果好像有点“不可理喻”。小王从公司公布的“绩效考评规则”上知道，书面考评报告是要长期存档的，这对小王今后在公司的工作影响很大。小王感到很是不安和苦恼。

怎么样做才能使得这样的绩效考评结果不致产生？人力资源部门应该围绕绩效面谈做哪些方面的工作？

任务实施

1．绩效反馈前的准备

（1）主管人员应该做的准备。确定一个双方都适合的时间，选择一处不受干扰的安静的谈话场所，熟悉被面谈者的考评资料，计划好面谈的内容、程序和进度，起草一份面谈要点提纲，或制定绩效面谈记录表。提前通知面谈对象，并通知对方面谈目的。

（2）员工应该做的准备。准备好表明自己绩效的资料或证据、个人发展计划、想提的问题、将自己的工作安排好等。

2．绩效反馈的实施

（1）面谈与反馈的内容。在反馈和面谈一开始，就应将绩效考评的结果明确而又委婉地传达给员工本人。对于那些值得肯定的优秀业绩，要不吝惜表扬和鼓励的话语，鼓励员工今后继续保持和自我突破。但是面谈的重点应该放在不良业绩的诊断上，因为这可能是阻碍员工发展、影响业绩提高的瓶颈，员工能力欠缺或态度不端正的原因就在于此。

（2）面谈策略的选择。绩效反馈面谈具有指导性与批评性，又与随后的奖惩措施有联系，所以极为敏感，但却又是必不可少的。因此，选择恰当的面谈策略至关重要。

3．面谈效果考评

面谈效果考评应集中回答以下问题：①此次面谈是否达到了预期目的？②下次面谈应该如何改进？③有哪些遗漏必须补充？哪些讨论是多余的？④此次面谈对被考评者有什么帮助？⑤面谈中有没有给被考评者充分的陈述机会？⑥通过此次面谈，自己学到了哪些辅助技巧？⑦此次面谈的总体考评如何？面谈效果考评可以作为绩效改进和今后面谈改进的依据。

任务分析

绩效反馈是主管人员和员工有计划、有准备地进行的一项活动，只有在双方的共同努力下才能很好地完成这项工作。绩效反馈流程如图 5-1 所示。

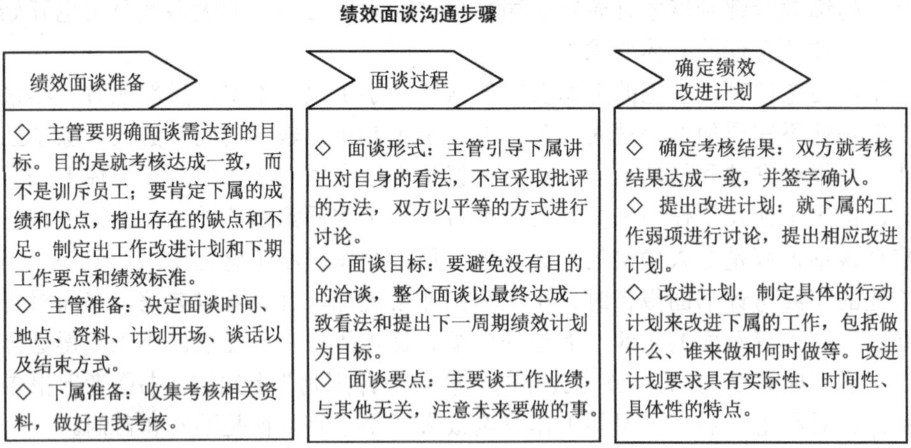

图 5-1　绩效反馈流程图

绩效反馈是一门艺术。在考评反馈过程中，人们往往有一种自卫本能，阻挡接受一些不愿听的信息，从而减弱考评反馈效果。所以，对考评者培训反馈十分必要。常见的较有效的培训方式是提供有效反馈模式（放录像和角色扮演），然后对照模式进行操练。

相关知识

小资料　饭店为什么要强调绩效管理？

1. 绩效管理与饭店战略相脱节

不少饭店存在这样一种现象：各个部门的目标完成情况不错，但是饭店整体绩效却不好。究其原因，是因为各部门更多考虑的是本部门的设想和利益，很少关注饭店的战略、整体的经营绩效以及饭店发展对于部门提出的新要求。事实上，部门努力的工作结果可能对于饭店整体战略目标实现价值不大，甚至没有价值。

2. 绩效管理未能作为饭店每个管理者，甚至是每个员工的职责

饭店各级管理者片面地将绩效管理当作绩效评估，并且认为绩效评估只是对员工工作绩效的考核，是费时费力而又不产生价值的活动。这样，绩效管理自然也就成了人力资源部门的责任。这就导致饭店员工绩效考核中，各部门管理者往往不是主动配合，而是敷衍了事。由此产生的绩效考评结果不能准确反映员工的实际绩效，最终只能使绩效考核工作遭到员工更大的抵触。

3. 绩效指标设定不科学、不合理

许多饭店缺少科学细致的工作分析，绩效指标设定往往凭主观经验，绩效指标设定不科学、不合理。要么是力求指标体系的全面和完整，面面俱到，人为地把绩效指标复杂化，指标可操作性差；要么是千篇一律，试图建立能够适应公司所有员工的一套指标体系，结果是绩效指标一再地修改，仍然无法满足要求。

抓住关键业绩指标将员工的行为引向组织目标的方向，从而纲举目张，为企业内不同工作性质的员工设定不同的考核指标，这样才可能真正适应饭店绩效管理的

要求。

4. 绩效评估的结果没有得到充分运用

评估往往流于形式，评估之后的结果对员工没有什么影响。或者，对评估结果片面应用，仅仅将评估作为奖金或工资调整的工具，忽视了绩效的改进和提高，导致绩效管理的真正目的难以达到。

5. 沟通不足造成绩效管理遭遇抵触

很多管理者因为绩效管理涉及价值考评，直接影响企业价值分配，因此对绩效考评方式和考评结果不予公开，缺乏与员工有效的沟通，导致绩效管理遭受员工的普遍抵触。沟通过程如果成了一种秘密活动，那么整个沟通就无法达成共识，也就无法实现绩效管理的目标。

思考：如何根据绩效管理目标，改进饭店的绩效管理？

一、绩效

员工的绩效表现是饭店实现发展目标的最小要素。绩效是指一个组织为了达到目标而采取的各种行为的结果。绩效又分为组织绩效和员工绩效。员工绩效是指员工在某一时期内的工作结果、工作行为和工作态度的总和；组织绩效是指组织在某一时期内组织任务完成的数量、质量、效率和盈利状况。在本模块中，我们主要研究的是员工绩效的管理。

绩效具有多因性、多维性和动态性 3 个特点。绩效的多因性是指绩效的优劣不仅仅受某一个因素的作用，而是受到多种因素的共同影响。这些因素主要有员工的技能、工作态度和工作环境等。绩效的多维性是指员工的工作绩效可以从多方面表现出来。工作绩效是工作态度、工作能力和工作结果的综合反映。绩效的动态性指绩效处于动态的变化过程中，不同时期员工的绩效有可能截然不同。

二、绩效管理

绩效管理是管理员工绩效的一种体系。饭店员工绩效管理是以目标为导向，在管理者与员工确定目标、任务以及要求的基础上，共同制定并促进组织与个人创造高业绩、成功地实现饭店目标的过程。

绩效管理把员工的绩效提升到管理层面上，通过对员工绩效高低的考评，保持对员工的有效反馈，从而激发员工的工作热情和创新精神。通过绩效信息的分析，帮助员工提出改进措施，制定有效的培训计划，将员工的职业生涯计划与饭店的发展紧密结合起来。

绩效管理和绩效考评存在着很大的区别，绩效管理是饭店人力资源管理体系中的核心内容，而绩效考评仅仅是绩效管理的关键环节，见表 5-5。

表 5-5　绩效考评与绩效管理的区别

比较对象 / 区别点	绩效管理	绩效考评
过程完整性	一个完整的管理过程	绩效管理过程中的局部环节和手段
侧重点	侧重于信息沟通与绩效提高，强调事先的沟通与承诺的考评	侧重于判断和评估，强调事后
出现阶段	伴随管理活动的全过程	绩效管理的关键环节，只出现在特定时期

三、绩效考评

评估≠考核。管理员工的目的就是为了使用好员工，从管理到使用的中间就是评估。经验表明：公正、客观地评估一个员工比管理好一个员工更难。为了表示对员工评估的公正和公平，企业往往制定了详细的考核制度，但在实际工作中，考核不能正确地衡量一个员工的实际工作能力，它只是一个员工遵守纪律程度和本职工作业绩的分值化表现，对于员工的个性能力特长，考核体系是无法表现的，因此对于员工的评估不能简单地等同于考核，考核只能作为评估的一个参考。考虑到饭店类型、工作性质及考评对象的特点等情况，可以结合运用以下几种方法：

1．行为导向型主观考评法

这类方法侧重于在个体间的比较，通常有：

（1）排序比较法　分为简单排序法和交替排序法。简单排序法要求饭店考评者根据某一考评指标，将全体考评对象按照绩效成绩从最好到最差依次进行排序。交替排序法是根据员工绩效最好和绩效最差分别进行排序。操作方法是：将需要进行考评的所有员工名单列举出来，然后将不熟悉并因而无法对其进行考评的员工名字划去，以减少误差；在被考评的某个方面，找出表现最好和表现最差的员工；再在剩下的员工中挑出最好的和最差的。以此类推，直到所有必须被考评的员工都被排列到表格中为止。

排序比较法最大的优点是简单实用，考评结果一目了然，缺点是不适合被考评人数较多的情况，另外这种方法容易给员工造成心理压力。排序比较法要求被考评者必须从事同一性质的工作。

（2）配对比较法　就是将每一位被考核对象按照考评要素与其他被管理者一一配对，分别进行比较。每一次比较时，给表现好的员工记“＋”，另一个员工就记“－”。所有员工都比较完之后，计算每一个人“＋”的个数，依次对员工作出考评。谁的“＋”的个数多，谁的名次就排在前面。表 5-6 就是一个配对比较法应用的例子。

表 5-6　配对比较法应用举例

对比人 / 姓名	A	B	C	D	E	“＋”的个数
A		－	＋	＋	＋	3
B	＋		＋	＋	＋	4
C	－	－		－	＋	1
D	－	－	＋		＋	2
E	－	－	－	－		0

配对比较法的优点是直观明确，使用方便，缺点是一旦参加人数过多，这种方法就会显得很复杂，很费时间，因此一般用于不超过 10 人的绩效考评。而且这种方法只能评比出名次，不能反映出它们之间的差距大小，也不能反映出他们工作能力和品质的特点。

（3）强制分布法　根据事务“两头小，中间大”的正态分布规律，先确定好各等级在总数中所占的比例，然后按照每个被考评者绩效的优劣，强制列入其中的某一等级。表 5-7 就是一个预设的强制比例实例。

表 5-7　用强制分布法进行绩效考评

绩 效 水 平	比例（%）	姓　　名
很好	10	王某、李某等
较好	20	张某、赵某等
中等	40	……
较差	20	……
很差	10	……

强制分布法适用于被考评者较多的情况，操作也较简便。由于遵循正态分布的规律，可避免考评者主观性的偏严或偏宽等偏差。这种方法也有利于管理控制，特别是在引入末位淘汰制的企业，它能明确筛选出淘汰对象，从而对员工有一定的激励与鞭策作用。不足之处是容易产生绩效相近的员工因为比例限制而被划分到不同的等级中去的偏差。

2. 行为导向型客观考评法

这类方法侧重于将每一位被考评者的绩效与工作标准相比较，主要有：

（1）等级考评法　又称为图尺度考评法，这种方法通常将能力、知识结构、工作质量、勤勉性等不同的考核要素给出不同等级，并作出具体说明，然后针对每一位被考评员工，从每一项考评要素中找到最符合其绩效状况的分数，最后将每位员工的所有分值汇总，作为其绩效考评的结果。这种方法的关键在于考评等级说明，见表 5-8。

表 5-8　等级考评法举例

等 级 符 号	等　　级	考评尺度/分	考评等级说明
O	杰出（Outstanding）	100～90	在所有方面的绩效都十分突出，并且明显比其他人的绩效优异得多
V	很好（Very good）	90～80	工作绩效的大多数方面明显超出职位的要求。工作绩效是高质量的，并且在考核期间一贯如此
G	好（Good）	80～70	是一种称职的和可信赖的工作绩效水平，达到了工作绩效标准的要求
I	需要改进（Improvement needed）	70～60	在绩效某一方面存在缺陷，需要改进
U	不令人满意（Unsatisfactory）	60 以下	工作绩效水平总的来说无法让人接受，必须立即加以改进
N	不做考评（Not rated）		在绩效等级表中没有可以利用的标准或因时间太短而无法得出结论

等级考评法简单方便，易于使用，但在操作中也容易遇到问题。首先，操作时容易敷衍了事，很多管理者习惯于评定比较高的等级，这样等级就失去了真实反映绩效目标完成状况的意义。其次，考评等级的描述相对而言比较模糊和抽象，如“明显超出绩效标准”，不同的人在评估时理解有所不同。

（2）关键事件法　就是利用一些从直接管理者或员工那里收集到的有关工作表现的特别事例进行考评。一般或平常的工作表现不在考虑范围之内。特别好或特别差的工作表现可以把最好或最差的员工从一般员工中挑选出来。因此，关键事件法强调的是代表最好或者最差表现的关键事例所代表的活动。一旦考评的关键事件选定了，所用方法也就确定下来了。年度报告法、关键事件清单法、行为定位评级法等都属于关键事件法。表 5-9 给出一个关键事件记录表的样本。

表 5-9 关键事件记录表

说明：根据下列各项指标填写员工好的和差的工作事件	
员工姓名	
项目	日期
观察到的事件	
遵从上级指导	
工作质量	
提出建议	
主管签名	日期

关键事件法通常可作为其他绩效考评方法的一种很好的补充，它在认定雇员特殊的良好表现和劣等表现方面是十分有效的。但是，在对员工进行比较或者作出与之相关的薪酬、晋升的培训时，可能不会有太明显的作用。

3. 结果导向型考评法

该方法主要指目标管理法，是让饭店的管理者和员工共同参与计划目标的制定，在工作中实行自我控制，并努力完成目标的一种管理方法。它为每位员工制定一套便于衡量的工作目标，并定期与员工讨论目标完成情况。其实施步骤可分为目标设定、绩效计划、工作绩效考评和反馈等。要想使目标对员工的工作绩效有推动作用，它不仅必须是公平的，而且应是员工能够达到的，因此，运用目标管理法时应注意几个问题：①这种方法从订立目标、对进展情况进行评价以及提供反馈都是十分费时间的；②所确定的目标应具有可衡量性，不够明确的目标是没有实际用途的；③在与下属员工共同确定目标时，了解工作要求以及员工能力是十分重要的。

目标管理法的优点非常明显。首先，能保证计划的有效性，让员工知道期望，从而努力投入，有了目标约束。其次，具有公平性，因为绩效目标是管理者和员工在双方达成共识的基础上，根据饭店目标共同制定的。最后，成本低，员工能得到更多的切身利益。其缺点是：目标管理只确定目标，没有实现步骤，多聚焦于短期目标，而且目标因人而异，没有相互比较的基础。

上述几种绩效考评方法中，侧重点各不相同，有些侧重于评出绝对的等级，有些偏重于排出顺序，有些侧重于消除管理者人为因素的影响。每一种方法常常只能达到一定的考评目的。绩效考评的依据就是在绩效计划阶段由管理者和员工共同制定的关键绩效指标。同时，在绩效实施期间，收集到能够说明被考评者绩效表现的事实和数据，作为判断员工是否达到关键绩效指标要求的事实依据。

四、绩效反馈

1. 绩效反馈的主要目的

（1）对被评估者的表现达成双方一致的看法。

（2）使员工认识到自己的成就和优点。

（3）指出员工有待改进的方面。

（4）制定绩效改进计划。

（5）协商下一个绩效管理周期的目标与绩效标准。

通过绩效反馈面谈，使员工了解管理者对自己的期望，认识自己的不足，而且，员工也可以提出自己在完成绩效目标中遇到的困难，请求上级的指导或帮助。在员工和管理者对绩效考评结果和改进点达成一致后，管理者和员工一起制定改进措施。同时，进一步确定下一个绩效管理周期的绩效目标，从而开始新一轮的绩效管理周期。

2．对待不同类型被考评者应讲究绩效面谈的技巧

（1）对优秀的被考评者，考评者要注意鼓励被考评者的上进心，为其制定好个人发展计划。不要急着许愿，如答应几时提拔或给予何种特殊物质奖励等。

（2）对与前几次相比未显著进步的被考评者，考评者应开诚布公，使之意识到自己有哪些不足，现职是不是不太适合他，要不要换个岗位等。

（3）对绩效差的被考评者，必须具体分析，帮助它找出真正的原因，如工作态度不良、积极性不足、缺乏训练、工作条件恶劣等，并采取相应措施。切忌不问青红皂白。

（4）对年龄大的、工龄长的被考评者，要特别慎重处理。考评者要尊重并肯定他们过去的贡献，耐心而关切地为他们出主意，不要使其自尊心受到伤害，或者对未来的出路或退休感到焦虑。

（5）对过分雄心勃勃或迫切期望得到提升和奖励的被考评者，要耐心开导，说明政策是论功行赏，用事实说明他们还有一定差距。但不能只泼冷水，可以和他们讨论未来进展的可能性与计划。不过不要让他们产生错觉，以为达到某一目标就一定马上能获奖或晋升，要说明努力进步，待机会到来自会水到渠成的道理。

（6）对沉默内向的下级，考评者应对他们耐心启发，如提出非训导性的问题或采取征询意见的方式，促其作出反应。

（7）对绩效面谈中爱发火的下级，首先要耐心地听他讲完，尽量不马上跟他争辩和反驳，从他发泄出的话中听出他气愤的原因，然后与他共同分析，冷静地、建设性地找出解决问题的办法。

3．绩效面谈中的注意点

（1）对事不对人　不要责怪和追究被考评者个人的责任与过错，而应将焦点置于工作中的事实表现上。

（2）谈具体、避一般　不做泛泛的、抽象的一般性考评，要拿出具体结果来支持结论，援引数据，列举实例。

（3）不仅要找出缺陷，更要找出原因　找原因本身可以变成解决问题的过程，借此可以找出所应采取的措施。

（4）保持双向沟通　主管人员要给下属充分表达的机会，鼓励他们把真实的想法说出来。同时，要认真倾听，不带任何偏见，真正理解对方的意图。

（5）落实行动计划　绩效面谈唯有导致改进的实效，才算是成功的。所以找出了原因，就要上下共同协商，提出改进计划。计划不能只列出干巴巴的几条，而要多想出一些备选方案。重点要放在一两项最重要的行动计划上，而且由谁干、干什么、何时干，都得逐一落实。计划要落实成书面的。计划要强调改正缺点后的好处，使计划带有激励性。

（6）结果反馈与误差校正　绩效考评的结论通常应通知被考评员工，使其了解组织对自己工作的看法与考评，从而发扬优点，克服缺点。但另一方面，还需针对绩效考评结果分析中发现的问题采取纠正措施。

五、客户考评

对于饭店外部的客户和社会公众大量接触的服务性职务，客户的考评十分必要。客户作为企业外部人员，不受组织内部利益机制所左右，因此客户评估可能会更加真实、公正和客观。客户考评常用问卷调查、客户访谈形式进行，同时客户的投诉、赞扬等也是考评信息的一部分。另外，随着“内部市场”概念的形成，“内部客户”也同时出现。所以在企业内部收集来自内部客户的考评信息将更有益于保证绩效考评的科学、合理。但客户考评也有其弊端：①难以操作，由于每个员工接触的客户可能是不同的，不同客户的考评标准又有所不同，所以对员工来说，客户考评没有统一的标准；②比较费力，由于客户不是组织内部人员，不能用行政命令规定其按时完成考评任务，说服客户配合本组织的绩效考评无疑是一项费力的事情；③成本较高。

六、班前会

班前会，顾名思义是班组（科室、部门）每天工作前开的会，它要对每天的工作作具体的安排，落实工作中要注意的安全事项，它所开展的内容是丰富多彩的，除了由班长（科长、部长）作工作安排外，还可以让组员在会上就本职工作各抒己见，谈自己对本职工作的看法，把工作中有关难题说出来，让组员讨论、分析，找出解决的办法，以此来调动组员的积极性，做到人人参与。

班前会，是企业基层管理的重要组成部分，是基层管理干部（班组长）向部属传达上层的意见，布置工作任务，检讨工作绩效的主要途径。基层管理干部（班组长）可以通过主持班前会来培养做领导的风范和气质，锻炼组织和领导才能，还可以借此向部属宣传企业的文化理念和管理思想，带动部门气氛并提供良好的沟通园地。生产人员通过参与班前会，可以培养良好的工作习惯，适应公司的氛围，改变不良行为，使自己的陈旧观念与思想得到更新，并由此提升个人的价值观。

班前会，也是基层管理干部（班组长）向部属进行工作教导、激励工作热情的手段。①利用早会执行管理；②利用早会检讨近期的工作绩效，督导作业任务的完成；③适时进行工作教导；④针对员工普遍存在的问题实施培训，以利于下属工作技能的提升；⑤利用主持早会，树立基层管理干部良好形象，在下属中培养威信。

班前会的程序是：①班组长应先准备好班前会报告单，并拟定好内容；②班组长根据“班前会报告单”进行报告；③生产人员可以反映问题，必要时还可以请上司莅临指导、协助及列席；④维持操作标准。

1．班前点名

所有参会人员以班组为单位到指定的地点集合，列队站好（一般列两面横队），等待班组长点名。

站姿要求：脚跟并拢，脚尖分开呈 60°，挺胸、收腹、腰直、肩平，双臂在体前交叉，两手相握，做好点名准备，班组长面对员工，点名时员工应答“到”。

2．整理队列

点名完毕后，要进行整理队列训练，由班长喊立正、稍息、向右看齐等口令，员工要按照口令进行相应动作。

3．宣读口号

公司理念要作为班前会一项内容集体宣读，如“改善、改善，天天向上”、“不接受不良品，不制造不良品，不让不良品流入下一工序”。

4．班前排查

班前会上做好“三查”。

（1）查仪表：检查工作服、工作帽穿戴情况，有无不符合要求。

（2）查安全：检查安全帽、安全带、防护眼镜等防护用品是否佩戴正确。

（3）查精神状态：要做到察言观色，观察员工是否有未休息好、班前饮酒、身体不适、情绪波动等不利于工作状态，确保员工精神饱满，心情舒畅。

5．布置工作

（1）交任务：做到工作任务目标明确，员工对干什么、如何干、达到何种质量标准明明白白，清清楚楚，明确本班要完成的工作指标并分工到个人，增强当班员工完成工作任务的信心和决心。

（2）交安全：介绍当天作业的内容和部位，分析存在的安全隐患，制定防范措施，逐项交代，并落实责任人。

（3）交技术：对当天作业的工艺及技术要求进行交代，要求逐项、逐条、讲清、讲透，让员工掌握工作的要点。

6．总结表扬

总结前一天工作情况，对出现的问题或存在的隐患进行点评、分析，并表扬、鼓励在前一天工作中表现突出的员工，倡导大家向其学习。最后，应加重语气询问员工“对完成今天的工作有没有信心”。

班前会的注意事项有：①班组长在做班前会时，请先说“各位同仁，大家好”，注意礼貌用语；②生产人员反映的问题应是自己在工作时无法解决的或客观存在的；③班组长应让轻松和谐的气氛贯穿始终；④班组长应衣着整齐、干净，面带微笑，态度诚恳，吐字清晰，音调大；⑤注意自己的站立姿势，不可左右摇摆；⑥不可做人身攻击的发言和动作；⑦不可不懂装懂、胡言乱语，或者中途离席。

作为企业（单位）的一项制度，班前会通过一些具体的行为要求来培养员工的时间观念、纪律观念、形象观念，同时也增强了企业的凝聚力，树立了企业的良好形象。班前会又是企业的镜子，能够把企业存在的问题及时地反映给大家，使企业、员工都能充分地认识自己，真正做到认识自己、提高自己。班前会还能做到员工与员工之间、员工与领导之间的互相监督。这种监督有很大的透明度，提高了员工主人翁意识，也便于企业各种规章制度的推行。

课外阅读

案例1　我错了吗？

7 个月前，营销总监看了由人力资源部整理的市场部员工的绩效考核结果，对其中几个连续 3 个月绩效表现都不佳的员工非常不满，对人力资源经理王××说："绩效如此差，是否考虑换掉呢？现在高层对市场部的工作任务和时间要求如此之高，换几个绩效高的人，肯定会减轻市场经理的压力。"营销总监建议市场经理孙××协助人力资源部的工作，有步骤、阶段性地完成这个"人员非正常替换"的工作。

没想到，这一非正常替换工作在中层管理人员之间引发了一场轩然大波。

该解雇这些员工吗？

"从一开始我就意识到这是一个非常棘手的工作。"王××说，"作为部门经理，孙××对自己的上司的这个建议从内心是不太赞同的，但却没有提出更多的反对建议或思路，而是直接告诉 HR，要 HR 提供协助。这足以说明他自己在这个问题上缺乏自己的想法与思路，自己还非常矛盾，不知道应该怎么办。"

王××先与孙××进行了一次坦诚的沟通。结果不出王××所料，"孙××的态度非常矛盾，一方面他认为这些员工的绩效表现较差，自己承受了很大的压力，员工糟糕的绩效反映了部门经理的能力问题；另一方面他并不认同营销总监将这些低绩效员工都解聘的建议，理由是绩效差并不能说明他们能力差，公司现在的产品在市场上竞争力本来就不突出，再说你不能保证招聘的新员工就一定能够优于他们。"

王××发现，自己除了要解决这些低绩效员工的解雇问题之外，现在增加了一项：解决组织内的分歧！"能够看得出孙××对解雇这些员工的不赞成的态度，但他更多的是迫于部门绩效和上司的压力而做出妥协，而且也说不出留住这些员工的理由。"

该解雇这些员工吗？王××觉得非常为难。

我错在哪里？

王××调阅了这几个低绩效员工的记录，"确切地说，他们在入职之初就不属于能力突出、表现优异的员工，很大程度是缘于当时公司人手短缺，急需人员补充上来去做事而进来的。绩效表现连续几个月表现不佳固然有公司方面的因素，但从根本上来说，与个人能力还是有相当大的关系。"王××自己这样总结。"正是自己较早就做了这样主观性很强的结论，导致自己后来非常被动。"

得出这个结论的王××，坚定了解雇这些员工的决心。

王××给孙××提出了几个建议：一是根据连续几个月的绩效表现与员工沟通，暗示他们公司已经对他们失去信心的想法；二是拖到合同到期前半年即告诉他们公司不准备与他们续约；三是将这些员工调岗不调薪，将他们调离市场部，给个闲职或苦差，让他们自己离开。

但孙××对 HR 的建议模棱两可，"显然，他认为现在还没到必须解雇这些下属的时候，但营销总监的态度却非常明确，直截了当建议采取第一种方式。"王××说，"作为这些低绩效员工的直接上司，孙××应该是最有话语权的，但他一直没有鲜明地表明自己的态度。他只提到了一点，就是这些员工在公司已经工作较长时间了，对公司的忠诚度较高，也适应了公司的企业文化。"

是任由直线经理做出决定？还是根据自己的判断行事？王××感到非常为难，考虑再三，她把这个球踢回给了营销总监。王××说：“我自己明白，没有直线经理的支持，去解雇这些员工的做法非常危险。”

在营销总监的催促和压力下，孙××最后勉强同意了解雇这些员工的决定。招聘与解聘工作同时进行。新人入职后，孙××即抱怨说，这些新人仍然需要他这个直线上司来指导，大大加重了他的工作负担和压力，另一方面这些新人的忠诚度、对公司文化的适应度和以前的员工存在较大差距。

不到 3 个月，新入职的员工即逐一离开了公司，“这一次却是孙××自己主动解聘的，理由是能力不见得比之前的员工出众，忠诚度、敬业度却很低。人力资源部不得不得不重新开始招聘，在这短短的半年时间里，更换了二批人员，给 HR 的工作带来了很大的压力和负担。”王××对此非常失落，“事实上，后来招聘到的新人并不一定就比之前的员工差，只不过由于孙××的感觉上并没有认同和接纳这些员工。总觉得他们还不如之前的下属强。”

更让王××感到失望的是，市场部经理孙××据此对 HR 的工作颇有微词，认为 HR 的工作低效导致了市场部的工作一直没有上去。

对此，王××感到非常委屈和无奈：我错了吗？HR 错在哪？

案例 2 某宾馆的员工过失行为处罚条例（节选）

一、轻微过失

1. 不打卡、代打卡，违反考勤制度，罚 2 分；
2. 不按规定着装或仪容不整，工装不洁，罚 1 分；
3. 不按规定位置佩戴工号牌或实习证，罚 1 分；
4. 不使用指定的员工通道（部门副经理及副经理以上管理人员、大堂副理除外），罚 1 分；
5. 擅自使用客用洗手间（部门副经理及副经理以上管理人员、大堂副理除外），罚 1 分；
6. 迟到或早退 10 分钟以内，罚 2 分；
7. 当值时间擅自换岗、调班、替班，未酿成事故，罚 3 分；
8. 当值时间使用宾馆电话闲聊，罚 2 分；
9. 工作时间私会亲友，罚 1 分；
10. 当值时间收听（看）音像电视，罚 3 分；
11. 在岗位上吃东西，罚 2 分；
12. 下班后无故在岗位逗留，罚 1 分；
13. 高声喧哗或发出不必要的声音，在公共场所奔跑，罚 1～3 分；
14. 随地吐痰，乱丢烟头、纸屑，罚 2 分；
15. 着工装在对客服务区抽烟，罚 3 分；
16. 对客人视而不见，不主动招呼问候客人，罚 1 分；
17. 不向客人使用规范用语（包括不讲普通话），接听电话不规范，罚 1 分；
18. 在客人面前做出打哈欠、挖鼻孔、剔牙、剪指甲、掏耳朵等不礼貌行为，罚 1 分；
19. 工作时间佩戴饰物（手表、结婚戒指除外）或佩带奇形怪状的手表、婚戒，罚 2 分；
20. 不按规定操作、造成浪费，罚 1～3 分；

21. 未经许可擅自移动宾馆物品（尤其是消防器材），罚 2 分；

22. 一线员工在岗位上翻看报刊、杂志、书籍，罚 2 分；

23. 工作岗位或员工宿舍长明灯、长流水、不关空调、私接电源等浪费或不安全行为，罚 5 分；

24. 擅自乘坐客梯（部门副经理以上、大堂副理及陪同客人除外），罚 2 分；

25. 工作场所不整洁，罚 1 分；

26. 私人物品带入工作岗位，罚 1 分；

27. 宾馆召开会议，未按规定着装、迟到、早退者，罚 1 分；

28. 不按规范操作，不爱护宾馆设施设备，未造成损失者，罚 2 分；

29. 工作时间消极怠工、闲逛、聚众闲聊，情节一般者，罚 2 分；

30. 面对客人要求，不积极想办法解决，主动承担责任，反而抱怨他人（部门），情节一般；同事之间不主动沟通协调，相互抱怨，影响工作，罚 3 分；

31. 上班时间处理私事，影响工作，情节一般者，罚 2 分；

32. 因工作疏忽，出现差错，造成不良后果，情节一般，罚 5 分；

33. 擅自带外来人员在集体宿舍留宿，罚 5 分；

（注：同时根据员工宿舍相关条例处罚）

34. 交接班不清或未填写交接班记录，未造成后果，罚 1 分；

35. 因疏忽，不小心遗失客人留言，未造成后果，罚 2 分。

一个月内两次违反同一条轻微过失条例者，按轻微过失条例 2 倍处罚。

二、过失

1. 工作时间睡觉，未造成严重后果，罚 5 分；
2. 损坏公物，不爱护宾馆设施设备，罚 2 分；
3. 涂改、假造单据、证明或弄虚作假骗取假期，罚 10 分；
4. 拾到钱物不立即上交，罚 10 分；
5. 不服从管理、拒绝或故意不完成分配的工作、无理顶撞上司，罚 10 分；
6. 部门管理人员工作失职、督导不力，未造成严重后果者，罚 5 分；
7. 违反操作规定，造成损失，罚 5 分；
8. 不执行服务规范，服务欠佳，引起投诉，罚 5 分；
9. 搬弄是非，诽谤他人，影响团结，影响声誉，罚 5 分；
10. 因疏忽，不小心损坏客人财物或遗失客人留言，造成不良后果，罚 5 分；
11. 在宾馆内吵架或吵闹、违反公共场所秩序、扰乱宾馆安宁，罚 6 分；
12. 非工作需要未经客人允许，擅入客房，未造成损失或影响，罚 3 分；
13. 工作时间饮酒或酒后上班醉态（因公例外），罚 8 分；
14. 擅自享用宾馆经营服务项目，按经营收费的双倍付费，并罚 5 分；
15. 私自食用宾馆物品，按经营收费的 2～10 倍罚款，罚 10 分；
16. 私换外汇（注：同时归还私换外汇），罚 6 分；
17. 在员工告示栏或宾馆其他地方私自张贴、更改、取走或撕毁宾馆通知、通报，罚 10 分；
18. 擅自动用宾馆设备为个人提供方便，或私自外借本部门设备，罚 3 分；

19. 未经允许在宾馆内私售物品、募捐、散发手抄或印刷品，罚8分；

20. 不履行安全条例，罚5分；

21. 擅自向他人提供宾馆人事、财务、经营、设备、管理等方面的资料，泄露宾馆机密，罚20分；

22. 利用职权牟取私利，情节一般，罚10分；

23. 面对客人投诉，无宾馆整体意识，不积极解决，或将宾馆内部矛盾暴露在客人面前，罚10分；

24. 管理人员对工作中出现的问题不妥善处理，推卸责任，导致不良影响，罚10分；

25. 因管理不善、督察不力或工作失职，使宾馆财产受损，罚10分；

26. 未经上级领导许可驾驶或动用宾馆的运输工具、机械设备，罚5分；

27. 在员工公寓或工作柜里发现非个人保管的宾馆财物，罚5分；

28. 部门管理人员因工作失职或信息传递不及时，引起不良后果，罚5分；

29. 对他人损害宾馆利益的行为不报告、不制止，罚5分；

30. 擅自带领他人进入宾馆重要场所（总机房、厨房、库房、设备间等），罚5分；

31. 旷工3天以下者，罚10分；

32. 当其他员工制止违纪行为时，拒不接受或挑衅，罚10分；

33. 迟到10分钟以上，30分钟以内，（30分钟以上按旷工计算），罚5分；

34. 当值时间擅自离岗，未造成事故，罚5分；

35. 宾馆召开会议，无故缺席者，罚2分。

两个月内再次违反同一过失条例，按过失条例的两倍处罚。

三、重大过失

1. 贪污、盗窃公私财物尚不够法律追究的，金额在100元以下，按其实额的10倍罚款（含拾获财物不上交，而据为己有者，或收受他人财物）；

2. 3个月内受两次过失处罚，又有过失行为者，按该条过失条例的3倍处罚，并在宾馆通报批评；

3. 故意毁坏公私财物者，按原价偿还，并处以双倍罚款；

4. 打架闹事者造成一定后果的，罚30分，同时追究相关责任；

5. 不服从管理，殴打管理人员的，轻者处以50分以内罚分，重者停岗待处，并移交公安机关处理；

6. 因工作失误、失职造成较大浪费或不良影响的，轻者处以50分以内罚分，重者停岗待处；

7. 管理人员不履行或不完全履行工作职责；因管理不善，指挥失误，造成较大损失者；处50分以内罚分或停岗待处；

8. 索取、收藏、传阅、复制淫秽物品者，停岗待处；

9. 污辱或殴打宾客和同事的，尚不够追究民事、刑事责任者，处50分以内的罚分，并除名处理；

10. 玩忽职守，违反有关规定，造成各类事故发生者（500元以内），按该事故损失的3倍罚款；

11. 工作不负责任，造成严重差错或恶劣影响者，停岗待处；

12. 因工作失职使宾馆财产被盗、诈骗、经济损失较大者，停岗待处；
13. 私开客房或在客房内留宿，所产生的一切费用由该员工自付，另罚 50 分；
14. 向客人索取小费引起客人投诉者，经核实后，罚 50 分；
15. 故意包庇违纪、违法行为、窝藏赃物或作伪证者，停岗，并移交公安机关处理；
16. 客人投诉时主管人员不及时解决，推卸责任，导致不良影响者，罚 50 分；
17. 连续旷工 3 天或一个月累计旷工满 24 小时，停岗待处；
18. 质检员在执行奖惩条例中有徇私舞弊、挟嫌报复，执法违法者罚 20 分，并调离其岗位；
19. 管理人员对客人的投诉、员工违纪行为有包庇、隐瞒行为的，经查实，罚 10 分；
20. 在宾馆进行私人交易或利用职权获取私人利益者，罚 50 分；
21. 经员工举报违反中华人民共和国的任何法律而受到处罚者，立即解除劳动合同；
22. 一年内受过一次严重过失处罚，又有严重过失行为的处以降职或留岗察看处分；
23. 一年内员工若有 12 次轻微过失、8 次过失、2 次重大过失，即予解除劳动合同。

四、立即开除（凡有以下行为者，作即时除名或开除处理，严重者移交公安机关）

1. 偷窃客人、宾馆或员工财物；
2. 贪污、索贿、受贿、行贿；
3. 侮辱、漫骂、恐吓、威胁、殴打宾客或同事；
4. 参加反动组织或利用黑社会组织；
5. 组织煽动罢工、斗殴、聚众闹事；
6. 使用毒品、兴奋剂或麻醉剂；
7. 严重违反外事纪律；
8. 以任何形式或与同事串通伪造宾馆文件及资料以谋取私人利益；
9. 恶意造谣滋事，严重损害宾馆声誉；
10. 故意包庇违法、违纪人员，窝赃或作伪证；
11. 连续旷工超过 3 天；
12. 私带武器或其他危险物品进入宾馆；
13. 违反中华人民共和国的任何法律、法规而受到处罚；
14. 利用职权牟取私利，造成恶劣影响。

五、无薪停职

A 类：多次违反宾馆规定并且无悔改表现。

B 类：相关技能达不到宾馆要求，但宾馆同意给予待岗培训者。

任务结论

绩效管理是一个现代人力资源管理的概念，它与传统意义上的绩效考评有一定的差异。从管理理念上看，绩效管理是传统的员工绩效考评的升华。绩效管理是一种重要的管理职能，它不仅有利于员工的能力开发与职业发展，也是饭店实现其战略目标的重要手段与途径，是饭店赢得竞争优势的中心环节。

项目2 绩效改进

任务1 关注绩效结果

任务描述

公司内有一批绩效表现差强人意的员工，部门经理认为处于刚好能够接受的水平，需要得到改善。高管则认为这些员工糟糕的绩效说明他们的能力有问题，建议 HR 有步骤地解雇这些绩效差的员工，部门经理却不同意。

HR 该怎么办？如何运用绩效结果改进员工的工作呢？

任务实施

运用绩效结果改进员工的工作，可以运用以下 3 个工作表单（见表 5-10～表 5-12）：

表 5-10 第一部分：工作业绩计划/考核表

姓名：　　部门：　　岗位：　　考核期间：　　年　月　日至　　年　月　日

重点工作项目	目标衡量标准	关键策略（把重点工作按照时间和关键节点进行展开）	权重(%)	资源支持承诺	参与评价者评分	自评得分	上级评分
1.							
2.							
3.							
4.							
5.							
6.							
7.							
合　计	评价得分=∑（评分*权重）		100%				

计划确认：本人　　年　月　日　　直接上级　　年　月　日

表 5-11 第二部分：核心胜任能力评价表

评价标准说明：		评分说明：			
1 分：偶尔表现出类似行为 2 分：有时表现出类似行为 3 分：经常表现出类似行为 4 分：总是表现出类似行为		（1）可以打以“.5”结尾的分。 （2）打 4 分和 1 分时，要在说明栏中写明具体事例。			
评价指标	评价标准	自评得分	自评说明	上级评分	上级说明
服务客户	了解谁是本职的客户，包括公司外部的和公司内部的				
	耐心倾听客人的要求，甚至是抱怨				
	及时、快速响应客人的问题，哪怕暂时没有合理的解决方案，也不局限于工作时间内				
	在自己一定的独立工作范围内，有能力解决客人提出的业务问题，用客人能理解的语言向客户沟通专业技术				

（续）

评价指标	评价标准	自评得分	自评说明	上级评分	上级说明
服务客户	在本职范围内，全力满足客人需求，同时关注客人的额外要求并能及时反馈给上级主管				
精准求实	接受上级指派的任务，并明确对任务的期望和结果				
	接受任务后，善于动脑筋，利用各种数据，分析市场和需求、成本（包括管理成本）和利益关系，再迅速采取行动				
精准求真	对布置的任务或决定和饭店的业务流程严格执行和落实，并能够独立主动地寻找完成任务所需要的资源，按时按质完成任务				
	合理分配个人的时间和精力，分清主次，特别注重把握关键业务流程和细节，把 80%的精力放在 20%的重点工作中去				
	对工作中遇到的问题，不仅仅敢于快速向上级反映，还能追根溯源直至找出解决方案，调整相应的规则流程				
	关注并理解公司/本部门的利润指标，积极寻求节约成本的方法和途径				
创业创新	在达成本岗位工作目标的情况下，愿意承担更多的任务和挑战，并采取必要的行动				
	了解公司向服务型企业转型的战略，以积极的心态调整自己的行为去适应变革				
	不断审视目前的工作方法/流程，积极寻求更能满足客户真正需求、更高效、更低成本（包括管理成本）的做事方式				
	善于总结经验教训，制定防范措施，并提醒他人，避免同类问题发生				
	永不满足现状，对学习本领域内其他工作岗位的知识有浓厚兴趣，不断寻找与其他优秀公司之间的差距，特别强调运用新知识来改进方案和解决问题				
合作共享	明确自己的工作职责，了解本岗位在工作流程中的作用以及与其他合作人员的工作衔接点，并将自己的工作进度与共同工作的同事和上级主管分享				
	对自己控制的公司资源负责，并从工作需要的角度主动与他人分享，同时能积极寻找资源来有效地完成自己的工作				
	主动向他人介绍业务进程，沟通工作方法和分享经验（尤其是失败的经验和改进的方法），特别是在进行工作交接时				
	在工作分工不明确、任务边界不清晰的情况下，仍主动承担工作并积极推进				
	在跨部门合作项目中，能尊重其他部门的同事，并在共同的目标上达成一致				
诚实守信	恪守公司的财务制度和价格制度				
	不轻易承诺，但对承诺过的事情保证兑现				
	公开表明自己的个人意见，尤其当自己意见与领导意见不符时				
	当工作进程中发现问题和疏漏时，不掩盖且及时通报，以避免损失或将损失减少到最小				
合计					

表 5-12　第三部分：述职报告与上级文字评定

被考核人工作业绩部分 85～100 分说明：   上级补充说明：
被考核人工作业绩部分 0～40 分改进措施：   上级补充说明及改进建议：
被考核人工作体会：   上级总体评价与建议：
工作业绩评分：______ ×80%=______ 核心胜任能力评分：_______×20%=_____ 总分=________（工作业绩评分+核心胜任能力评分）　考核结果：_________
评价和考核结果确认： 本人______年____月____日 直接上级_______年____月____日

注：绩效考核完毕之后，此表除上下级各保留一份外，还应把一份副本提交给部门 HR 人员备案。

任务分析

（1）“重点工作”一般不超过 6 项，不能确定的用“上级临时交办的任务”表示，但权重不能超过 10。

（2）“考核标准”要具体并能够衡量，一般从数量、质量、时效性、所节约的资源和客户（含上级）的评价等方面确定。

（3）“关键策略”要求把重点工作按照时间和关键节点进行展开，以制定具体的阶段性分目标，便于落实。

（4）“资源支持承诺”指为达成目标所需的资源和上级的支持，经双方确认后填写。

特别强调：若绩效考核期间内出现重大计划调整（如权重大于 20 的工作任务取消或新增；现有任务权重增减超过 20），须重新填写本表作为工作指导和考核依据。

任务 2　制定绩效改进计划

任务描述

作为一家经理人培训公司的执行董事，丹迪 • 卡皮塔诺（Dante Capitano）专门从事经理评估和新经理融入问题的研究。在客户公司开始招聘员工之时，他的主要工作即已完成：为各公司的新聘员工制定了一本“成功概要”。该手册涵盖了从行为特征到领导方式的各个方面，对个人的成功至关重要。

随后，卡皮塔诺建议其客户在高级经理任职 6 个月时，对其开展全面的 360° 调查，而且最好是定性调查，而非定量调查。“我们采访了 10～12 名对新聘经理的成功感兴趣的相关利益者，并调查他们是如何看待该经理的效率的，”他说，“这种方法没有采用通常的定量测评标准，而是更多地依据一套原则来评估。”

360° 绩效反馈计划自 20 世纪 90 年代以来迅速为国际上的许多企业所采用，其中几乎包括所有财富 500 强中的著名企业，如美国电报电话公司、通用电气公司、IBM 公司、壳牌石油公司等。由于许多企业都将自己所取得的良好业绩以及组织目标的达成归功于这种全新的反馈过程，所以 360° 绩效反馈计划的概念也很快传入中国并且在一些较为先进的企业中开始试行。然而，由于对这种反馈计划本身的动机、原理及其运作要求不了解，我国的许多企业在实践过程中在很多方面都走入了误区，结果没有从这种绩效反馈计划中获得应有的收益。

中国的饭店企业如何有效地运用这种新的绩效改善工具来达成企业目标呢？

任务实施

以饭店为例，可以考虑制定绩效改进计划表，见表 5-13：

表 5-13 饭店人力资源绩效改进计划表

待改进成绩与效率		时 间	
员 工		主 管	
执 行 人	执 行 项 目	执行时间	备 注 说 明

制表人： 制表日期： 年 月 日

任务分析

管理者应注意：

（1）建立一种良好的工作氛围，鼓励、推动员工去实现自己的绩效改进计划。

（2）及时追踪员工绩效改进计划的实施情况，提供员工改进绩效所需要的支持。

（3）对员工的绩效改进及时给予一定的奖励，树立员工自信心。

任务 3 诊断并提高绩效

任务描述

通常，那些没有做好绩效管理的饭店都没有把员工在绩效管理中的角色分工做好，因此导致了执行变形，流于形式。经验表明，上至企业老总，下至普通员工，他们通常不太清楚自己在绩效管理中的职责，不知道自己该做些什么，该怎么做。因此，很多管理者和员工在绩效管理中，往往表现得比较被动，经常需要人力资源部门催促，甚至经常需要企业老总出面协调。摩托罗拉公司的绩效评估会议是非常讲究效率的，一般集中一段时间，所有的主管一起进行全年的绩效评估。它主要包括以下 4 个方面：①做好准备工作（员工自我评估）；②对员工的绩效达成共识，根据是事实而不是印象；③评出绩效的级别；④不仅是评估员工，而且要评估解决问题的机会。所以，在摩托罗拉，考核结束并非绩效管理过程的终结，因为还有一个非常重要的诊断过程。

做任何一项工作，首先都要一个科学合理的分工，然后根据分工制定细化的工作细则。那么，在绩效管理中，如何进行绩效诊断和提高呢？

任务实施

绩效管理的过程是一个循环周期，这个循环周期一般分为制定绩效计划、绩效实施与辅导监控、绩效考评以及绩效反馈4个阶段。图5-2清晰地显示了该流程中不同环节之间的关联。

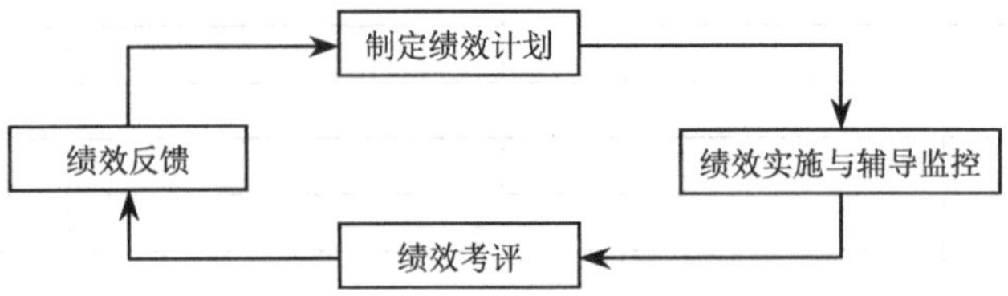

图5-2　饭店绩效管理流程

一般而言，导致员工绩效差的原因可以从知识、技能、态度和外部障碍等方面进行考虑，判断其真实的原因，然后有针对性地采取措施进行改善和解决。

（1）如果判定是知识和技能方面的问题，应采用“发展策略”进行改善；如果是“态度”和“外部障碍”的问题，就应该用“管理策略”进行解决。

（2）如果缺乏知识、经验和技能，可以通过在职培训、导师带徒、岗位练兵、岗位竞赛等在职训练方式和自我启发、脱产培训等方法解决。

（3）如果存在态度问题，评价者必须在解决其他问题之前解决态度问题。态度问题不解决，一切预期的变化就不可能发生。

（4）如果存在外部障碍，评价者首先应该在本人的权限范围内，最大限度地排除它们或尽量减少其影响，然后寻求更高层次领导的支持。

（5）评价者应该在与被评价者的讨论中对解决问题的方法达成一致，不能用解决发展问题的办法来处理管理问题。把态度不好的员工派到外地进行脱产学习只会导致更多员工的态度变坏，而对知识技能不够的员工进行态度教育也只会适得其反。

任务分析

通常，我们可以把一个企业绩效管理中管理者和员工的角色分成4个层次：

1．企业老总

绩效管理的支持者和推动者。细化的工作细则有：①在绩效管理实施动员大会上发表讲话，给绩效管理的实施制造声势；②主持制定符合企业实际的绩效管理方案；③主持企业管理者绩效管理培训会；④主持企业管理者对企业的绩效管理方案的研讨会，澄清认识，消除误解；⑤主持绩效管理协调会，使绩效管理不断向深入开展；⑥对副总一级管理者进行绩效沟通和考核；⑦主持修订新的绩效管理制度，使绩效管理体系不断得到改进。

2．HR经理

绩效管理的组织者和咨询专家。细化的工作细则有：①研究绩效管理理论，并向企业管理层进行推销，在企业内部进行宣传，使绩效管理的理论、方法和技巧被广大员工认识、理解和接受；②组织管理者参加有关绩效管理的培训和研讨，使管理者的绩效管理技能得到提高；③组织制定符合企业现状的绩效管理制度和工具表格；④组织直线经理为员工制定绩效目标；⑤督促直线经理与员工进行绩效沟通；⑥督促直线经理建立员工业绩档案；⑦组织直线经理进行绩效考核和反馈；⑧组织直线经理帮助员工制定绩效改进计划；⑨组织直线经理进行绩效管理满意度调查；⑩对绩效管理体系进行诊断并向企业老总汇报；⑪对绩效管理制度进行修订。

3．直线经理

绩效管理执行者和反馈者，执行企业的绩效管理制度，并将执行过程中遇到的问题反馈给人力资源部。细化的工作细则有：①认真阅读理解企业的绩效管理制度；②为员工修订职位说明书，使之符合当前实际；③与员工进行绩效沟通，制定员工的关键绩效指标；④与员工保持持续不断的绩效沟通，对员工进行绩效辅导；⑤记录员工的绩效，并建立员工业绩档案；⑥考核员工的业绩表现；⑦将绩效考核结果反馈给员工；⑧对员工进行绩效满意度调查；⑨帮助员工制定绩效改进计划；⑩将执行过程中遇到的问题反馈给人力资源部门。

4．员工

绩效管理的主人（Owner），拥有并产生绩效。细化的工作细则有：①认真学习企业的绩效管理制度；②与经理一起制定关键绩效指标；③与经理保持持续的绩效沟通，向经理寻求资源支持和帮助；④记录自己的绩效表现，并向经理进行反馈；⑤不断努力，完成并超越绩效目标；⑥在经理的帮助下，分析自己在绩效周期的表现，并制定绩效改进计划。

相关知识

小资料　员工与企业主管的分歧

大凡饭店员工都有这样的心理：老感觉自己的能力只发挥到 70%，剩下的 30%没有得到合理的酬劳。于是大家都会说：给多少钱做多少事情。而站在企业主管的角度总会抱怨下属不积极，工作没有成绩，从来不反思我是否用对了人或者这个人是否适合这样的岗位。出现问题的时候，相当多的饭店会减少诸如奖金、福利之类的工资外报酬，其实这是一个败笔。作为企业，如果不会激励并引导下属不断提升绩效，就不是称职的管理者。问题的关键在于你是否使每个人的效率 100%都发挥出来？这种一烦心就发牢骚、减报酬的最终结果是什么样的人到了企业里都是来一个熊一个，好像企业成了垃圾收容站了。

思考：对低绩效员工，解雇还是发展？

一、绩效反馈

绩效反馈在 PDCA 管理思想中，包含了 P 与 A 的双重关键步骤，是绩效管理的灵魂之一。通过 P，可以明确任务与目标。通过 A，可以不断纠正偏差，不断改进提高。绩效反馈以沟通的方式逐级传导了企业的战略意图与目标，传导了企业所期望的行为方式，使企业的任务目标与行为目标高度一致，进而形成合力，达到不断提升企业整体绩效的目标。

二、绩效改进中的几个误区

饭店绩效评估实施成功与否，关键在于绩效评估的结果如何应用。考评者往往受个人认识偏见的影响，在看待问题尤其看待他人时形成歪曲的社会知觉，对别人的行为作出错误的判断，使考评结果缺乏真实性和可靠性。因此，采取相应的对策，有助于克服绩效考评常见偏差。

1．晕轮效应

在考查员工业绩时，由于只重视一些突出的特征而掩盖了被考核人其他重要情况，因而往往影响考核结果的正确性。例如，某主管看到某员工经常早来晚走、忙忙碌碌，对他的工作态度很有好感，在年终考核时对他的考评就较高，对他的综合表现，甚至对其工作的主要方面却忽视了。要避免这一问题，关键是考评者本人要能够意识到这一问题。另外，加强对主管人员培训也有助于避免这一问题的产生。

2．偏松或偏紧倾向

偏松倾向产生的动机往往是为了避免引起考评争议而充当“老好人”。当使用的考评标准难以具体量化而主观性较强时，或者要求考评者与员工一起讨论考评结果时，这种情况容易发生。偏紧倾向可能是对各种考评因素缺乏了解而造成的。如果一个管理者对所管辖的整个部门过分严格，则这个部门的员工在奖励、加薪和提升方面都将受到影响，挫伤他们的工作积极性。而部门主管对某个特定的人考评过于严格，则往往是受到个人偏见的影响。克服这类偏差的办法，除了培训主管，激励他们进行正确考核外，还可用两种方法进行控制：一是控制评定结果的分布状况，使被管理者结果接近正态分布；二是降低考核量表本身的模棱两可程度，制定多维度的、清晰的考核标准。

3．居中趋势

大多数员工的考核得分都居于“平均水平”的同一档次，并往往是中等或良好水平。这也是考核结果具有“集中倾向”的体现。与过宽或过严倾向相反，管理者不愿意给员工们“要么优秀、要么很差”的极端考评，无论员工的实际表现如何，统统给中间或平均水平的考评。但实际上这种中庸的态度，很少能在员工中赢得好感，反而会起到“奖懒罚勤”的副作用。采用等级考评法（而不是使用行为尺度考评法）就能够避免这种居中趋势。这是因为在这种情况下，所有的员工都必须被单线地排列在一条纵向或横向的线段上，这样就不可能把他们全部都排在中间的位置上。

4．近因效应

管理者只看到考核期末一小段时间内的情况，但对整个评估期间的工作表现缺乏了解和记录，以“近”代“全”，使考核评估结果不能反映整个评估期内员工绩效表现的合理结果。产生这种情况的原因，通常是因为管理者对被管理者近期表现印象深刻，或者被管理者在临近考评时有意表现自己以留下较佳印象所致。所以，要将定期考评和日常考评结合起来，考虑员工整个时期的绩效。

5．个人好恶

在考核考评他人时，很多人都会受到个人好恶的影响。因此，管理者应该努力反省自己的每一个判断是否因个人好恶而导致不公的结论。采用基于事实（如工作记录）的客观考评方法，由多人组成考核小组进行考核，有助于减少个人好恶所导致的考核误差。

6. 成见效应

考核人员因经验、教育、世界观、个人背景、人际关系等因素而形成的固定思维，对考核考评结果产生刻板化的影响，通俗的说法是“偏见”、“顽固”等。成见效应是绩效考核中的常见问题，需要进行考核培训以及心理辅导，使考核人员纠正可能导致不正确结果的个人错误观念。

课外阅读

案例 1　丽嘉饭店：评估新员工绩效

作为拥有 28 000 名员工的国际性饭店，丽嘉饭店（Ritz-Carlton Hotel）对新聘员工的质量测评方式让人觉得更有人情味，也更灵活一些。它坚持面向顾客征求指导意见，用富有感情色彩的措辞询问顾客在饭店入住的经历：他们有没有感受到关怀？对他们的问候是否温暖和真诚？他们是否感到自己在别人家里做客？这种调查得到的回答看似主观，却构成了丽嘉饭店每个部门“顾客满意度得分”的一部分。

丽嘉饭店的人力资源高级副总裁秀·斯蒂芬森（Sue Stephenson）说，饭店采用评估顾客忠诚度的方法来确定新老员工的质量。每月，来自饭店和各部门的提交的评估结果汇总到公司的人力资源部。如评估一位客房服务人员的质量，不单单考查他的职业道德或团队合作能力，我们还要看他对顾客的关怀等方面做得到底如何。

调查结果“令人吃惊”。今年年初到目前为止，丽嘉饭店在 76.3%的时间里取得“最佳表现”，即顾客调查的最佳结果，表明顾客满意度最高。“这一数字比去年上升了 4%，”斯蒂芬森说，“大多数饭店的表现与我们相去甚远。”丽嘉饭店的成功，很大程度上归功于对员工聘用以后进行的评估以及严格的选拔程序。

多数公司倾向于在招聘员工时使用严格的选拔程序，而不是在员工聘用后进行评估。丽嘉饭店也采用了一种雇员质量甄选程序（Quality Selection Process），该程序明确规定了对新员工的期望。因此，当新员工接受质量评估时，他们很清楚评估的标准。“我们的重点在于员工甄选程序以及他们能带来什么才能，”斯蒂芬森说，“比如，你不可能教一个人如何微笑。”

像丽嘉饭店这样的公司引领着人才质量评估的潮流。评估新聘员工质量的观念在许多公司的人力资源部门才刚刚开始为人所接受。人力资本方面的权威、Saratoga 研究院的创始人及《人力资本的投资回报率》（The ROI of Human Capital）一书的作者雅克·菲茨恩兹（Jac Fitz-enz）说，员工质量评估整体还不够客观，也没有得到应有的重视。尽管他承认好的测评工具不少，但他说很多公司都不愿采用。“以这种方式评估员工会与企业文化某些方面相违背，所以公司不想这么做。”

一位网上求职指南的出版商彼得·韦德尔（Peter Weddle）说，有些人明知自己并不适合某些工作，却偏要去申请。在这种商业环境下，人员的质量评估就显得越来越重要。韦德尔与菲茨恩兹的看法一致，也认为大多数的质量评估都太主观了：“难就难在这儿，你说是不？”

员工质量的测评也许很难准确地把握，但你完全可以测评高质量的员工带来的影响。“你可以评估员工完成的工作和工作质量。这就表明了该员工在一家机构中是否适合，”韦德尔说，“质量评估就是：考查某个人对一家公司的适合程度。”

案例 2　如何做到既能激发平庸者，又能挖掘人才

许多企业在实务管理中，也建立了考核制度，并且不断地加以补充完善，致使考核体系包罗万象。制度建立之初，效果也确实很好，员工们的许多不良陋习也改变了，上班按部就班，生产秩序变得井井有条，企业风气焕然一新，文明程度大大提高。

但是一段时间以后，问题也就暴露了出来，一些十分“听话”而智力很平常、缺乏可挖潜力的员工，每个月都能拿到考核高分，而那些富有灵气、有相当潜力可挖的员工，由于在特定的工作环境中其个性技能无法得以体现，考核又不可能有这方面的加分，同时这些员工往往有“不拘小节”的举动，如在角落里抽根烟、信手摘了朵花等现象，他们的考核分值反而比平庸者低。如果坚持这样的考核制度，这些富有潜力的员工就会失去工作的兴趣，对考核制度表现出极大的反感和抵触情绪。

因此，死板的人事考核制度可以规范平庸者的行为，并激发其工作热情，却会伤害部分高智商者的进取精神。当一家企业的人事考核制度成为平庸者的激励机制和潜在人才的枷锁时，一部分有潜力的员工就可能流失，这部分员工的流失，就等于流失企业的明天。

那么，如何才能做到既能激发平庸者，又能挖掘人才呢？

这就需要在考核制度之外建立起个性特长评估制度。这种评估制度不像人事考核制度那样刻板，它可以采取灵活的方式，诸如民主评议、问卷调查、个人问讯、个能检验等方法。当然这项工作所面对的不是所有员工，而是经调查后圈定的部分对象，但是这些对象要不断地更新。

个性特长评估制度作为人事考核制度的补充，要成为人力资源部门或人事管理部门的一项日常工作。个性特长评估的内容应当包括组织能力、宣传能力、社会活动能力、语言表达能力、协调能力、自我克制能力、团队合作能力、奉献精神、专业工种以外的各项技能等，这些能力在分值化人事考核制度中是很难体现的，而这种能力可能正是企业管理和营销中所缺少的。

任务结论

通过绩效反馈面谈，员工了解到管理者对自己的期望，认识到自己的不足，在员工和管理者对绩效考评结果和改进点达成一致后，管理者和员工可以一同制定改进措施，进一步明确下一绩效管理周期的绩效目标、改进重点和改进计划。

课堂训练与测评

一、能力提升

（1）双向倾听式面谈有严格的程序和格式。这种面谈形式为下属提供了一次参与考评以及与上级主管进行交流的机会。在面谈中，第一步，首先要求上级主管对下属的工作进行总结；第二步，由下属在综合归纳各方面考评意见的基础上，提出自己的看法；最后，上级主管听取下属的意见，应当给下属充分发表意见的机会，使其毫无顾忌地表达自己对

考评结果的直接感受和真实看法，遇到不同意见时，也应当允许下属保留自己的看法。双向倾听式面谈的目的是让上级主管了解下属的意见。该面谈方式可以向被考评者立即提出下一步工作改进的具体目标，使其工作有较大程度的改进。

请指出上述描述中存在的 5 处错误，并予以改正。

1）____________________

2）____________________

3）____________________

4）____________________

5）____________________

（2）关键事件法也称重要事件法，考评的内容是员工的品质和个性特征。该方法强调的是，选择具有平均水平的行为表现的典型和关键性活动事例，作为考评的内容和标准。因此，一旦考核评价的关键事件选定了，其具体方法也就确定了。关键事件法的主要特点是：为考评者提供了客观的事实依据，考评的内容是员工最近短期内的表现，具有较大的可靠性；以事实为依据，保存了动态的关键事件记录；关键事件的记录和观察省时省力；能做定量分析，不能做定性分析；不能具体区分工作行为的重要程度，很难使用该方法在员工之间进行比较。

请指出上述描述中存在的 5 处错误。并予以改正。

1）____________________

2）____________________

3）____________________

4）____________________

5）____________________

二、课堂实训

采访一家饭店的人力资源经理，调查该饭店的绩效考评情况，写出报告。结合该饭店某一岗位实际情况，设计一套绩效考评的程序和方法。

三、案例讨论

李某是某饭店部门主管，该部门有 20 多名员工，其中既有服务员又有管理人员。该部门采用的考评方法是排队法，每年对员工考评一次。具体做法是：根据员工的实际表现给其打分，每个员工最高分为 100 分，上级打分占 30%，同事打分占 70%。在考评时，20 多个人互相打分，以此确定员工的位置。李某平时很少与员工就工作中的问题进行交流，只是到了年度奖金分配时，才对所属员工进行打分排序。

请分析：

1．该部门在考评中存在哪些问题？

2．产生问题的原因是什么？

模块6

薪酬与激励

教学目标

能力目标

能够制定饭店薪酬体系；能够熟练应用职位评价方法；能够熟悉饭店的主要薪酬制度并初步设计饭店薪酬方案；能够熟练应用激励的方法。

知识目标

熟悉薪酬的构成及其功能；理解薪酬管理的原则和影响饭店薪酬水平的主要因素；了解饭店福利的特点和主要形式；理解激励的内涵；了解相关的激励理论和激励手段。

态度情感与价值观目标

熟悉饭店人力资源部薪酬管理专员的工作职能。

项目1 薪 酬 管 理

任务1 设计饭店薪酬体系

任务描述

天府饭店坐落于S市西北地区的一条繁华街道上，饭店规模不大，陈设幽雅，主要经营正宗川菜。由于饭店生意兴隆，饭店老板李东决定扩大饭店规模。由于规模扩大了，服务员和厨房里的帮工明显不够。因此，李东通过一家人才中介机构聘请了8名员工，其中2名是40岁以上的当地下岗妇女，主要帮助厨师打打下手，从事食品的清洁和准备工作，工资为每个月800元；另一名是他的一位亲戚，工资为每月850元；其余5名员工都是20～30岁之间的年轻人，他们或多或少有一些饭店打工的经验，工资为每月700元。虽然从表面上看，服务员的工资要低于厨房的工作人员，但是，如果服务员尽心尽责，那么他们可能获得的奖金也不会少。

但是，营业两个月来，李东逐渐发现厨房工作人员与服务员之间存在着一种对抗。通过进一步地观察，李东发现他们矛盾的焦点是工资。厨房工作人员认为服务员活轻，而且如果没有她们的辛勤劳动，服务员就只能提供冰冷的食物。但是，服务员挣得却比她们多得多，这非常不公平。然而，服务员们却自有他们的看法，他们认为人人都会切菜、洗盘子而他们所提供的服务却是专业化的。当问题一步步激化时，李东决定着手解决这个问题。因为他发现这种争执已经影响到了饭店的正常营业。有时，客人在饭店等了很久，菜却迟迟不能上来，原因就是心怀不满的厨房工作人员故意拖延时间，造成多次客人愤然离席。

事实上，由于以前饭店规模小，员工基本上都是李东的亲戚朋友，主厨张春也是以合伙人的身份在饭店工作的，与他的私人关系也非常好，所以他们合作的这两年一直没有出现过什么不愉快。而李东本人也一直认为经营餐饮业最主要的是原材料的采购、确保菜肴的质量等方面，对员工的管理没有过多关注。直到最近问题出现了，迫使李东不得不认真思考这一问题。经过反复考虑，李东决定给厨房工作的3位女工增加工资，由每月800元和850元均调至1 000元，以增强她们的工作积极性。决定一宣布，弥漫在饭店中的紧张气氛似乎就消失了。但是，好景不长，不久李东就发现服务员的工作积极性开始下降了，甚至有一两个人还私下透露过想跳槽。原因就是因为服务员觉得既然厨房工作人员的工资增加了，那么服务员的底薪也应该增加，况且他们通过熟人了解到，在其他类似规模的饭店，服务员每月的底薪就有800元。这时，李东才发现问题不像他一开始想象的那样简单。为此，他曾考虑过辞退这批员工，重新招募一批新人，但是一想到招聘和培训的费用他又犹豫不决。而且，频频更换员工对饭店来说还有很多负面影响。员工的工资肯定不可能这样无限制地增加下去，但是又该如何调动他们的工作积极性呢？

如果你是人力资源专家，请你帮助李东设计一套基于职位的薪酬体系，解决饭店目前的困境。

任务实施

基于职位的薪酬体系设计流程包括职位分析、职位评价、薪酬调查、薪酬水平定位、确定薪酬结构、薪酬体系实施与调整 6 个方面，如图 6-1 所示。

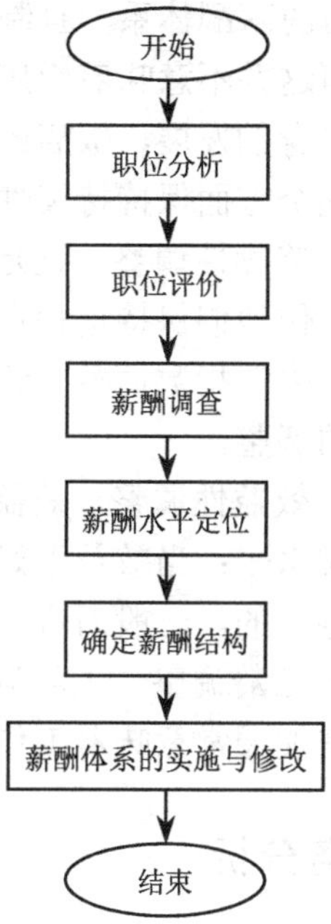

图 6-1　薪酬体系设计整体流程图

1．职位分析

对职位进行科学的分析是做好薪酬设计的基础和前提。通过职位分析我们可以了解某一特定工作或职位的目的、任务或职责、权力、隶属关系、工作条件、任职资格等相关信息，并根据这些信息确定完成工作要求员工所必须具备的能力和资格。完成职位分析，就可以得到饭店的岗位结构图和职务说明书。

2．职位评价

在职务分析的基础上，通过职位评价来确定职位之间的相对价值，从而建立起饭店职位的价值序列，根据这个价值序列来确保薪酬体系设计过程中的内部公平。

3．薪酬调查

薪酬调查的选择对象一般是本地区与自己类似的饭店或与自己有竞争关系的饭店。调查对象选择好后，要进行职位的选择，所选择的职位应该是与本饭店性质和内容相似的职位，这些职位在不同的饭店之间具有可比性。

通过薪酬调查可以了解本地区饭店业现行的薪酬水平，调查结果可以作为薪酬水平定位和调整的重要依据。在某些情况下，薪酬调查所发挥的作用比组织内部进行的职位评价更大。例如，一些市场稀缺的厨师，其薪酬水平可能远远偏离他在饭店内部相应的位置。通过薪酬调查还能使饭店了解竞争对手的薪酬策略，增强饭店薪酬决策中的针对性。在对调查数据进行整理分析的基础上，得出被调查的市场的薪酬水平，并据此绘制薪酬水平曲线，作为饭店薪酬水平定位的参考依据。

4．薪酬水平定位

在分析其他饭店的薪酬调查数据后，根据饭店的实际状况确定薪酬水平。清楚了市场薪酬水平以后，饭店要确定采取何种薪酬策略，是领先策略、跟随策略还是滞后策略。饭店薪酬策略选择取决于饭店的经营状况、支付能力和员工素质等多方面因素。饭店根据其实际经营状况和支付能力，选择合适的薪酬策略来支持饭店人力资源的开发与管理。

5．确定薪酬结构

薪酬结构的确定是建立在饭店职位评价结果和薪酬水平定位基础之上的一个重要步骤。薪酬结构包括每一个职位或职位等级的工资范围、等级数、每一等级的最高工资、中位工资和最低工资。饭店通过确定合理的薪酬结构，有利于体现薪酬的内部公平。一方面，在工作任务、责任和工作条件上差别很大的员工会被支付不同的报酬；另一方面，在本质上没有什么明显差别的职位会得到差别不大的报酬。

6．薪酬体系的实施和调整

饭店的薪酬体系一旦制定，就应该在相当长的一段时期内，稳定地、切实有效地加以执行。但这并不意味着饭店的薪酬制度是一成不变的。随着时间的推移、外部环境的变化和饭店自身的发展，饭店的薪酬制度都要适时作出相应的调整。一般来说，薪酬制度需要在以下几个方面保持持续性的调整：

（1）奖励性调整　这是针对员工做出了突出的成绩或重大的贡献之后进行的奖励，目的是为了使他们保持这种良好的工作状态，同时对其他员工也起到行为引导和激励的作用。

（2）生活指数调整　这是为了补偿员工因通货膨胀而导致的实际收入减少而进行的薪酬水平的调整。

（3）效益性调整　效益性调整是指饭店经营效益良好，利润水平较高时，普遍提高员工的薪酬水平；当效益不好的时候，可能下调员工的薪酬水平。效益性调整可能是非永久性的、浮动的。一般而言，效益性调整应该针对所有员工。

（4）工龄调整　工龄调整是指随着员工工龄的增加，逐年调升员工的薪酬水平。因为工龄的增加通常意味着工作经验的积累和丰富，也有利于促使员工对饭店长期忠诚。

任务分析

饭店如何确定员工所获得的薪酬，主要取决于员工对饭店的价值和贡献，也就是员工的绩效。如果考虑员工的知识、技能和能力这些因素，就会形成以能力为基础的薪酬体系；如果考虑工作任务的完成程度，即员工是否胜任其工作岗位，就会形成以职位为基础的薪酬体系；如果直接按照员工的绩效付酬，则会形成以绩效为基础的薪酬体系。除了上述 3 种思路外，还要考虑饭店业人才市场的情况，如果以此作为出发点，按照人才的市场价值支付报酬，又可形成以市场为基础的薪酬体系。在这 4 种不同的薪酬设计模式中，以职位为基础的薪酬体系应用最为广泛，也是我们所要讨论的重点。在以职位为基础设计饭店的薪酬体系时，也要综合考虑员工的个人能力、人才的市场价值以及员工的绩效这样一些因素。

在设计饭店的薪酬体系时要关注两大主题：一是对内薪酬的相对公平；二是薪酬水平与竞争对手相比具有竞争力。确保薪酬的内部公平，可以通过职务分析和职位评价来保证，薪酬的外部竞争力则可通过薪酬调查来保证。

任务2　选择职位评价方法

任务描述

根据任务 1 提出的薪酬体系设计要求，选择符合企业要求的职位评价方法。

任务实施

职位评价的方法有多种，常用的有排序法、分类法、因素比较法和点数法。

1．排序法

排序法是一种简单的职位评价方法，就是根据不同职位的相对价值或它们各自对饭店的相对贡献进行排序。在实际运用中，由于小企业职位不多，运用这种方法比较有效，但不太精确。排序法有很多种，常用交替排序法和配对比较法两种排序方法。

（1）交替排序法是指职位评价者从所评价职位中，确定最有价值和最没有价值的职位，然后再从剩下的职位中挑出最有价值和最没有价值的职位，依此类推，直至把所有剩下的职位都挑选完，这样就可以把所有要评价的职位按价值由低到高排成一个序列。

（2）配对比较法是指职位评价者在所评价的职位中，将每一个职位与其他职位逐一进行比较，并将每次比较中的胜者选出。最后根据评价结果，按每一职位净胜次数多少排序，净胜次数最多的为最有价值的职位，这样也可以形成一个序列，见表 6-1。

表 6-1　配对比较法

工作岗位	甲	乙	丙	丁	总　分
甲	—	1	1	1	3
乙	0	—	0	0	0
丙	0	1	—	0	1
丁	0	1	1	—	2

在上表中，若甲优于乙，则在甲的横栏内记 1，在乙的横栏内记 0。同理，乙比丙差，则在丙的横栏内记 1，在乙的横栏内记 0，依此类推，最后分数汇总，得出各工作的分数，甲最优，乙最差，丁与丙依次排在中间。

2．分类法

分类法又称为分类套级法，就是职位评价者预先制定出一套供参照用的职位级别标准，然后将待评价的职位与标准进行比较分析，从而确定该职位相应的级别。

分类法的操作要点如下：

（1）划分职位类别　将饭店所有的职位划分为若干大类，如客房类、餐饮类、行政类等。

（2）分等级　将每类职位分为若干等级，等级数的多少取决于每一类职位的复杂程度，即该职位所要求承担的职责轻重、所要掌握的技能要求等范围的宽窄。复杂程度越高，等级数越多。

（3）制定标准　根据每类职位所划分的等级，对每一个等级的职位都编写一个简要的说明，以便在对职位进行评价时为把某一具体职位归为某一等级提供评价标准。

（4）套级　将待评价的职位与职位等级中的标准进行比对，并根据其结果将待评价职位划入相对应的等级中。

3．因素比较法

因素比较法是一种量化的职位评价方法，是在确定关键职位和付酬因素的基础上，将关键岗位中的付酬因素排序后编制成因素比较尺度表，然后将待评价职位的付酬因素与关键岗位进行比较，从而确定待评价职位的工资率。

因素比较法的操作要点如下：

（1）确定关键职位　确定关键职位也就是基准职位，是因素比较法的基础，因为待评价职位的工资率是在与关键职位的比较中确定的。

（2）选择付酬因素　通常选择的付酬因素包括心理要求、身体要求、技能要求、责任和工作条件 5 项。

（3）编制因素比较尺度表　根据人才市场的薪酬水平确定关键职位的工资水平，再将关键职位的工资水平分解成各项付酬因素的工资率，从而编制成因素比较尺度表，见表 6-2。

表 6-2　因素比较尺度表

比较因素 / 工资率	心理要求	身体要求	技能要求	责　任	工作条件
1			职位 1		
2		职位 1		职位 1	
3	职位 2			职位 x	
4	职位 1	职位 3	职位 x		
5		职位 2			职位 3
6	职位 x		职位 2		
7			职位 3		职位 2
8				职位 2	
9	职位 3				
10		职位 x		职位 3	
11					职位 x
12					职位 1

（4）进行职位评价　将待评价职位的各项付酬因素与关键因素的比较尺度表相比较，得到相应位置，从而确定该职位的工资数量。

4．点数法

点数法，又称要数计点法，是指确定几个报酬要素并且将每个要素分为几个等级。要素等级的划分要与职位的实际状况相符合。

点数法的操作要点如下：

（1）确定要评价的职位系列。由于不同部门的职位差别很大，通常使用多种点值评定方案来评价组织中所有的职位，因此，要先划分职位系列，如行政系列、工程系列、管理系列等，对每个职位系列，委员会一般要制定一种方案。

（2）收集职位信息，包括职位分析、职位描述和职位说明书。

（3）选择薪酬要素。可供选择的薪酬要素有教育、身体或技术要求等，通常不同的职位系列有不同的薪酬要素。

（4）界定薪酬要素。仔细界定每个薪酬要素，以确保评价人员在应用这些要素时能够保持一致。表 6-3 给出了一些定义的示范，这些通常由人力资源专家来做。

表 6-3　要素计点法示例

级　数	点　值	对职位特征的说明和测量
1	40	基准职位：普通文秘人员、接线员或接待员 很少要处理超出例行工作或组织政策之外的问题，几乎不需要分析数据，遵从定义清楚的标准行事，直接在工作中应用已理解的规则和程序，根据常规方法分析不复杂的数据
2	80	基准职位：单据填写员 经常处理超出例行工作范围的问题，根据限制条件或建立的政策标准，独立作出一些小的决策，分析标准信息数据或使用经过他人分析的数据
3	120	基准职位：行政秘书 根据上级的指导对非例行工作进行对立决策，分析和评价非例行工作的情况，以便同他人一起提出解决方法
4	160	基准职位：会计、班组长 独立解决工作最后阶段才出现的问题，分析和解决非常规问题，工作中要经常分析大量数据，对操作程序等许多方面作出决定
5	200	基准职位：营业经理 在作出与复审不一致的决定时要有独立判断能力，要经常制定或开发新的政策

（5）确定要素等级。确定每个要素的等级后，评估者才可以评定每个职位的要素等级，每个要素的等级不宜超过 6 个，实际等级数主要取决于评价者的评价需要。

（6）确定要素的相对价值，即确定每个要素的权重。对于不同的职位系列，各要素的重要性是不同的。例如，对于行政系列来说，“心理要求”要素的权重要大于“身体要求”，而对于保安职位系列来说，很可能正好相反。

（7）确定各要素及各要素等级的点值。

（8）编写职位评价指导手册。制定职位点值方案的最后一步是编写点值指南或职位评价手册。这一步只是把各要素及其等级的定义、点值汇编成一本便于使用的指导手册。

任务分析

不同的职位评价方法在实施步骤、优缺点方面存在着不同，见表 6-4。

表 6-4　不同职位评价方法优缺点及使用范围比较表

职位评价方法	优　点	缺　点	适 用 企 业
排序法	简单方便，易理解、操作，节约成本	没有明确的评价标准，完全依靠经验和主观判断；只能排列各职位价值的相对次序，很难回答为什么一个职位比另一个职位等级高	职位设置比较稳定；规模小
分类法	简单明了，易理解、接受，避免明显的判断失误	定义等级困难，给主观判断留下相当大的余地；成本相对较高	各职位的差别很明显；公共部门和大企业的管理岗位
要素比较法	能够直接得到职位的工资水平	应用不普遍；要经常做工资调查，成本相对较高	能够随时掌握较为详细的市场工资标准
点数法	能够量化；可以避免主观因素对评价工作的影响；可以经常调整	设计比较复杂；对管理水平要求较高；成本相对较高	职位不雷同；职位设置不稳定；对精确度要求较高

任务3　开展薪酬市场调查

任务描述

上海波特曼丽嘉饭店是全球拥有59家饭店的丽嘉饭店集团公司在中国的旗舰店，也是中国一流的豪华饭店。它坐落于上海繁华的商业、购物及娱乐区域，是上海市中心的标志性建筑。在波特曼丽嘉饭店工作的700名员工都肩负着共同的使命：在温馨、舒适而又优美的环境中通过个性化的服务让饭店宾客获得体贴关怀和舒适款待。丽嘉的服务体验不仅要令宾客身心舒畅，甚至可以满足客人内心的需求与愿望。影响员工敬业度的一个重要潜在因素是很现实的薪酬待遇，尤其在现阶段的中国，这点显得尤为重要。在员工看来，如果公司的薪酬、福利和行业中的其他公司相比较并不是很有竞争力的话，那么，员工之所以会在公司工作，可能是因为他们看好公司其他方面的因素，如学习、培训机会和工作环境。但是随着工作能力的提升，他们可能会觉得公司给予的报酬和其个人能力以及为公司创造的价值之间不能得到足够的平衡。这样，一旦他们有机会找到待遇更好的工作，就很可能会跳槽。如果是由于公司薪资方面的问题，员工将公司当作“跳板”或“培训学院”，使公司完成前期培育的投入后却得不到应有的收获，那么公司的损失其实是相当大的。

波特曼丽嘉认为，“一流的公司要用一流的员工，支付一流的薪水。”按照这样的思路，波特曼丽嘉的薪酬是“市场领先型”的，90%以上的岗位薪酬都位于行业薪酬水平的首位，经理层更是远高于同行。每个月波特曼丽嘉会与其他五星级饭店交流，以确保薪金、福利位于领先的水平。“薪酬水平当然是重要的，每个人都需要钱，”波特曼丽嘉饭店的人力资源总监韩小姐说，“想找好员工，一定要付大价钱，不可能有又好又便宜的员工。”饭店每年就薪酬水平做两次调查，每一次调查都发现，90%的员工工资是上海五星级饭店相同职位中最高的，另外那10%没有拿到最高薪水的，饭店会马上作出调整，即便今年已加过薪，也会再得到加薪。

现在，假定你是某饭店人力资源部经理，公司总经理要你提交一份薪酬水平调查方案，你怎么办？

任务实施

首先，人力资源部要考虑怎样开展调查，如制定一份薪酬调查问卷（见表6-5）。

表6-5　薪酬调查问卷表

<table>
<tr><td colspan="8">个 人 资 料</td></tr>
<tr><td>姓名</td><td></td><td>年龄</td><td></td><td>性别</td><td></td><td>加入公司时间</td><td></td></tr>
<tr><td>所在部门</td><td></td><td>职务</td><td></td><td>学历</td><td></td><td>毕业院校</td><td></td></tr>
<tr><td colspan="8">企业资料</td></tr>
<tr><td rowspan="3">贵企业所属性质</td><td colspan="7">□外商投资　□民营企业　□股份制企业　□国有企业
□其他（请注明）</td></tr>
<tr><td colspan="7">注：若是外商投资，请选择</td></tr>
<tr><td colspan="7">□外商独资企业　□中外合资企业　□中外合作企业</td></tr>
<tr><td>所属行业</td><td colspan="7">□加工制造业　□金融保险业　□医疗卫生业　□饭店餐饮业
□其他（请注明）</td></tr>
<tr><td>企业成立时间</td><td></td><td colspan="2">企业注册资金</td><td colspan="2"></td><td>企业员工人数</td><td></td></tr>
</table>

（续）

薪酬状况		
1．您目前的年薪酬 □1～2 万元　□2～3 万元　□3～5 万元　□5 万元以上		
2．您的薪酬构成		
薪资的组成	所占总薪资的比例	
3．福利待遇		
（1）体检		
新员工入职，是否为其提供健康检查	□是　□否	
每年是否定期为员工提供健康检查	□是　□否	
（2）社会保险		
社会养老保险	每月缴纳（　　）元	
社会医疗保险	每月缴纳（　　）元	
失业保险	每月缴纳（　　）元	
工伤保险	每月缴纳（　　）元	
生育保险	每月缴纳（　　）元	
（3）假期		
除了国家规定的法定假日外，公司是否还提供其他假日，若有，请注明		
（4）其他		
4．您觉得您所在企业的薪酬水平在同行业处于什么水平		
□较低	□中等	□偏高
5．您对目前的薪酬满意吗		
6．您对本次薪酬调查的建议		
非常感谢您的合作，祝您工作愉快		

然后，实施薪酬市场调查，具体步骤如下：

1．确定调查目的

在薪酬调查时，首先应当明确调查的目的要求和调查结果的用途，然后再开始组织薪酬调查。调查的结果可以为以下工作提供参考依据：整体薪酬水平的调整；薪酬差距的调整；薪酬晋升政策的调整；具体岗位薪酬水平的调整等。

2．确定调查范围

（1）确定调查的企业　在选择薪酬调查的具体对象时，要坚持可比性的原则，即选择被调查的具体企业时，要选择其雇用的劳动力与本企业具有可比性的企业。

（2）确定调查的岗位　为了实现薪酬调查的目的和要求，在明确了所要调查的行业和企业范围之后，接下来的一项重要任务是选择哪些岗位进行调查，是选择操作性、技术性岗位，还是包括所有的各种类型的岗位。

（3）确定需要调查的薪酬信息　①与员工基本工资相关的信息；②与支付年度和其他资金相关的信息；③股票权或影子股票计划等长期激励计划；④与企业各种福利计划相关的信息；⑤与薪酬政策诸方面有关的信息。

（4）确定调查的时间段

3．选择调查方式

（1）企业之间相互调查

（2）委托中介机构进行调查

（3）采集社会公开的信息

（4）调查问卷

4．统计分析调查数据

（1）数据排列法

（2）频率分析法

（3）趋中趋势分析

（4）离散分析

（5）回归分析法

5．提交薪酬调查分析报告

薪酬调查分析报告应该包括薪酬调查的组织实施情况分析、薪酬数据分析、政策分析、趋势分析、企业薪酬状况与市场状况对比分析以及薪酬水平或制度调整的建议。

任务分析

薪酬水平处于领先地位的企业，应关注 75%甚至 90%处的薪酬水平；薪酬水平低的企业应关注 25%处的薪酬水平；薪酬水平一般的企业应关注 50%处的薪酬水平。

任务 4　设计员工工资制度

任务描述

ML 饭店集团是一家大型国有企业，2006 年营业额收入为 7 亿元，年利润 3 000 多万，成为同行业的 3 大巨头之一。尽管 ML 饭店集团持续增长，但是潜伏的危机和挑战越来越明显。从 2006 年开始，饭店的外部经营环境出现激烈变化，饭店之间的竞争变得更加残酷，原有的 100 多家饭店中，只有 40 多家能够正常运营，在这 40 多家饭店中，只有 6 家饭店有一定优势，其余都处于苦苦挣扎之中。

面临着激烈的市场竞争，ML 饭店集团不但要大力吸引外部人才，更要激励和开发现有人才。而眼下的情况却让 ML 饭店集团的管理层感到担忧，饭店在不断吸引人才的同时，现有的一些人才却在外资饭店的高薪吸引下离开了饭店。虽然集团在人力资源管理方面采取了不少措施，希望能够利用事业、感情和环境来留住人才，可是对大多数员工而言，待遇问题毕竟是决定去留的关键因素，为此，在 2007 年的管理工作中，薪酬改革被列在首要的地位。

如果你是人力资源部经理，请你为集团设计一套相关的工资制度，以便更好地留住人。

任务实施

现阶段薪酬改革的重点是通过工资与业绩挂钩，使薪酬制度更具激励作用。2007 年，ML 饭店集团在探索新的薪酬制度改革时，既要顾及员工的基本利益实现，也要引导、激励员工创造更多的价值；既要达到岗位之间的公平，也要体现差异。通过综合考虑，ML 饭店集团确定了工资结构比例，见表 6-6。

表 6-6　ML 饭店集团工资结构比例表

适用对象	薪酬结构		
	岗位技能工资（%）	季度绩效工资（%）	年度绩效工资（%）
高层管理人员	20	0	80
中层管理人员	70	20	10
一般行政人员	70	30	0
技术人员	70	30	0
服务员	30	50	20

任务分析

饭店现行的工资制度是岗位工资与市场化分配相结合的模式，即岗位结构工资制。员工报酬由 3 部分组成：岗位工资、补贴及基本福利。本例中，岗位工资可以考虑划分为 12 档，每档 7 级，分为固定部分和浮动部分，固定部分可占 40%，浮动部分占 60%，在固定工资中，个人业绩部分和团体业绩部分占 30%。补贴部分主要是工龄工资，每年工龄在上一年的基础上每月增加若干元。基本福利则包括法定福利和饭店福利等。

同时，ML 饭店集团在改革分配各个工资项目的比例时，要充分考虑到各个岗位的特性。例如，高层管理人员注重的是饭店整体的组织建设与管理，为了激励他们用长远眼光进行战略决策，其年度绩效工资所占比例很大，不强调季度绩效考评。再如，为了激励服务人员提供顾客满意的服务质量，增强其团队协作意识，在设计其工资各项分配比例时，要偏重绩效工资，其岗位技能工资比例可以较小。

相关知识

小资料

为什么员工会对自己的薪酬不满

薪酬是企业及员工十分敏感、十分关注、十分重视的问题。多数员工都希望少出力，多挣钱。可是，多挣了钱还是不满意。这是为什么呢？因为从理论上讲，只有当员工真实付出与真实回报成正比的时候，员工才会对他的薪酬满意。然而事实上，不论薪酬的发放有多么公正和合理，总是有些员工对自己的薪酬不满意。其主要原因有 4 个方面：

1. 低于个人期望值

当员工的薪酬低于员工个人的期望值（这个期望值只是员工个人的自我定位）时，员工就会对自己的薪酬不满意。一般而言，员工往往过高估计自己在公司中的贡献和价值，自然就有了过高的期望值，所以就会出现有许多员工对自己的薪酬不满的现象。

2. 低于同等人员最高值

如果员工的薪酬低于同等人员的最高值，员工也会产生不满的情绪。相对而言，差距越大，不满程度也就越大。每个人对自己的优点、特长和对公司的贡献都会牢记在心，甚至有些放大，但是往往看不到别人的优点、特长和贡献。有些员工经常会认为别人的工作不如自己，持这种心态的员工，很难对自己和他人作出客观的评价，产生不满情绪也是自然的。

3. 高估他人的薪酬而低估他人的绩效

由于公司员工的薪酬和绩效考评成绩一般是保密的，员工无法从正式渠道得到真实的、详细的信息。出于对别人薪酬及考评的兴趣，员工往往会根据一些道听途说加以猜测。这种猜测往往会高估他人的薪酬而低估他人的绩效，从而对薪酬产生不满的情绪。

4. 高估自己的工作表现

由于员工对自己的工作胜任感、成就感、责任感、影响力以及个人成长和富有价值的贡献等因素高估，因此，觉得自己付出的努力很大，理应得到相对较高的薪酬。可是事与愿违，得到的薪酬待遇较低，于是，常常发牢骚。譬如，有的员工这样抱怨："我每天要受这么多气，为什么才拿这一点儿工资？"或者说："我的工作这么枯燥和乏味，工资应该高一些吧？"

思考：怎样的薪酬才能使员工更满意？

一、薪酬

饭店员工的薪酬有狭义和广义之分。狭义的饭店薪酬是指员工因为受雇佣而获得的工资、奖金等以金钱或实物形式支付的劳动回报。广义的饭店薪酬是指经济性报酬和非经济性报酬的总和。其中，经济性报酬是指以货币形式和以可间接转化为货币的其他形式为支付方式的劳动报酬，主要包括工资、奖金、福利、津贴和股权等具体形式。非经济性报酬是指员工个人对企业及工作本身在心理上的一种感受，主要包括对工作的责任感、成就感等。

饭店员工的薪酬是饭店员工向其所在的饭店提供劳动或劳务而获得的各种形式的酬劳或报答，其实质是一种公平的交易或交换关系，是饭店员工在向饭店让渡其劳动或劳务使用权后获得的报偿。员工薪酬的具体构成见表 6-7。

表 6-7 薪酬构成内容一览表

经济性报酬			非经济性报酬		
直接的	间接的	其他	工作	企业	其他
基本工资；加班工资；奖金；奖品；津贴	公共福利；保险；退休金；培训；住房；餐饮	带薪休假；休息日；病、事假	有兴趣；挑战性；责任感；成就感	社会地位；个人成长；价值的实现	友谊；关怀；舒适的工作环境；便利的条件

二、饭店薪酬管理的内容

饭店薪酬管理作为饭店人力资源管理的重要组成部分，在吸引、保留和激励人才方面起着重要作用。饭店薪酬管理的内容主要包括以下 3 个方面：

1. 制定薪酬战略

饭店薪酬管理的目的是为了实现企业战略。为了使薪酬管理成为企业战略成功的关键因素，薪酬战略应以饭店的总体战略为基础，依照企业的人力资源战略来制定。

2. 选择薪酬政策

饭店薪酬政策，就是饭店管理者对企业薪酬管理运行的目标、任务和手段选择的组合，是饭店在员工薪酬制度上所采取的方针策略。选择饭店薪酬政策主要包括：

（1）薪酬总额管理　根据饭店的实际状况确定一个合理的薪酬总额，薪酬总额的确定取决于饭店的支付能力、饭店业人才的市场行情以及员工的基本生活费用。饭店通过对薪酬总额的控制来实施有效的薪酬管理。

（2）饭店个别薪酬管理　对饭店而言，在关键岗位上掌握着核心技能的人才，要实行特殊的薪酬政策，以便更好地保留、激励他们，这也是饭店赢得相对竞争优势的重要手段。

（3）员工薪酬等级管理　在工作任务、责任和工作环境上有差别的员工，在薪酬的支付标准上体现等级差别。薪酬等级的数量和相邻等级之间差额的确定，是薪酬等级管理的主要内容。

3. 饭店日常薪酬管理工作

饭店薪酬管理工作具体包括　开展薪酬调查、统计分析薪酬调查结果、制定薪酬计划、计算统计员工薪酬、薪酬调整等。

三、饭店薪酬水平的影响因素

影响饭店薪酬水平的因素可以分为外部因素和内部因素，其中内部因素包括饭店和个人两方面。

1. 内部因素

（1）饭店方面因素

1）饭店的支付能力。员工收入的首要制约因素是饭店的支付能力。饭店的支付能力取决于该饭店的经营状况和资金实力。

2）饭店发展阶段与薪酬策略。在饭店的不同发展阶段，饭店的战略不同，薪酬策略也就不同。饭店的薪酬策略是指相对于市场平均水平，饭店在薪酬上采取何种策略：领先策略、跟随策略还是滞后策略。显而易见，饭店在薪酬策略上的选择，在某种意义上就是薪酬水平的定位。

3）薪酬政策与人才价值观。薪酬政策是饭店分配机制的直接表现，薪酬政策直接影响着饭店利润积累和薪酬分配关系。一部分饭店注重高利润积累，另一部分注重二者之间的平衡关系，所有的这些区别都会直接导致薪酬水平的不同。人才价值观的不同也会直接导致薪酬水平的不同。例如，对“是否要重奖优秀的人才”的回答不同，薪酬水平是完全不一样的，因为有什么样的人才价值观，就会产生什么样的薪酬政策，二者是统一的。

4）企业文化。企业文化也是影响饭店薪酬水平的一个重要因素。企业文化表现在饭店对员工的关注程度、对人的本性的假设、对员工与饭店关系的看法等方面，而这些因素都会影响饭店薪酬水平的定位。

（2）员工个人因素　员工个人因素主要包括员工所在岗位及职务差别、受教育程度、工作年限、工作技能、工作表现、工作量等，这些均为影响员工个人薪酬水平的重要因素。

2．外部因素

（1）行业人才市场供求状况　如果饭店行业人才在市场上供不应求，饭店为了吸引所需人才，往往竞相提高薪酬水平，如果饭店某类人才在市场上供大于求，饭店之间的人才竞争就不太激烈，这类人才就很难获得较高的薪酬水平。

（2）政府的政策、法律和法规　《中华人民共和国劳动法》第48条设立了关于“国家实行最低工资保障制度”的规定，明确任何单位支付劳动者的工资不得低于当地最低工资标准。以上海市为例，自2008年9月1日起，上海职工最低月工资标准由现行的690元提高到750元，小时工最低工资标准由现行的6元提高到6.5元，这是上海自1993年在全国率先推出最低工资制度以来，连续第14次提高标准。上海市明确规定，上述调整后的最低工资为实得收入，个人应缴纳的基本社会保险费和住房公积金由单位另行支付。也就是说，750元是剔除社保费等费用之后的净收入。2012年，上海更是将这一标准提升至1 450元。

显然，饭店在制定薪酬政策时要考虑到政府相关法律法规的因素。

（3）当地生活水平　饭店行业属于服务型产业，与宏观经济运行的景气与否紧密相关。一方面，员工对生活水平的期望，无形中给饭店形成提高薪酬标准的压力；另一方面，由于物价指数上涨，为保证员工生活购买力不下降，饭店往往也不得不考虑适当的调整薪酬。

（4）地区及行业差异　不同的地区，人们的生活指数不尽相同，饭店所在地区对其薪酬水平的影响十分重要。不同的行业之间，平均薪酬水平也存在明显的差异，这些因素都会影响到饭店对于薪酬策略的选择。

除了上述因素之外，还有许多影响饭店薪酬水平的因素，并且它们不是完全孤立存在的，所以饭店在确定其薪酬水平的时候，要综合考虑多方面因素，这样才能确定适合本饭店的薪酬水平。

四、饭店薪酬的设计原则

建立科学合理的薪酬制度有助于饭店更好地实现人力资源的开发与管理。薪酬设计的目的就在于建立科学合理的薪酬制度，在这一过程中要遵循下列原则：

1．公平原则

公平原则包括外部公平和内部公平两个方面的含义。外部公平是指饭店的薪酬水平在行业内是有竞争力的，也就是保证其薪酬对人才的吸引力。内部公平是指薪酬制度制定的过程对所有员工是公平的，员工付出劳动后所得薪酬与其他员工相比较是公平的，换言之，内部公平体现在薪酬制度建立的过程和结果之中。

2. 合法原则

饭店薪酬水平的确定受政府相关法律、法规和政策的影响，这就要求饭店在设计自己的薪酬制度时遵守相关的法律、法规和政策，这也是饭店制定薪酬制度必须遵守的基本原则。

3. 竞争性原则

饭店想要获得具有竞争力的优秀人才，就必须制定出一套对人才具有吸引力并在同行业中具有竞争力里的薪酬体系。饭店在设计薪酬时必须考虑到同行业整体薪酬水平和竞争对手的薪酬水平，以保证企业的薪酬水平在市场上具有一定的竞争力，能充分地吸引和留住企业发展所需的关键性人才。

4. 激励原则

饭店在薪酬制度的制定过程中，要分析员工的期望，尽可能满足员工合理的期望，这样的薪酬制度才能对员工产生激励作用。

5. 经济原则

经济原则要求饭店在薪酬制度的制定过程中，要注意控制薪酬总额，要使饭店有一个合理的利润积累，这样才能在吸引和保有人才的同时，保证饭店的可持续发展。

6. 战略导向性原则

合理的薪酬制度有助于饭店发展战略的实现。饭店在进行薪酬设计时，必须从饭店战略的角度进行分析。要分析付酬要素中哪些因素相对重要，哪些因素相对次要，并赋予这些要素相应的权重，从而确定各个职位价值的大小，并在此基础上进行薪酬制度设计，较好地体现饭店战略发展的要求。

五、饭店薪酬的主要形式

小资料

爱立信公司的奖金

爱立信中国公司的员工薪酬与其职务高低成正比。年龄、工龄、学历等因素也有一定的影响，但不起主要作用。对于同一职务，如果由不同学历的人担任，他们之间薪酬的差别可能仅仅在几百元之间。部分员工有股份。另外，爱立信在计算员工的工龄时，把他在来爱立信之前的工作经历也算在内。

爱立信中国公司员工的薪酬一般由 4 部分组成：基本工资、奖金、补贴和福利。奖金分为两类：一般人员奖金和销售人员奖金。有一些关键人员还会得到一定的期权、股权，期权、股权的受益者一般为“对公司起关键性作用的人员”，而不一定是高职务者。工资围着市场转，奖金与业务目标“接轨”。在爱立信，公司业绩与员工工资没有特别的关系，但与员工的奖金有很大关系。爱立信员工的奖金与公司的业绩成一定比例，但并非成正比例。奖金一般可达到员工工资的 60%，对于成绩显著的员工，还有其他补偿办法。员工在爱立信得到提薪的机会一般有几个：职务提升，考核优秀或有突出贡献。被评为公司最佳员工者和有突出贡献的员工都有相应的奖金作为激励，突出贡献奖、最佳员工奖、突出改进奖的奖金额度一般不超过其年薪的20%。

爱立信对每个职务的薪酬都设立一个最低标准，即下限。当然，规定下限并非为了限制上限，而是保证该职务在市场上的竞争力。据介绍，一般职务上下限的差异为80%左右，比较特殊的职务可能会达到100%，而比较容易的职位可能只有40%的差异。

思考：爱立信公司的做法给饭店业的启示是什么？

饭店薪酬的主要形式有工资、奖金和福利。

1．工资

一般由基础工资、职务工资、工龄工资及各种津贴和补贴等构成。

（1）基础工资　基础工资又称为基本工资，是用来保障员工基本生活的工资，随着生活费用的提高而作调整，但基本保持稳定。

（2）职务工资　职务工资又称为岗位工资，是按照员工所在岗位的责任大小、工作轻重和劳动条件等因素决定的工资。员工所在岗位等级高，职务工资就高；反之，就低。

（3）工龄工资　工龄工资是指根据员工工龄的长短或者在饭店工作年限的长短所确定的工资。它是对员工工作经验和劳动贡献的积累所支付的报酬，是随着员工工龄的增长而逐年增长的。工龄工资的确定，可以激发员工为饭店服务的热情，进而保证人员队伍的稳定性。

（4）津贴和补贴　津贴是对员工在特殊劳动条件（时间、地点、岗位、环境）下工作，所支付的超额劳动及额外的生活费用，或对有损身心健康的职位所给予的报酬，是工资的补充形式。人们习惯上把属于工作（生产）性质的称作津贴，属于生活性质的称作补贴，饭店可以根据自身实际和收入分配的需要进行适当调整。

2．奖金

奖金是饭店薪酬中十分重要的组成部分，是基本工资制定的一种辅助形式，它是饭店对员工超额劳动部分或劳动绩效突出部分所支付的奖励性报酬，是饭店为了鼓励员工提高劳动效率和工作质量付给员工的货币奖励。

（1）奖金的特点

1）灵活性。饭店可以根据实际经营状况，设置不同种类、不同奖励对象和不同奖励条件的奖金。同基础工资相比，奖金具有很大的灵活性。

2）及时性。奖金考核的周期可以比较短，只要员工提供了有效的超额劳动，就能及时得到奖金报酬。奖金能及时将员工的劳动和报酬直接联系起来，有利于激励员工为了增加报酬而努力工作。

3）激励性。奖金的激励机制在于它与员工对饭店贡献直接相关联。员工的贡献越大，所获得的奖金就越多；贡献越小，所获奖金就少；没有贡献，也就没有奖金。所以，奖金具有较强的奖勤罚懒、奖优罚劣的激励功能。

4）荣誉性。奖金不仅是对员工的物质奖励，还有精神鼓励的作用，获得奖金的员工会得到周围员工的称颂，使其获得一种精神上的满足。

（2）奖金发放方式　目前，奖金发放通常依据个人表现、团队或小组表现及饭店整体表现来发放。

1）面向员工个人的奖金发放，包括全勤奖金和绩效评核奖金。全勤奖金每月以员工出勤状况进行分配，缺点在于只注意是否缺勤，而不关心实际的工作绩效。绩效评核奖金则先设计考评项目并给予评核，根据考评的结果发放奖金。

2）面向团队或小组的奖金发放。以团队或小组为对象的奖金设置，虽然其目的在于推动团队或小组成员间的合作，但在具体方式上，同以员工为对象的奖金设置方式并无多大区别。

3）饭店整体奖励制度。饭店根据一年的总业绩，确定对全体员工进行奖励。从国内外的成功经验看，主要有 3 种形式：

① 收益分享。让员工参与分享超过常规收益的那部分额外收益，它可以是额外的利润，也可以是额外的产出。收益分享的目的是力图提高员工的努力程度，收益分享部分的派发可以按月份、季度、半年和年度进行，具体情况取决于管理理念和对工作业绩的衡量方式。

② 利润分享。利润分享是将饭店的部分利润在员工之间进行分配。分配给员工的利润百分比，一般在年底分配，由协议来确定。在有些利润分享计划中，员工在年底直接获得应分享的部分，在另一些计划中，利润分配被推迟并置入一种基金，员工在退休或离开企业时带走。

③ 持股分享。持股分享通常是以员工持股计划分享，员工持股计划是一种比较普遍采用的利润分享计划。员工持股计划使得员工成为其所在饭店的持股人，这种方式增强了员工对饭店的认同、忠诚和责任心。

3．福利

福利是饭店基于雇佣关系，根据国家的强制性法令及相关规定，以饭店的支付能力为依托，向员工提供的用以改善其本人和家庭生活质量的各种补充性报酬与服务，它以非货币性工资和延期支付形式为主。在员工整体薪酬中，福利已经成为越来越重要的组成部分，对饭店的人工成本有着十分重要的影响。

（1）福利的作用

1）传递饭店的文化和价值观。现代饭店越来越重视员工对饭店文化和价值观的认同。饭店拥有员工普遍认同的组织文化，有利于饭店的运营。福利体现了饭店的管理特色，体现了饭店对于员工的关怀，可以为员工创造一个良好的工作氛围。

2）吸引和保有人才。求职者在选择工作时，饭店提供的福利待遇是其考虑的一个十分重要的因素。如果饭店能为员工提供富有吸引力的、个性化的福利待遇，那将有利于饭店更好地吸引和保有人才。

3）税收减免。很多福利对员工来说是免税的，税收减免也是福利区别于工资和奖金的一个重要特点。如果饭店把为员工提供的各种保障计划、服务和实物等以工资来替代，员工则必须为这些福利支付个人所得税。以福利待遇的形式提供给员工，则员工的这部分报酬就可以获得税收的减免。另外，饭店利用自身的规模经济优势为员工购买商品和福利，也要比员工自己购买的价格更便宜。总之，用福利来代替等值的工资或奖金可以提高饭店成本支出效用。

（2）福利的种类　福利按照其制定的依据不同可以分为法定福利和饭店福利。

1）法定福利。法定福利是根据国家的法律、法规和政策，饭店必须为员工提供的各项最基本的福利。具体来说主要是指法定休假、社会保险制度和住房公积金。

法定休假包括公休假日和法定休假日两大类。公休假日通常指劳动者的周末休息时间，饭店由于其经营特点，可以采取年休假的办法。根据国务院《职工带薪年休假条例》第二条、第三条的规定：机关、团体、企业、事业单位、民办非企业单位、有雇工的个体工商户等单位的职工连续工作1年以上的，享受带薪年休假（以下简称年休假）；单位应当保证职工享受年休假，职工在年休假期间享受与正常工作期间相同的工资收入；职工累计工作已满1年不满10年的，年休假5天；已满10年不满20年的，年休假10天；已满20年的，年休假15天。国家法定休假日、休息日不计入年休假的假期。

法定休假日则指法定的节日休假，根据2007年12月14日《国务院关于修改〈全国年节及纪念日放假办法〉的决定（第二次修订）》，全体公民放假的节日为：新年，放假1天（1月1日）；春节，放假3天（农历除夕、正月初一、初二）；清明节，放假1天（农历清明当日）；劳动节，放假1天（5月1日）；端午节，放假1天（农历端午当日）；中秋节，放假1天（农历中秋当日）；国庆节，放假3天（10月1日、2日、3日）。

社会保险是指国家通过立法，对由于年老、失业、患病、工伤、生育而暂时或永久丧失劳动能力的劳动者给予补偿，保障其基本生活需要。饭店必须参加社会保险，定期为员工缴纳社会保险费，因为只有履行了缴费义务，才有权利享受社会保险。目前，我国的社会保险主要包括5大项目：养老保险、失业保险、医疗保险、工伤保险和生育保险。

有关社会保险和住房公积金的具体内容和实施办法，有着非常详尽的法律法规，饭店可以参照相关法律法规依法实施。

2）饭店福利。饭店福利是指根据饭店业的特点和饭店的经济效益为员工提供的，除法定福利以外的其他福利，包括补充养老计划、住房福利和服务等。饭店福利比法定福利种类更多，使用也更加灵活。目前正在被广泛采用的福利项目有以下几种：

① 企业补充养老金计划，又称企业年金计划，是指企业根据自身经济实力，在国家规定的实施政策和实施条件下为本企业职工建立的一种辅助性养老保险。企业补充养老保险一般由有支付能力的企业自愿建立，由企业和个人按照一定的比例缴纳费用，进入员工个人的补充养老保险账户，由员工退休后领取。

② 企业补充医疗计划。社会保险中的医疗保险的保障水平有限，如果员工生病住院，通常还要自己承担超出医疗保险费用之外的部分，这对于员工而言可能是很大的负担，所以有许多企业为其员工建立补充医疗保险，企业可以按一定比例支付给员工社会保险中超支的部分。

③ 住房福利，包括单身宿舍、夜班宿舍、廉价公房出租或廉价出售给本企业员工以及向员工提供购房补贴或优惠贷款等。

④ 教育培训福利，包括在职或短期的脱产培训、公费进修（业余、半脱产或脱产）、报刊订阅补贴、专业书刊购买报销等。

⑤ 带薪休假，是指除了公休假日和法定休假日之外，饭店根据自身经营特点，在淡季安排员工若干天带薪休假，休假时间长短一般根据员工在本饭店的工作年限的不同而区别处理。

六、饭店工资制度

目前，常见的工资制度有以下几种类型：

1．结构工资制

结构工资制是指基于工资的不同功能，将工资总额划分为若干个相对独立的工资单元，各单元又规定不同的结构系数，组成有质的区分和量的比例关系的工资制度。结构工资制的构成一般包括 6 个部分：①基本工资；②岗位工资；③技能工资；④绩效工资；⑤浮动工资；⑥年功工资。结构工资制体现了各种劳动要素的特点，适用于我国所有的国有企业、民营企业和合资企业。

2．岗位技能工资制

岗位技能工资制是以按劳分配为原则，以劳动技能、劳动责任、劳动强度和劳动条件等基本劳动要素评价为基础，以岗位和技能工资为主要内容的企业基本工资制度。从本质上说，岗位技能工资制也是结构工资中更为规范化的一种具体形式，与其他结构工资制形式不同的是岗位技能工资制建立在职位评价的基础上，充分体现了工资中职位与技能这两个结构单元的特点，更有利于贯彻按劳分配的原则，更能够调动员工努力提高技术和业务水平的积极性。岗位技能工资制具有极强的适应性，各种企业，不论大小，均可采用岗位技能工资制，特别是对生产性企业和技术含量较高的企业，岗位技能工资制更能显示其优越性。

3．岗位薪点工资制

岗位薪点工资制是在岗位劳动评价“4 要素”（岗位责任、岗位技能、工作强度、工作条件）的基础上，用点数和点值来确定员工实际劳动报酬的一种工资制度。岗位薪点工资制的特点是：员工的点数通过一系列量化考核指标来确定，点值与企业和部门效益实际挂钩；工资标准不是以金额表示，而是以薪点数表示，点值取决于经济效益。薪点工资制实际操作灵活，适用于经济比较发达地区的企业，如现代化的国有企业、外资企业及合资企业等。

4．技术等级工资制

技术等级工资制是按照员工所达到的技术等级标准确定工资等级，并按照确定的等级工资标准计付劳动报酬的一种制度。技术等级工资制由工资标准、工资登记表和技术等级标准 3 个基本要素组成，通过对这 3 点组成要素的分析和量化，给具有不同技术水平或从事不同工资的员工规定适当的工资等级。技术等级工资是员工工资等级制度的一种形式，其主要作用是区分技术工种之间和工种内部的劳动差别和工资差别。这种工资制度适用于技术复杂程度比较高、员工劳动差别较大、分工较粗及工资不固定的工种。

5．岗位等级工资制

岗位等级工资制是根据劳动条件、技术要求、劳动责任等要素的差异对劳动岗位进行分类，并在同一岗位内部按技术复杂程度划分等级，从而确定员工工资收入的一种基本工资制度。实施岗位等级工资制，企业必须具有一定的劳动工资管理基础，有先进合理的定员、定额标准，对各类岗位功能、劳动规范、技术等级能运用科学的方法进行测评考核和管理。岗位等级工资制主要有 3 种形式：

（1）一岗一薪制，即一个岗位只有唯一的工资标准，凡在同一岗位上的员工都执行同一工资标准。岗位工资标准由低到高顺序，形成一个统一的岗位工资标准体系。

（2）一岗数薪制，即在一个岗位内设置几个工资标准，以反映这一岗位内部不同员工之间的劳动差别，岗内级别是根据岗位内不同工作的技术复杂程度、劳动强度、责任大小等因素确定的。

（3）复合岗薪制，即每个职位内设置若干个工资标准，但不同职位的工资标准有部分等级交叉。其特点是一职数薪，同职可不同薪，标准适当交叉，不同职亦可同薪，不升职亦可增薪。岗位等级工资制适用于岗位生产特点比较明显，且同一岗位内部又有技能要求差异的企业和工种。一般来说，对那些自动化程度较高、生产连续性较大的工种，均适宜实行。

6．提成工资制

提成工资制是企业实际销售收入减去成本开支和应缴纳的各种税费以后，剩余部分在企业和员工之间按不同比例分成。提成工资制常见的形式有创值提成、除本提成、“保本开支，见利分成”等。提成工资制适用于饮食服务业、电信话费销售领域等。

课外阅读

案例1　IBM公司的工资管理

IBM公司即国际商用机器公司，是美国一个拥有34万名员工、520亿美元资产的大型企业。该公司把员工的工资问题作为人事管理的根本工作，他们认为：工资上如有不合理的地方，会使员工对公司和上司感到失望，影响员工的干劲，因此，必须建立完整的工资体系。

一、工资要与职务的重要性、工作的难度相称

IBM公司根据各个部门的不同情况，根据工作的难度、重要性将职务价值分为5个系列，在5个系列中分别规定了工资最高额与最低额。假设把这5个系列叫做A系列、B系列、C系列、D系列与E系列。A系列属于最单纯工作，而B、C、D、E则是困难和复杂程度依次递增的工作，其职务价值也愈高。A系列的最高额并不是B系列的最低额。A系列的最高额相当于B系列的中等偏上，比C系列的最低额稍高。

做简单工作领取A系列工资的员工，如果只对本职工作感兴趣，那么他可以从A系列最低额慢慢上升，但只限于到A系列的最高额。

领取A系列工资的员工，当他们的工资超过B系列最低额的水准时，可以提出“请让我做再难一点的工作吧”，向B系列挑战，B系列最高额比A系列最高额高得多。

各部门的管理人员一边对照工资限度，一边建议员工“以后你该做做难度稍大的工作，是否会好一些”，从而引导员工渐渐向价值高的工作挑战。

二、工资要充分反映每个人的成绩

员工个人成绩大小是由考核评价而确定的。通常由直属上级负责对员工工作情况进行评定，上一级领导进行总的调整。每个员工都有进行年度总结和与他的上级面对面讨论这个总结的权利。上级在评定时往往会把做类似工作或工作内容相同的员工相比较。评价大体上分10～20个项目进行，这些项目从客观上都是可以取得一致的，如“在简单的指示下，理解是否快，处理是否得当”。

案例 2　一个体现员工技能差别的基本工资体系

A 集团公司始建于 1991 年 10 月，开始以种禽繁育、肉鸡饲养、食品加工为主营业务。1997 年引进外资 1 000 多万美元，与欧洲著名的禽类加工企业法国 L 公司组建了中法合资有限公司。经过 10 余年的努力，公司目前已发展成为集饲料加工、种禽繁育、肉鸡饲养、屠宰加工、油脂加工、纺织生产、科研开发和进出口业务为一体的跨行业经营的大型现代化企业集团。随着企业的发展，员工人数快速增长，达到 7 500 人，但企业并没有随着业务发展和人才市场变化及时改变原有小企业的组织结构和管理制度。每当业务上有了新突破、招聘中吸引了优秀人才的时候，公司往往是盲目增设新的部门和岗位，在工资待遇上差别很大。公司内开始出现管理混乱、骨干员工流失、员工工作缺乏积极性、公司效益下滑等现象。集团领导意识到问题的产生来源于管理的落后，准备实施企业再造工程。在深入调查以后，准备从问题最大的薪酬制度入手，来带动整个企业再造工程。

A 集团公司以往的薪酬制度是以员工身份等级为基础，而不是以企业工作体系为基础建立的，员工身份等级也是管理层按主观愿望进行评定的。对管理人员以职位身份为参照，实行的是一岗一薪制度，每一个级别都为单纯的一个基本工资标准，其中科长级为 620 元/月，副经理级为 800 元/月，经理级为 1 200 元/月。对大学生以学历为参照，按照 740 元/月，根本没有考虑工作成果与贡献挂钩的问题。对既无学历又无职务等明显身份标志的员工，主要依靠主观评定确定工资标准，从而确立了 3 个相互独立、不相衔接的工资分配体系。

案例 3　某企业薪酬体系设计方案

一、企业简介

A 饭店是一家民营企业，成立于 1990 年，目前拥有员工 400 余人，随着业务的不断扩大，企业的规模也在不断壮大。企业在创立初期，人员较少，所以企业并未对人力资源管理有一个较清晰的认识，人员的岗位调配、工资的制定等都是由领导决定的。由于当时企业规模小，企业发展还算平稳。但随着企业人员的不断增加，饭店内部的管理问题日益暴露了出来，尤其是薪酬福利方面的问题日益突出，这导致了员工工作积极性不高、跳槽现象普遍等不良现象的出现。

二、存在问题

该饭店在薪酬管理上存在的主要问题有 4 点：

（1）内部分配不公平。不同职位之间、不同员工之间的薪酬差别，基本上是由总经理个人一锤定音，而非建立在岗位分析和岗位评价的基础上。

（2）对外没有竞争力。某些技术含量高的岗位的薪酬水平同市场薪酬水平相比有很大的差距。

（3）员工的绩效考核与薪酬不挂钩。

（4）薪酬结构不合理，尤其表现在固定工资与浮动工资的比例设计不科学。

三、薪酬设计

1. 确定薪酬策略

该饭店制定新的薪酬制度要达到的效果是：对内具有公平性、激励性，对外具有竞争力，整体薪酬水平同企业的经济效益挂钩。

2. **岗位分析**

通过岗位分析，确定岗位的特点、职责以及任职资格等内容，形成职位说明书，并根据企业实际，将薪酬范围划分为4个系列，见表6-8。

表6-8 工资系列划分

工资系列	使用范围
行政系列	从事行政、财务、生产等日常管理事务的人员，如总（副）经理，部门经理，人力资源部、财务部等部门的负责人及一般工作人员
技术系列	从事饭店产品开发、质量检测等的专业技术人员
营销系列	从事饭店产品市场推广的工作人员
服务系列	从事一线工作的服务人员

3. **薪酬调查**

（1）调查渠道　为了使饭店的薪酬对外具有竞争力，并能吸引和留住优秀人才，需展开薪酬调查，调查采取的方式有：查阅国家及地区统计部门、劳动人事机构等公开发布的资料；与同行业的其他企业的员工交流；委托专业的咨询调查公司。

（2）调查内容　同行业的及与本企业形成竞争力的企业的整体薪酬水平、薪酬结构；企业所在地区的平均工资水平。

4. **进行薪酬结构设计**

（1）薪酬结构　A饭店根据自身的特点并结合薪酬调查的结果制定出了适合本企业的薪酬结构，如图6-2所示。

（2）职级划分　A饭店根据企业的实际生产经营特点，将企业所有岗位分为四级十档，具体划分情况见表6-9。

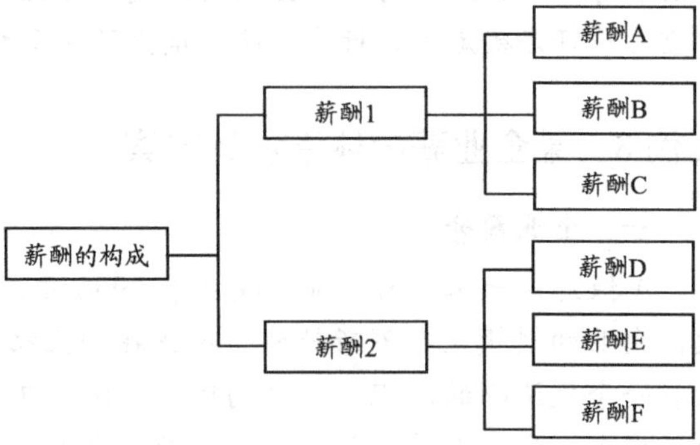

图6-2　A公司薪酬结构表

表6-9　企业的职级分布表

<table>
<tr><th>等　级</th><th>岗　位</th><th>岗　位</th><th>岗　位</th><th>岗　位</th></tr>
<tr><td>一</td><td rowspan="4">管理层</td><td rowspan="2"></td><td rowspan="4"></td><td rowspan="4"></td></tr>
<tr><td>二</td></tr>
<tr><td>三</td><td rowspan="4">技术层</td></tr>
<tr><td>四</td></tr>
<tr><td>五</td><td rowspan="6"></td><td rowspan="4">营销层</td><td rowspan="3"></td></tr>
<tr><td>六</td></tr>
<tr><td>七</td><td rowspan="4"></td></tr>
<tr><td>八</td><td rowspan="3">基层</td></tr>
<tr><td>九</td><td rowspan="2"></td></tr>
<tr><td>十</td></tr>
</table>

（3）确定岗位的薪点数　饭店采用薪点工资制，用薪点数来确定岗位价值。各岗位的薪点数见表 6-10。

表 6-10　饭店各岗位薪点数一览表

等　级	薪　点　数	
	基本工资	职务工资
管理层	300～500	1 000～2 000
技术层	300～400	800～1 600
营销层	200～350	500～1 000
基层	150～300	400～800

（4）绩效工资　绩效工资是体现员工的劳动成果与企业经济效益的变量。

绩效工资基数=当季度超额利润可利用工资福利总额度/450

员工本人实际所得=绩效工资基数×本人系数

表 6-11 给出了 A 饭店绩效工资的核算标准，适用范围为面客部门（房务部、餐饮部、会务部）、职能部门（办公室、人事部、财务部）、保障部门（工程部、保卫部、采购部）。有关系数表见表 6-11：

表 6-11　绩效工资核算标准

面客部门	职能部门、保障部门
员工 1.1	员工 1.0
领班 1.3	领班 1.2
副主管、主管、经理助理 2.7	副主管、主管、经理助理 2.6
二级经理、副经理 3.7	二级经理、副经理 3.6
一级副经理、一级经理 4.6	一级副经理、一级经理 4.5
副主任 5.5	
主任 5.8	

注：1. 当季绩效工资为 0 的几种情况分别为：入职 40 天内离职的人员；辖区出现重大事故的；被辞退、开除、停职检查的；旷工一天或以上的；因触犯国家法律法规被劳动教养的。

2. 请、休假人员的绩效工资发放：除国家法定假期、正常例休、年假外，所有请事假、病假达 7 天及以上者都要扣除相应天数的绩效工资。例如：某经理的绩效工资为 900 元，该经理当月请假 8 天，即每日绩效工资为 30 元，其当月绩效工资为 660 元（900−8×30）。

3. 离职人员的绩效工资发放：当月出勤 15 天内的发放其 15 天内应得绩效工资的 30%，15 天以上的发放其应得绩效工资的 50%。

（5）奖金　奖金的计算公式为

奖金=职务工资×（月、季、年度）考核系数

（6）考勤　企业建立全勤奖，每月对全勤者奖励 50 元，对全年全勤者奖励 200 元。

（7）薪酬的计算

1）行政系列人员的工资=0.7×固定工资+0.3×浮动工资

2）技术系列人员的工资=0.8×固定工资+0.2×浮动工资

3）营销系列人员的工资=0.4×固定工资+0.6×浮动工资

（8）薪资制度的实施与管理　薪酬制度要体现公平性，发挥薪酬的激励作用，消除员工之间的猜疑，增强企业内部的团结，从而创造一个和谐的工作环境。薪酬制度在具体的实施过程中要注意以下 3 点：

1）在薪酬制度实施之前，要进行薪酬的预算，并考虑该薪酬制度是否有利于激发员工的工作积极性，是否符合企业的支付能力和实际情况等问题。

2）在制定和实施薪酬制度的过程中，同员工进行及时的沟通是必不可少的一步。

3）薪酬方案不是一劳永逸的，要随着企业的发展和国家相应政策（如最低工资标准规定）等的调整而不断调整，这样才能保证薪酬制度的灵活性和机动性。

任务结论

在当今的企业管理中，员工的薪酬福利管理日益显示出它的重要性，起到吸引人、激励人、实现人的自身价值、使企业的利润最大化的功用。在企业薪酬体系中，工资、奖金和福利是 3 个不可或缺的组成部分，它们各自发挥着不同的效用和功能。现代饭店薪酬管理，将物质报酬的管理过程与员工激励过程紧密结合起来，成为一个有机的整体，饭店可以通过建立科学而完善的薪酬福利管理制度，吸引和留住优秀人才，提高生产效率，降低运营成本，促进公司与员工结成利益共同体，从而全面提高和改善企业的经济效益。

课堂训练与测评

一、课堂实训

调查一家星级饭店的人力资源部，了解其岗位薪点工资制如何操作。

二、案例分析

A 企业是一个饭店，营业业绩一直不好，为了提高营业额，管理人员的薪酬水平是公司里级别最高的。但是，管理人员的高工资并没有带来好的业绩，其他部门的员工意见很大。因此，公司决策层提出要对薪酬进行调整，使得薪酬更富有激励性。

如果你是 A 公司的人力资源部经理，承担了进行薪酬体系调整的重任，那么，如何操作才能使 A 公司达到薪酬调整的目标并走出困境？

三、能力提升

某饭店员工月度标准工资为 2 400 元，5 月份的加班为：五一劳动节期间加班一天半，休息日加班一天，其他时间加班两天。那么，如果不考虑个人所得税和各项保险，其 5 月份实发工资是多少？

项目 2 激 励

任务 1 把握激励原则

任务描述

某饭店客房部刘经理接到主管的报告，说某位员工私拿工作车上的小肥皂、牙刷和浴帽。刘经理把那位服务人员叫过来，经查问，情况属实。该员工因为一个朋友的索要，不好意思拒绝，便趁客房服务员在打扫房间时，偷偷藏了一些在口袋中，想不到被人看到并告诉了主管。

根据饭店规定，由于那位员工以前一直表现尚可，从未犯过错误，刘经理决定扣除他 50 元奖金并警告一次，还在内部公布这一处分结果。对此，全店上下均认为合情合理，连受处罚员工本人也口服心服。客房部运用这一反面例子在全体员工中进行了一次教育。

半个月后，客房部主管又来报告刘经理，说 10 楼一位姓林的领班在检查房间时，当着一位服务员的面拿了两小瓶洗发露。因为客房部原有的洗发露存货已全部用完，这次进的货是一种新产品，质量相当不错，小林说她想试用一次，如果效果好，也给家里买一些。刘经理接到这一报告后有点不相信，因为一则刚在部里处理了类似事件，二则小林进店时间更长，表观始终比较突出。于是他约小林下午 4 点在他办公室谈话。这几天刘经理由于家逢喜事，心情舒畅，经常春风满面。4 点整，小林来到刘经理自的办公室，心里七上八下，责怪自己贪小便宜，一时糊涂，还不知道要受什么处分呢。

“小林。请坐下，别把脸拉得这么长，不就是两小瓶洗发露嘛！人孰能无过！认识了就好，下次不要再犯了，听见了吗？”刘经理那轻松的心情使讲出的话格外亲切，小林没想到事情这么容易便解决了，她向刘经理保证此后再也不私拿饭店任何一件东西。第二天，客房部员工纷纷议论开来，认为刘经理偏袒小林，厚此薄彼，执法不公。

在你看来，作为饭店的客房部刘经理，该如何把握激励的原则？

任务实施

激励时应采用以下原则：

1. 公平公正原则

公平公正是员工管理中一个很重要的原则，是赢得员工的心、争取员工支持的基础。公平公止一方面意味着所有员工在激励面前享有平等的权利和义务，另一方面也意味着奖励的程度与价值贡献度对等。公平公正必然导致价值分配实际上的不平均，而这种不平均正好体现了制度和程序的公平公正。有些管理者愿做“老好人”，幻想皆大欢喜，追求成果分享的平均主义，这是一种实质上的不公平，得不到很好的激励效果，而且可能产生副作用，打击优秀员工的积极性。

2．及时性原则

激励的成效在很大程度上取决于激励的及时性，当员工出现值得鼓励的行为时，企业应即时采取激励措施，使员工的行为得到肯定和强化。如果饭店在半年或年终时才对员工采取集中式的激励，这种激励滞后的做法使当事人的行为示范作用大大削弱，激励效果大打折扣。

3．适度性原则

激励要适度，过强和过弱的激励不但起不到激励的真正作用，有时甚至还会起反作用。例如，过分优厚的奖赏，会使人感到得来轻而易举，或为了得到奖励而采取欺诈行为；过分严厉的惩罚，可能会导致人的恐惧和不服心理，使他们失去上进的勇气和信心；过于吝啬的奖赏，会使人感到这么辛苦不值得，造成对工作热情的严重挫伤；过于轻微的惩罚，可能导致人的无所谓心理，认为小事一桩、无足轻重，不但不思悔改，反而变本加厉。所以从量上把握激励，一定要做到恰如其分，激励程度不能过高也不能过低。

4．整体需求原则

对饭店内不同工种、不同层次、不同职位、不同年龄结构的员工的各种需求是否给予激励，选择何种激励方式，需根据饭店的具体情况，从饭店的经营管理的整体出发。尽可能满足员工的需求，使他们发挥应有的潜力，提高工作效率。

5．自我激励原则

激励的目的是为了激发员工的内在因素，使其内部因素对外界的刺激做出相应的反应。蕴藏在员工身心之中的内因，只有当员工充分地认识其存在时，才能真正体现出来。因此，激励必须首先帮助员工认识自我，使员工能充分地认识到自己的潜力。其次，饭店各部门、各级主管都应该教育员工，使他们认识到个人需求要得到满足，必须通过自己的不懈努力才能变成现实。

6．可变性原则

如果同一激励手段不断重复使用，激励效力就会降低，就难以使人保持持续的积极状态，因而不能将激励限于特定的类型。激励方案的设计要具有柔性，能够根据激励对象不同的需求期望、不同的情境而灵活地运用不同的激励因素，使员工的积极性不因激励措施的不当而有所减弱。员工的需求是随着年龄、知识和个人事业的发展不断变化的，管理者要能够及时察觉员工需求的变化，及时地改变激励方案，方能实现激励的意义。从这个意义上来说，激励的可变性也是保持激励连续性的一个前提条件。

7．物质激励与精神激励相结合原则

物质激励是基础，精神激励是根本。好的激励应该是物质激励与精神激励的有机结合。物质激励是激励的一般模式，也是目前使用最为普遍的一种激励模式。加薪、年终分红、各种奖金、福利奖励、股权等都是物质激励的常用方式。与物质激励相比，精神激励主要是满足员工的精神需求。精神激励相对而言不仅成本较低，而且常常能取得物质激励难以达到的效果。将精神激励和物质激励组合使用，可以大大激发员工的成就感、自豪感，使激励效果倍增。

8．正强化与负强化相结合原则

强化就是激励，以正强化为主，负强化作为威慑。正强化就是对员工的符合组织目标的期望行为进行奖励，负强化就是对员工的违背组织目标的非期望行为进行惩罚。它们是激励中不可缺少的两个方面。俗话说“小功不奖则大功不立，小过不戒则大过必生”，讲的就是这个道理。

9．内激励与外激励相结合原则

所谓内激励是指由内酬引发的、源自于工作人员内心的激励；所谓外激励是指由外酬引发的、与工作任务本身无直接关系的激励。内酬是指工作任务本身的刺激，即在工作进行过程中所获得的满足感，它与工作任务是同步的。俗话说“乐在其中”，即指此。内酬所引发的内激励，会产生一种持久性的作用。外酬是指工作任务完成之后或在工作场所以外所获得的满足感，它与工作任务不是同步的，且由外酬引发的外激励是难以持久的。

任务分析

饭店的各种规章制度具有极强的严肃性和权威性，它们通常被视作饭店的法律，包括总经理在内的每一位员工在规章制度面前必须人人平等，如有违反，应一视同仁。本例中，客房部刘经理在处理第一起私取饭店低值易耗品时，表现了很强的原则性，因此博得了部内员工的一致称赞，这说明他对饭店各种制度、条例的运用具有一定的政策水平。但半个月后，同样的问题却没有得到很好的解决，刘经理的威信必然下降，内部的凝聚力减弱，最终结果就很难预料了。因此，管理者手中用以奖惩员工的尺子无论何时何地都应该始终如一，它与管理者的情绪毫无关系，与奖惩对象和管理者的私交同样毫无关系。

任务 2　运用激励手段

任务描述

毕业于某旅游学院的小林，经饭店试用后被挑选到总台工作，而其他同学有的到了餐饮部，有的到了客房部。总台员工各方面素质要求相对较高，因此小林深感自豪，工作也非常努力。半年下来，小林进步很快，对业务已很熟悉了。一年后，小林获得了饭店“优秀员工”的荣誉称号。转眼 2 年多过去了，小林的一些同学有的已提升为领班，有的跳槽到别的工资待遇更好的饭店，有的出国进修了……面对日复一日从事的熟悉工作，小林感到当初的激情与新鲜感再也不在，取而代之的是麻木和枯燥感，且升职希望渺茫，小林的工作积极性陷入低谷……

在你看来，该饭店的做法是否妥当？如何运用激励手段提高员工小林的工作积极性？

任务实施

有效的激励手段包括：

（1）目标激励。目标分大、小、远、近等层次。

（2）物质激励。通过满足个人利益的需求来激发人们的积极性与创造性。

（3）任务激励。让个人肩负起与其才能相适应的责任，由社会提供个人获得成就和发展的机会，激发其献身精神，满足其事业心与成就感。

（4）荣誉激励。对于那些为社会或团体做出突出贡献的人，给予一定的荣誉，这既能使荣誉获得者经常鞭策自己，又可以为他人树立榜样和奋斗目标。

（5）信任激励。同事之间，特别是上下级之间相互信任是一种巨大的精神力量，这种力量不仅可以使人们结成一个坚强的战斗集体，而且能激发出每个人的积极性和主动性。

（6）强化激励。对人的行为进行强化激励时，一是坚持正强化与负强化相结合，以正强化为主；二是要坚持精神强化与物质强化相结合，以精神强化为主。

（7）数据激励。数据激励就是将之前的行为结果用数字对比的形式反映出来，习惯叫“数字上墙”，以激励上进，鞭策后进。

（8）情感激励。情感是影响人们行为的最直接的因素之一。通过建立良好的情感关系，激发每个员工的士气，从而达到提高工效的目的。

（9）工作内容丰富化。通过在工作内容和责任层次上的基本改变，把一种更高的挑战性和成就感体现在工作中，使员工从工作本身得到激励并体验到成就感。例如，饭店实行的部门内部轮岗培训、换岗培训、见习领班制度、部门之间的交叉培训等，都是工作内容丰富化的具体体现。

任务分析

激励的方法有多种，以下几种方法被证明是有效的：

1．经济激励法

激励要点：①只对成绩突出者予以奖赏，如果见者有份，既助长了落后者的懒惰，又伤害了先进者的努力动机，从而失去了激励意义；②重奖重罚。对于克服重重困难方取得成功者，要“赏如山”，对于玩忽职守、造成重大责任损失者，要“罚如溪”；③奖励向脏、累、苦、难等岗位倾斜。这是因为，劳动仍是人们谋生手段，只有向脏、累、苦、难等艰苦岗位倾斜的奖励水平，才能体现其劳动价值。

2．任务激励法

把单调、乏味的工作或训练同个人的切身利益相结合，使下属能够从保护自己的利益出发去做内心不愿做的事。

3．纪律激励法

纪律激励法就是用纪律和制度来约束和规范执行者和操作者行为的激励方法。这是一种负激励方法，表现为只罚不奖，因为遵守纪律是理所当然的，而不遵守纪律则当然应该受到制裁与处罚。

4．情绪激励法

情绪激励法就是通过在集团内部建立起亲密、融洽、和谐气氛，从而激励员工士气的方法。例如，职工的婚丧嫁娶，经理和主管带着礼品或哀悼品前去慰问；为职工的生日举行由全体干部、员工及其家属参加的野游活动等。

5．关怀激励法

企业领导对于下级的关怀，哪怕是微不足道却是出自真诚的关心，对于下级都是无穷的激励。关怀激励法就是通过对职工进行关怀、爱护来激发其积极性、创造性的方法，它属于感情激励的内容。关怀激励法被管理学家称之为“爱的经济学”，即无须投入资本，只要注入关心、爱护等情感因素，就能获得产出。

6．尊重激励法

松下幸之助相信，如果员工每天注意如何在工作中进步，其成效胜过总公司所有的生产工程师和策划人员。松下幸之助总是主动征询员工的意见，他喜欢带来访客人参观工厂，随便指着一位员工说“这是我最好的主管之一”，从而使被指者倍感自豪。尊重激励法通过尊重下级的意见、需要及尊重有功之臣的做法，使职工感到自己对于组织的重要性，并促使他们向先进者学习。

7．竞争激励

竞争激励是指企业管理者根据竞争的性质，引入竞争机制，开展内部员工之间、部门之间的有序、平等、良性竞争活动。竞争激励包括岗位竞争、人才竞争、奖励竞争等，如开展各种技术比武、知识竞赛、内部招聘等，在竞争中求突破，在创新中求生存，在竞争中体现个人的知识、才华和自身价值。这种方法有利于员工更好地发挥自身潜力，有利于满足员工高层次需要，也有助于实现组织目标。

8．企业文化激励

文化本身具有激发组织成员与组织目标保持一致的作用。企业文化激励能够满足员工的精神需要，调动员工的精神力量，这种精神力量可以将企业成员紧密团结起来，形成巨大的向心力和凝聚力，使员工产生强烈的集体意识和对企业的认同感、归属感，以及产生对本职工作的自豪感与使命感。同时，企业文化激励能感染人们的情绪，激发人们的行为，使员工自觉为实现企业目标、体现个人价值而努力工作。

在本例中，对小林可以采用工作内容丰富化的激励手段，同时给予相应的物质激励。

相关知识

小资料

松下公司的竞争激励

美国哈佛大学的心理学家威廉·詹姆士通过研究发现，一个没有受到激励的人，仅能发挥其能力的 20%～30%，而当他受到激励时，其能力可以发挥到 80%～90%。这就是说，同样一个人，在通过充分激励后，所发挥的作用相当于激励前的 3～4 倍。

日本松下公司每季度都要召开一次各部门经理参加的讨论会，以便了解彼此的经营成果。开会以前，把所有部门按照完成任务的情况从高到低分别划分为 A、B、C、D 四级。会上，A 级部门首先报告，然后依次是 B、C、D 部门。这种做法充分利用了人们争强好胜的心理，因为谁也不愿意排在最后。

思考：松下公司的竞争激励有何可取之处？

一、激励的含义

所谓激励，是指发现和引导员工内心的需要，通过各种有效的内外部措施，最大限度地激发员工的工作积极性、主动性和创造性，从而有效地实现组织目标和满足个人需要的过程。

心理学和行为科学研究表明，人类一切有目的的行为都具有一定的动机性，而人的动机性是由他所体验到的某种未满足的需要所引起的，因为未获得满足的需要会引起个人的内心紧张，从而导致采取某种行为来满足需要，以解除或减轻其紧张程度。人的需要，既可以是生理上或物质上的（如衣、食、住、行等），也可以是心理上或精神上的（如社交、自尊、荣誉、成就等）。在现实中，人的需要往往不止一种，而是会同时存在多种需要，这些需要的强弱也随时会发生变化，但在任何时候，一个人的行为动机总是由其全部需要结构中最重要、最强烈的需求所支配和决定的，这种最重要、最强烈的需要就叫优势需要。人的一切行为都是由当时的优势需要引发的，这种行动的结果（目标达成、接近或失败）又作为新的刺激反馈回来调整人的需要结构，产生新的动机和行为。需要——动机——行为——目标——反馈——新的需要，这就是激励的心理过程，也称动机——行为过程。实际上，人的需要是无穷无尽的，激励也应是循环往复、持续不断的。

作为饭店各级管理人员，在管理过程中首先要学会探索和发现员工的各种需要，激发其良好的工作动机，使员工产生一种自动力，将“要我做”转化为积极的“我要做”。

二、影响激励效果的因素

在运用激励的过程中，为什么有时候激励非但没有让员工向组织目标靠近，反而使员工远远偏离组织目标？哪些因素会影响激励的效果呢？

一般来讲，影响员工激励效果的因素有以下几个方面：

1．个人受教育程度

为什么饭店里学历高的员工比学历低的员工更愿意承担有挑战性的工作，更迫切渴望朝管理岗位发展？一般来说，较高学历的人相对于学历低的人一般更注重自我价值的实现，他们虽然也关注物质利益方面，但他们更看重的是精神方面的满足，如工作环境、工作兴趣、发展前景等。

2．收入水平

当人群总体收入水平较低时，为了维持必要的生活水平，人们会比较关心物质需要；当人们的收入不断增加，生活水平不断提高时，基本的需要逐渐下降，而较高层次的精神需要则会越来越强烈。

3．个人价值观

每个员工的成长背景及受教育程度不同，决定了他们的价值观也不相同。有的员工可能比较看重金钱的力量，有的可能相信荣誉和成就感更能给他带来快乐。

4．员工的成熟度

所谓成熟度，并不是指年龄、思想方面的成长，而是指设置高而现实可行的目标的能力、承担责任的意愿和能力、经验水平及工作努力程度等。一般而言，随着个人生命周期的演进，员工的个性经历着从不成熟到成熟的变化过程。成熟度的高低也会影响到个人需要层次，组织应根据员工不同的成熟程度采取不同的激励措施，使员工个人的需要和目标与组织的需要目标保持一致。

5．职业态度

职业态度反映的是一个人对自己职业的认识和情感。如果一个员工认为自己为客人整理房间这个工作是重要的，对他人和对社会是有意义的，他就会认真，就会积极肯干；反之，如果他觉得每天重复的是简单枯燥的工作，既乏味又辛苦，那他便会情绪消极，缺乏工作责任任感。所以饭店在招聘新员工时，不要急于让他们马上工作，而应先进行全面的上岗前培训和职业教育。“磨刀不误砍柴工”，上岗前，首先要使每位新员工明白自己作为饭店人应该具备的素质和条件，然后再进行有关饭店概况、工作职责、服务程序、服务标准、考核要求等方面的培训，考核合格后才允许上岗。

三、激励理论在饭店管理中的应用

自20世纪20～30年代以来，管理学家、心理学家和社会学家们就从不同的角度研究了怎样激励人的问题，并提出了许多激励理论。通常把各种激励理论归纳为两大类，即内容型激励理论和过程型激励理论。

1. 内容型激励理论

（1）马斯洛的“需要层次理论” 根据该理论，饭店管理者必须首先考虑满足员工低层次的需要，这是基础，是保障；同时，管理者应努力营造一个温暖的工作环境，同事之间、部门之间要平等友爱、关系融洽，工作上能相互协调、相互帮助；饭店经理要经常在一线工作现场，身先士卒，体现着管理者对每一位员工的尊重和关心，并且，作为饭店管理者，既要重视经济效益，又要关心员工的实际利益，同时还要为那些努力工作、认真做好服务工作的员工创造实现他们人生目标的条件。

（2）赫茨伯格的“双因素理论” 管理者要使员工精神饱满地投入工作，首先要明确激励因素，这是调动工作积极性的催化剂。同时，良好的工作条件和环境因素虽然只是调动员工积极性的辅助条件和因素，但是也是不可缺少的。

（3）麦克利兰的“成就激励理论” 根据麦克利兰的“成就激励理论”，饭店在调动员工积极性方面应注意3点：①提供给员工发挥才干的机会和权利。在饭店，具体就是工作职责必须明确，无论是一般服务员还是领班、主管和部门经理，都要有完成自己工作的明确职责。例如，一名餐厅迎宾员，她的职责便是笑容可掬地迎送客人，负责引客人入座，这是她的工作职责，也是她的工作权限，如果她能圆满完成便会产生成就感和满足感。②提供创造工作成就的需要。根据员工不同的能力安排不同要求的岗位，使每个人都能对自己的工作产生胜任感。③搞好各部门之间的工作协调，创造一个良好融洽的工作氛围。

2. 过程型激励理论

（1）弗鲁姆的“期望理论” 期望理论的基础是，饭店员工之所以能够从事某项工作并达成组织目标，是因为这些工作和组织目标会帮助他们达成自己的目标，满足自己某方面的需要。

（2）亚当斯的“公平理论” 公平理论基于这样一种理念—— 人们会被公平所激励。因此，饭店提供的报酬既要有内部的公平性，又要具有外部的竞争力，这样才能起到激励员工努力工作的目的。

（3）斯金纳的“强化理论” 强化理论的前提是通过有效利用报酬，可以控制人们的行为。具体运用到饭店管理工作中，必须做到：①对于某项工作或服务的完成情况要有评比，要有结论，也就是要有奖励和惩罚，这样才能鼓励先进，鞭策后进加倍努力，迎头赶上。②对于工作出色的员工应及时表扬、奖励，确认他的工作成绩，即使只是给予一个赞许的眼神和微笑，也会起到“很好，加油”这样的正强化的作用。反之，这种行为重复发生的可能性就会减小以至消失。③要根据员工的年龄、性别、学历、经历不同，采用不同的强化方式。例如，有的人更重视物质奖励，有的人更重视精神奖励，就应区分情况，采用不同的强化措施。④要设立一个明确的、鼓舞人心而又切实可行的目标，并分解成许多小目标、小步子前进。在员工完成每个小目标时都及时给予强化，这样不仅有利于目标的实现，而且通过不断地激励可以增强信心。⑤在强化手段的运用上，应以正强化为主，正强化比负强化更有效。

课外阅读

案例1 星巴克的激励手段

北京美大星巴克咖啡有限公司人力资源部经理谢海燕说，人们在进入一个成长性企业时获得的机会更多。美大星巴克正是这样一个快速发展的企业，不停地开分店意味着公司需要更多的管理人员，这便是公认的成长与发展机会。

激励可以来自于简单的举动或语言。在星巴克的每一个分店的墙上都贴着该店店长或是店员写的好评字条。星巴克甚至用每天、每周咖啡销售的英雄将有机会与公司主管共进晚餐作为激励。

除了以上这些“小恩小惠”，对员工最好的认可、最好的激励措施最直接的就是规定明确清晰的职位升迁制度和各种奖励制度。“星巴克在全球都人手一本职业旅程手册，不论你是咖啡调理员、当班主管、副店经理，还是店经理、区域经理，你在手册上都能够明确看得到自己的工作职责、学习培训、晋升机会以及可预见的成就都包括些什么内容，有了这个清晰的目标，大家十分确切知道自己该做什么、自己努力可以做成什么。”谢海燕说。

最为现实的薪资也是员工快乐工作的一项重要因素。星巴克董事长舒尔兹的价值观和信念总是把员工放在首位，并乐意对员工进行大量的投资，他坚信把员工利益放在第一位，尊重他所做出的贡献，将会带来一流的顾客服务水平，自然会取得良好的投资回报。“尊重员工使我们挣了很多钱，使公司更具竞争力，我们何乐而不为呢。”舒尔兹这样说。

在中国，他的这一理念被完好地贯彻执行。谢海燕说：“你会发现，星巴克从来不做广告，我们通过一杯杯的咖啡传递着我们的品牌文化。而要让伙伴能够将这一文化更好地传递出去，必须使他们先要感受到这样贴心的文化。因此，相对于同行，星巴克员工的工资和福利都是十分优厚的。”星巴克考虑到了早晚班员工上下班路途的辛苦，这些人员可以公费坐出租车。值得一提的是，除了国家规定之外的妊娠假，星巴克一线员工在妊娠4个月的时候便开始带薪休假，前后一共可休假10个月左右。

在星巴克，员工一律被称为“伙伴”，办公总部被称为“支援中心”。谢海燕解释说：“我们不称员工而称伙伴，是强调彼此之间相互合作的关系，强调共同努力才能做大事业，平日里，我们不鼓励称谓，都是直呼其名。”

案例 2 摩托罗拉如何搞内部激励

1. **提供福利待遇**

公司在每年的薪资福利调整前，都对市场价格因素及相关的、有代表性企业的薪资福利状况进行比较调查，以便公司在制定薪酬福利时，与其他企业相比能保持优势和具有竞争力。摩托罗拉员工享受政府规定的医疗、养老、失业等保障。在中国，摩托罗拉是为员工提供免费午餐、班车，并成为向员工提供住房的外资企业之一。

2. **建立公正评估**

摩托罗拉制定薪资报酬时遵循“论功行赏”原则，员工有机会通过不断提高业绩水平及对公司的贡献而获得加薪。摩托罗拉业绩报告表（Scorecard）参照美国国家质量标准制定。员工根据报告表制定自己的目标。个人评估一个月一次，部门评估一年一次。根据业绩报告表的情况，公司年底决定员工的薪水涨幅及晋升情况。评估在 1 月份进行，每年选拔干部比较集中的时间是 2～3 月份。

3. **尊重个人人格**

在摩托罗拉，人的尊严被定义为：实质性的工作；了解成功的条件；有充分的培训并能胜任工作；在公司有明确的个人前途；及时中肯的反馈；无偏见的工作环境。每个季度员工的直接主管会与其进行单独面谈，就以上 6 个方面或更广阔的范围进行探讨，谈话中发现的问题将通过正式渠道加以解决。此外，员工享有充分的隐私权，员工的机密档案，包括病历、心理咨询记录等都与员工的一般档案分开保存。公司内部能接触到员工所有档案的仅限于“有必要知道”的有关人员。

4. **实现开放沟通**

员工可以通过参加总经理座谈会、业绩报告会、“大家庭”报、公司互联网页、“畅所欲言”或“我建议”等形式反映个人问题，进行投诉或提出合理化建议，进行直接沟通。管理层也可以根据存在的问题及时处理员工事务，不断地促进员工关系，创造良好的工作氛围。

5. **提供发展机会**

摩托罗拉的经理级别为初级经理、部门经理、区域经理（总监）、副总裁（兼总监或总经理）、资深副总裁。中国公司的经理中，72%是中国员工，比 5 年前上升了 60 多个百分点。女经理人数已占到经理总数的 23%。该公司亚太总部还制定了一项新规定，规定女性管理者要达到所有管理者的 40%。而且，今后在中层领导招聘中，每 3 个面试者中至少要有 1 个女性。在现代社会中，除极个别的行业外，绝大多数职位男女都可以胜任，在男女员工的使用上，摩托罗拉一视同仁。

在摩托罗拉，技术人员可以搞管理，管理人员也有做技术的，做技术的和做管理的在工资上具有可比性。许多公司看重职业经理人的位置，因为拿钱多。在摩托罗拉，做技术和做管理完全可以拿一样多的工资。

案例 3 旅游业薪资待遇普遍较低，人才流动频繁

目前，旅游企业员工的薪资待遇普遍较低，一些旅游企业缺乏有吸引力的运行机制，在工资制度、晋升等方面没有采取有效的激励措施，难以留住高技能人才。以福建省旅游

餐饮行业为例，福建省旅游行业工种（职位）薪酬工资长期处于低位，见表 6-12、表 6-13、表 6-14。其中，福州、厦门、泉州等经济发达地区为第一层次，漳州、莆田、宁德等沿海地市为第二层次，南平、三明、龙岩等内陆地市为第三层次。

表 6-12　福州、厦门、泉州部分工种（职位）工资指导价位

（单位：元/人年）

工种（职位）	福州市			厦门市			泉州市		
	高位数	中位数	低位数	高位数	中位数	低位数	高位数	中位数	低位数
企业董事	2 297 112	34 371	22 227	245 510	55 913	25 909			
企业经理（厂长）	113 970	31 321	20 541	214 158	43 042	18 395	42 000	21 600	12 000
生产或经营经理	108 519	28 917	17 176	133 114	35 272	16 189	29 400	19 200	11 400
财务经理	77 932	24 843	17 280	169 460	32 908	14 984	30 000	20 160	11 400
行政经理	77 140	20 658	13 953	125 715	32 307	15 616	30 000	19 200	11 400
人事经理	47 323	16 477	11 794	124 472	30 988	14 455	29 400	18 240	11 400
销售和营销经理	113 646	27 264	18 867	131 260	33 006	13 751	30 000	20 400	11 400
广告和公关经理	42 662	16 875	12 936	107 300	39 200	22 600	30 000	19 800	11 400
采购经理	87 325	32 145	12 930	118 931	28 242	13 950	30 000	17 400	10 560
餐厅经理	54 048	37 422	11 785	92 000	38 335	19 600	25 200	17 400	11 220
客房经理	32 535	29 373	9 836	79 800	35 305	15 100	25 200	17 400	11 220
人事劳资人员	31 393	19 656	10 517	39 241	24 570	13 146			
中式烹调员	42 198	30 611	13 696	44 731	25 336	12 014			
中式面点师	47 490	29 102	13 340	49 150	18 000	12 000			
西式烹调师	48 521	32 266	13 781	58 750	18 200	8 600			
西式面点师	30 703	21 544	11 021	33 245	20 493	13 300			
调酒师				17 140	12 577	10 620			
营养配餐员				11 800	10 800	9 000			
餐具清洗保管员				25 000	17 400	9 100			
美容师	32 488	23 483	11 226	28 802	17 516	10 153			
导游	19 102	12 737	9 373	25 166	13 610	7 500			

表 6-13　漳州、莆田、宁德部分工种（职位）工资指导价位

（单位：元/人年）

工种（职位）	漳州市			莆田市			宁德市		
	高位数	中位数	低位数	高位数	中位数	低位数	高位数	中位数	低位数
企业董事	50 736	30 720	10 668						
企业经理（厂长）				120 000	48 000	24 000	23 988	20 903	12 000
生产或经营经理	24 300	17 280	10 344	96 000	36 000	18 000			
财务经理	25 644	17 400	10 332	72 000	25 200	12 000	30 000	20 160	11 400
行政经理	25 296	16 992	9 888	36 000	19 200	13 200			

（续）

工种（职位）	漳州市			莆田市			宁德市		
	高位数	中位数	低位数	高位数	中位数	低位数	高位数	中位数	低位数
人事经理	23 184	16 536	9 900	48 000	18 800	9 800			
销售和营销经理	21 900	16 380	9 984	60 000	24 000	18 000			
广告和公关经理	26 496	18 108	9 720	107 300	39 200	22 600			
采购经理	25 320	17 460	9 696	60 000	25 200	20 000			
餐厅经理	54 048	37 422	11 785	24 000	18 600	12 000			
客房经理	32 535	29 373	9 836	24 000	18 000	14 400			
中式面点师	21 672	15 648	9 636						
西式烹调师	22 200	16 020	9 912						
西式面点师	21 012	15 300	9 684						
调 酒 师	22 884	16 596	10 368						
餐厅服务员	10 752	8 844	5 868	12 600	10 800	6 600	9 210	5 750	5 180
客房服务员	10 572	8 352	5 796				11 140	8 030	4 360
导 游	19 102	12 737	9 373	20 000	15 000	10 000			

表 6-14 南平、三明、龙岩部分工种（职位）工资指导价位

（单位：元/人年）

工种（职位）	南平市			三明市			龙岩市		
	高位数	中位数	低位数	高位数	中位数	低位数	高位数	中位数	低位数
企业董事	82 054	41 965	14 034						
企业经理（厂长）	76 199	32 511	13 709	48 600	30 000	13 920	23 988	20 903	12 000
生产或经营经理	434 88	16 811	8 754	23 040	14 520	8 580	30 000	180 00	9 600
财务经理	47 438	17 658	8 357	23 340	15 000	8 640	30 000	12 000	7 800
行政经理	43 476	17 191	8 685	20 640	13 800	8 400			
人事经理	43 369	16 498	9 605						
销售和营销经理	53 026	16 016	9 237						
采购经理	42 367	14 543	8 510						
餐厅经理	16 800	14 550	8 966				18 000	10 200	7 200
客房经理	15 900	14 200	8 810						
中式面点师									
西式烹调师									
西式面点师									
调 酒 师									
餐厅服务员				12 960	7 560	5 400	9 600	6 000	4 800
客房服务员	10 476	8 776	5 832						
导 游									

人才的频繁流动，加重了旅游企业的培训成本，不仅不利于员工业务水平的提高，而且客观上也导致了技能型人才的匮乏和不足。以餐厅、客房和前厅职位为例，即便处于福

建经济较发达地区，由于薪酬水平低于其他行业工种，一些进入旅游行业的高职毕业生“下不去、留不住”，造成人才的流失现象严重，见表 6-15。

表 6-15　福建省部分地市旅游行业技术等级工种工资指导价位

（单位：元/人年）

工种（职位）		福州市			厦门市			泉州市		
		高位数	中位数	低位数	高位数	中位数	低位数	高位数	中位数	低位数
餐厅服务员	初级工	12 099	10 729	7 732	12 536	11 718	8 533	13 440	10 560	7 068
	中级工	15 399	12 470	10 141	15 918	12 226	10 400	17 442	13 728	9 180
	高级工	/	/	/	18 286	13 279	11 917	20 964	16 500	11 016
客房服务员	初级工	14 232	10 730	7 412	15 400	10 982	9 800	13 440	10 560	7 068
	中级工	18 779	13 163	10 564	19 020	12 897	11 407	17 442	13 728	9 180
	高级工	/	/	/	23 806	13 872	13 400	20 964	16 500	11 016
前厅服务员	初级工	15 213	10 521	8 659	15 400	10 982	9 800	13 440	10 560	7 068
	中级工	17 852	12 810	10 187	19 020	12 897	11 407	17 442	13 728	9 180
	高级工	22 560	13 517	12 567	23 806	13 872	13 400	20 964	16 500	11 016

高流动率是目前存在于许多饭店的普遍现象。根据中国旅游协会人力资源开发培训中心对中国 23 个城市部分星级饭店的调查统计，近 5 年饭店业员工流动率分别为 25.64%、23.92%、24.2%、22.56%、23.41%，平均流动率高达 23.95%，远高于国际水平，并且这种现象在低星级酒店中表现更为严重。据统计，一些国际著名的品牌饭店的人员流动率一般控制在 10%～15%之间。相比而言，我国饭店一线操作服务层员工流动最为频繁，且 21～30 岁这一年龄段的员工流失率最高，约占饭店员工总数比重的 36%。究其原因，长期形成的重仕途轻技术、重知识轻技能、重白领轻蓝领等传统观念，使技能型人才得不到应有的地位与尊重，导致旅游人才成长环境欠佳，恐怕是主要原因。

任务结论

在企业管理中，如何激励员工是绝大多数管理人员密切关注的事情，因为激励的作用关系到组织的绩效。如何把员工引导到组织目标的实现上，并努力实现它，是每个管理者的重要任务。

课堂训练与测评

一、案例研讨

某星级饭店的中餐厅新招聘了几名服务员，这几名新员工工作非常努力、认真，常常比一些老员工干得多，在完成他们本职工作的同时，还做一些管理者临时分配的工作任务。一个月后，在发工资时，这几位员工发现他们的工资比其他的员工都低。第二个月，他们工作还是很努力，但是结果又是一样，其中有新员工就开始心有不平了，自己工作再认真、努力，工资还是最低，一些老员工的工资却很高。为此，这几位新员工中有人提议离开这家饭店，另谋出路。餐厅经理得知此事后，说饭店的薪酬制度就是这样规定的，为了留住他们，同意向人力资源管理部门反映此情况。

以小组为单位，分组讨论并上台发言：这些员工的问题是什么原因造成的？如果让你解决这个问题，你打算采取什么手段，既要留住这些新员工，又要保证他们的工作积极性？

二、方案设计

又到年底了，饭店工会为了让大家过一个热热闹闹的丰盛大年，辛辛苦苦从超市采购了很多年货，有整箱的油、各种山珍干货、鸡鹅等，外加一张某康乐中心的健身卡，价值好几百元。一些中老年员工拿到后挺高兴的，感谢饭店想得真周到；可有不少青年员工却不太乐意，说不如发现钱好，还说我们年纪轻轻也不需要健身。真是几家欢乐几家愁！工会领导有些犯难了。

请设计一个合适的激励方案，充分考虑不同的员工的需要。

三、能力提升

某饭店员工月标准工资为 2 400 元，5 月份的加班为：五一劳动节期间加班一天半，休息日加班一天，其他时间加班两天。

那么，如果不考虑个人所得税和各项保险，其 5 月份的实发工资是多少？

模块7

劳动关系管理

教学目标

能力目标

能够熟悉我国劳动法的调整范畴；能够熟悉劳动合同和集体合同的签订、变更、解除，学会处理合同执行中产生的劳资关系矛盾；能够计算劳动工作量，维护劳动者合法权益；能够熟悉社会保险内容、享受条件及待遇，维护劳动者合法权益。

知识目标

理解劳动关系的基本含义、劳动关系的调整方式，懂得辨析劳动关系和劳务关系；掌握劳动合同和集体合同的含义、内容；理解工作时间的基本含义以及工作时间的计算方式；了解休息休假制度；了解养老保险、疾病保险、失业保险、工伤保险、生育保险的基本含义及其内容。

态度情感与价值观目标

熟悉饭店人力资源部劳动关系管理专员的工作职能。

项目1 熟悉劳动合同与集体合同

任务1 熟悉劳动法及其调整范围

任务描述

某外资酒店职员刘某经常旷工，在2007年上半年累计旷工45天。2007年8月，公司领导作出决定，将刘某除名。刘某不服，认为《劳动法》上没有除名的规定，自己和酒店签订的是无固定期限的劳动合同，酒店无权以这种方式终止劳动关系。

刘某的理由是否合理？酒店的做法是否合法？

任务实施

《劳动法》第2条规定："在中华人民共和国境内的企业、个体经济组织和与之形成劳动关系的劳动者，适用本法。国家机关、事业组织、社会团体和与之建立劳动合同关系的劳动者，依照本法执行。"《劳动法》第25条明文规定："劳动者有下列情形之一的，用人单位可以解除劳动合同：……（二）严重违反劳动纪律或者用人单位规章制度的。"根据《最高人民法院关于民事诉讼证据的若干规定》第6条规定："在劳动争议纠纷案件中，因用人单位作出开除、除名、辞退、解除劳动合同、减少劳动报酬、计算劳动者工作年限等决定而发生劳动争议的，由用人单位负举证责任。"

任务分析

本案涉及劳动法范畴和劳动法的调整范围。本案中的申诉人是外资酒店职员身份，与所在单位依法签订有书面劳动合同，因此，均受《劳动法》的调整。在本案中，刘某累计旷工45天，其行为给酒店带来损害，酒店可按《劳动法》第25条第2款有关规定，以严重违反公司劳动纪律或规章制度行为作解除劳动合同处理。但作为解除方的酒店至少应当对以下几点进行举证：①酒店要证实员工存在违纪的行为；②酒店应当证明存在有效规章制度并对员工的违纪行为有相关规定；③酒店应证明员工的违纪行为已经达到企业规章制度明确属于"严重违纪"的程度。只有达到上述标准，企业辞退员工的行为才算是合法有效的。

任务2 辨析劳动关系与劳务关系

任务描述

某酒店因为扩大经营规模，需要对门面重新进行装修。经人介绍，决定由某美术学院的老师张某承揽该项业务，并与之签订了一份酒店门面修缮的合同。合同中规定：张某为甲方，个体餐馆为乙方，由乙方出料，由甲方负责按照双方议定的施工图纸进行施工。此外，双方还对交工日期和报酬等有关事项达成了协议。双方签订合同后，张某便按照合同规定开始了工作。

请问，张某与酒店之间是劳动关系吗？

任务实施

根据《合同法》第 251 条的规定："承揽合同是承揽人按照定作合同的要求完成工作，交付工作成果，定作人给付报酬的合同。"可见，张某与酒店签订的合同应是承揽合同，属于劳务关系的范畴，应受到我国《合同法》的调整，而不能受《劳动法》的调整。

任务分析

张某与酒店是劳务关系，而不是劳动关系。

区别一：劳动关系一方必须是劳动者，另一方是用人单位；劳务关系的双方可能都是个人，或者都是单位，也可能一方是单位，一方是个人。

区别二：劳动关系中的劳动者与用人单位有隶属关系（不对等），是管理与被管理、支配与被支配的关系。劳动者从事用人单位分配的工作，服从用人单位的人事安排，劳动者是用人单位的成员；而劳务关系是对等关系，没有管理与被管理、支配与被支配的权利和义务，劳动者不是用人单位的成员。

区别三：劳动关系支付报酬多以工资的方式定期支付；劳务关系多为一次性即时结清或按阶段、按批次支付，没有一定的规律。

区别四：劳动关系中产生的纠纷是用人单位与劳动者之间的纠纷，应由劳动法来调整；劳务关系中产生的纠纷是平等主体的双方在履行合同中所产生的纠纷，应由民法或经济法来调整解决。

任务 3 处理涉及劳动合同的有关劳资关系矛盾

任务描述

王先生于 2005 年 10 月 8 日被上海某中外合资酒店聘为服务员，月工资底薪 1 000 元，底薪之上按完成的销售额提成 8%。被雇佣期间，该酒店未与王先生签订劳动合同，也未按国家规定向社保机构缴纳各项保险费用，但口头上承诺会根据工作业绩补签合同和补缴各项社会保险费用。2006 年 11 月 15 日，王先生因背后发了几句牢骚，还顶撞了领导，公司管理层就以服务人员富余为由，将王先生解雇，工资支付到解除当日。王先生不服公司的解雇决定，于 2006 年 11 月 21 日向本市当地劳动争议仲裁委员会申请仲裁。

王先生没有和公司签订劳动合同，那么和公司是否存在劳动关系？

任务实施

能否得出没有签订劳动合同就不存在劳动关系的结论？答案是否定的。《中华人民共和国劳动法若干问题的意见》第 82 条规定："用人单位与劳动者发生争议不论是否订立劳动合同，只要存在事实劳动关系，并符合《劳动法》的适用范围和《中华人民共和国企业劳动争议处理条例》的受案范围，劳动争议仲裁委员会均应受理。"虽然我国法律明确规定劳动者与用人单位应当签订劳动合同，但只能说明劳动者与用人单位之间只要存在有效的劳动合同，他们之间就存在劳动关系。劳动者与用人单位之间只要形成了事实上的劳动关系，劳动者和用人单位之间的关系就属于劳动法的调整范围，劳动者也理应得到保护。同时，按照《劳动法问题的意见》第 17 条规定："用人单位与劳动者之间形成了事实劳动关系，而用人单位故意拖延不订立劳动合同，劳动行政部门应予以纠正。用人单位因此给劳动者造成损害的，应按劳动部《违反劳动法有关劳动合同规定的赔偿办法》的规定进行赔偿。"

王先生有权申请获得补偿。

任务分析

目前，仲裁和司法机关对事实劳动关系争议案件的处理原则如下：

（1）用人单位与劳动者未依法办理劳动合同签订手续而形成的事实劳动关系引发的劳动争议，一般按以下原则处理：双方同意维持劳动关系的，用人单位应当与劳动者协商补签劳动合同；由于用人单位原因形成事实劳动关系对劳动者造成损害的，应由用人单位给予劳动者相应的赔偿。

（2）劳动合同期满后，企业或职工未办理终止或续订劳动合同手续形成事实劳动关系的，由此引发的劳动争议可参照原劳动合同的劳动权利义务内容进行处理。用人单位不得解除劳动关系或者终止原劳动合同，双方应协商补办劳动合同续订手续。

据此，王先生与酒店虽未签订劳动合同，但王先生已在酒店工作了一年，按酒店的安排和要求提供劳动，获取报酬，与酒店存在事实上的劳动关系。当双方出现劳动争议，王先生有权利向有关劳动行政管理部门请求保护其权益。

任务 4　签订劳动合同

任务描述

某酒店公司领导为加强内部管理，提出从前台、餐厅、保安、保洁到管理层，每位员工都要和公司补签一份忠诚协议。从其内容上看，主要是要求公司员工必须敬业爱岗、保守企业有关的商业秘密，并且布告规定，如果员工拒绝签字，将不考虑与其延长或续订劳动合同。该公司多数员工对此都表示不满。

签订劳动合同的时候，合同的内容到底要包括哪些条款呢？

任务实施

根据《劳动法》第 19 条第 1 款，劳动合同订立时应当具备下列条款：①劳动合同的期限；②工作内容；③劳动保护和劳动条件；④劳动报酬；⑤劳动纪律；⑥劳动合同终止的条件；⑦违反劳动合同的责任。劳动合同订立时除了应当约定上述 7 项条款外，双方当事人还可以协商约定其他内容，根据这一规定，劳动合同内容可以分为法定内容和商定内容。商定内容，主要如保守商业秘密、试用期等。当然这些内容也不得违反法律、法规，否则，一律无效。这些内容一旦约定成为劳动合同条款，双方当事人也应履行，否则同样要承担违约责任。

任务分析

劳动合同订立目的之一，是明确劳动者和用人单位在劳动上的权利义务，而权利义务是由合同条款具体约定的。用人单位和劳动者明确双方权利义务时，应当签订劳动合同。当事人双方对享有的权利和承担的义务进行充分的协商，达成一致，并形成书面劳动合同的相应条款，签字盖章，合同成立有效，对当事人产生法律约束力。

任务 5　变更劳动合同

任务描述

马某 2000 年应聘成为某外商投资酒店公司的收银员，当时双方签署了劳动合同。此后双方按约履行，马某在工作上一直兢兢业业。但 2003 年 3 月份公司领导换届，新任总经理到任后第三天通知马某到客房部上班，马某当即提出了异议，但公司人事部告诉马某，双方在劳动合同中约定公司可根据经营需要随时变更其岗位，马某必须服从。

公司的这种做法合法吗？

任务实施

劳动合同的变更，是指在劳动合同有效期内，双方当事人经过协商，对劳动合同的内容进行修改或者增减的法律行为。我国《劳动法》对允许变更劳动合同的情形没有具体规定，所以只要双方当事人平等自愿、协商一致，并且不违反法律、行政法规的规定，就可以变更劳动合同。

劳动合同变更的条件是：①订立劳动合同依据的法律、行政法规已修改，如双休日及标准工作周的修改使劳动合同中的工作时间要修改。严格地说，这类变更不必双方协商一致，是依法进行的。②用人单位的经营方向、产品结构发生重大变化。③用人单位因自然灾害、某些社会事件等原因确实无法按原订劳动合同的约定履行义务。④劳动者提出变更要求。

但遇到以下情况可以例外：①发生突发事件需抢险救灾；②临时调动工作；③法律允许的其他情况。如果双方当事人不能就劳动合同的变更达成协议，而又确实无法按原订劳动合同履行，可以单方解除劳动合同。

任务分析

从法理上说，劳动合同没有依法变更时，用人单位不得安排劳动者从事约定的岗位（工种）以外的工作。本案中，酒店未经与马某协商，不具备变更合同的条件就随意变更工作岗位是不合理的。马某可以提出异议，要求酒店给予解释，或者要求酒店重新协商签订一份新的劳动合同或补充协议。若酒店未给出合理的解释或不同意，马某可以提出解除劳动合同。

任务 6　解除劳动合同

任务描述

案例一：王某是一名高职毕业生，毕业后应聘进入一家四星级酒店工作，与酒店签订了一份 3 年期的劳动合同，约定试用期 3 个月。第二个月的一天，部门经理突然通知王某，由于单位目前经济不景气，决定解除与王某的劳动合同，并告诉王某说试用期用人单位可以随时解除劳动合同，这是法律规定的。在试用期内，用人单位真的可以随时解除劳动合同吗？

案例二：张某是某三星级酒店的新员工，在试用期的最后 1 个月生病住院，住院 2 个月。出院后张某被单位告知：已在试用期满时被解除劳动合同。张某认为单位的做法不对，向当地劳动行政主管部门上访。单位认为，张某生病住院达 2 个月，证明他不适合本职工作，试用期已满，单位有权解除劳动合同。张某单位的做法是否合理？

案例三：范某在一家私营酒店工作，并与该酒店签订了 5 年劳动合同。1 年后，范某由于身患重病，经住院治疗后仍不能坚持工作。一个月前，酒店以范某不能胜任工作为由，书面通知解除与范某签订的劳动合同，但范某未得到任何经济补偿。为此，范某愤愤不平，多次找酒店要求给予一定的经济补偿，但都被单位拒绝。范某的要求能否得到满足？

任务实施

案例一中，根据《劳动法》的规定，王某所在酒店解除与王某的劳动关系并非因为王某不符合录用条件，而是由于酒店自身的原因。酒店在不能证明王某不符合录用条件的情况下，就随意解除与王某的劳动合同，是违法的。王某可以要求酒店继续履行劳动合同，如无法继续履行，双方可以解除合同，但酒店应给予一定的经济补偿。

案例二中，主要问题是张某在劳动合同试用期中患病，是否享受医疗期？用人单位能否以张某在试用期内被证明不符合录用条件为由解除劳动合同？张某属于试用期内劳动者患病或非因工负伤的情形，可以享受医疗期待遇。首先，张某被告知劳动合同已在试用期满时被解除，也就是说，用人单位解除劳动合同时，张某尚在医疗期内，所以，用人单位解除劳动合同的时间是违反《劳动法》的，张某与用人单位的劳动合同期限应自动延续至医疗期满为止。其次，用人单位解除劳动合同的理由也是不当的。张某在试用期内患病，不能证明他“不符合录用条件”，用人单位无法证明张某被录用时已经患有无法正常从事本职工作的疾病。医疗期满后，用人单位可以依法解除与张某的劳动合同。

案例三中，范某所在酒店可以提出解除与范某签订的劳动合同，但应根据范某在酒店的工作年限给予经济补偿金，按法律规定，他可以要求相当于一个月的工资作为经济补偿金。

任务分析

（1）根据《劳动法》第 25 条规定，在试用期中，除非劳动者发生以下情形之一，否则，用人单位不得解除劳动合同：

1）在试用期间被证明不符合录用条件的。

2）严重违反劳动纪律或者用人单位的规章制度的。

3）严重失职，营私舞弊，给用人单位造成重大损害的。

4）被依法追究刑事责任的。

此外，即使劳动者符合上述情形之一，用人单位需要在试用期与劳动者解除劳动合同的，应当向劳动者说明理由。

（2）从法理上说，试用期是用人单位和劳动者彼此之间相互考察对方的阶段，试用期包括在劳动合同期限内。在试用期内，用人单位只要能够证明劳动者不符合录用条件，就可以单方解除劳动合同。用人单位据此项规定单方解除劳动合同有两个要件：一是在试用期内；二是劳动者不符合录用条件。所以，用人单位在招聘员工时，应当明确各个岗位（工种）的录用条件。在试用期内，劳动者可以随时通知用人单位解除劳动合同并且不需要任何理由，而对用人单位来说，只有在能证明劳动者不符合录用条件时，才能在试用期内随时解除劳动合同。

（3）根据《劳动法》的规定，由用人单位提出解除劳动合同的，应根据劳动者在单位的工作年限给予经济补偿金。单位因劳动合同的解除或终止需要向劳动者给予经济补偿时，其标准为：按劳动者在本单位工作的年限，每满 1 年支付 1 个月工资。6 个月以上不满 1 年的，按 1 年计算；不满 6 个月的，支付半个月工资。如果劳动者工资高于用人单位所在直辖市、设区的市级政府公布的本地区上年度职工月平均工资 3 倍的，则按当地职工月平均工资 3 倍的数额支付。向劳动者支付经济补偿的年限最高不超过 12 年。其中，“月工资”是指劳动者在劳动合同解除或者终止前 12 个月的平均工资。

任务 7　熟悉集体合同

任务描述

案例一：张某应聘进入某酒店公司，与酒店签订劳动合同，合同约定月工资是 700 元，每个月休息 4 天。3 个月后，张某发现身边的其他同事的月工资都比自己多，并且每个月休息 6 天。经询问才知道，一年前公司工会与酒店签订一份集体合同，集体合同有约定工人最低工资是 800 元，月休息日是 6 天。张某恍然大悟，要求公司给他补齐前 3 个月的工资差额。张某的要求是否合理呢？

案例二：2009 年 3 月 25 日，H 市某酒店的法定代表人张某代表酒店与陈某代表的厨师团体签订了一份为期一年的《厨房承包合同》，将酒店的厨房业务全部包给陈某作为代表的厨师团体，酒店每月支付给厨师团体包干工资 30 000 元，由陈某代表领取和自由支配，双方还在合同中约定了奖金的发放、休息时间的安排、请假等其他一系列权利义务。但是，唯独对于厨师团体的成员没有确定。2009 年 4 月 1 日，陈某邀请厨师向某参加自己的厨师团体，约定月薪 2 000 元，直接向陈某领取。2009 年 9 月 15 日，向某要求酒店直接与自己签订劳动合同并代缴养老保险被拒绝，向某也就离岗不再为酒店工作。2009 年 10 月 20 日，向某申请劳动仲裁，要求酒店为其补交养老保险和支付不签订劳动合同期间的双倍工资，但劳动争议仲裁委员会认为这不是劳动争议，作出不予受理决定。向某向一审法院起诉。一审法院认为陈某与酒店签订的《厨房承包合同》实质上就是一种集体合同，其对酒店和厨师团体的向某产生约束力，不能认为酒店未与向某签订劳动合同，故其要求酒店支付双倍工资的请求没有事实与法律依据，但酒店违法解除向某的劳动合同，应给予经济补偿 1 000 元（工作未满半年，按半个月的工资给付）。至于养老保险金的请求，由于其属于法院目前暂不受理事项，法院不予审理。因此判决：①由酒店在本判决生效之日起 3 日内支付给向某经济补偿金 1 000 元；②驳回向某其他诉讼请求。宣判后，向某不服上诉，要求支付双倍工资。酒店服判息诉。

本案中，酒店与厨师长签订的承包合同是集体合同吗？

任务实施

案例一中，张某应当可以要求补齐工资差额：①该公司集体合同关于工资和休息的规定不违反法律，是有法律效力的。②张某与公司订立劳动合同时集体合同已经生效，集体合同的规定对张某具有法律约束力，张某可以享受集体合同规定的相关权利，当然也需履行相应的义务。

案例二中，酒店与向某是否存在劳动关系？陈某代表的厨师团体与酒店签订的《厨房承包合同》是不是集体合同？笔者认为法院的定性值得商榷。根据《劳动合同法》关于集体合同的规定，本案的《厨房承包合同》不能认定为集体合同，法院定性错误。另外，关键一点是签订《厨房承包合同》时，合同双方没有确定约束的具体对象，更不用说反映劳动者的具体利益要求了。所以，酒店与陈某存在的是承揽关系，而陈某与向某存在的是雇佣关系，因向某不是酒店所聘请，酒店也没有与向某有任何权利义务约定和约束，故双方不存在任何劳动法上的关系。

任务分析

我国的集体合同，是指工会代表劳动者与企业之间就劳动报酬、工作时间、休息休假、劳动安全卫生、保险福利等事项订立的协议。如果集体合同的双方当事人就上述内容以外的事项进行集体谈判并订入协议，法理上无不许的道理。案例一说明，劳动者个人与企业订立的劳动合同中有关劳动条件和劳动报酬等标准不得低于集体合同的规定，唯有如此，集体合同才有意义。

集体合同的特征是：①主体特定性——一方为工会，另一方为用人单位（即使用人单位没有工会，也应由上级工会指导劳动者推举代表再与用人单位签订集体合同）；②内容侧重于维护职工权益；③订立有严格的程序和形式要求——先由双方代表协商，草拟集体合同草案，再由劳动者代表大会讨论通过，代表签字，最后是报送劳动行政部门备案；④特殊的双务合同——用人单位与劳动者是权利义务承受方；⑤具有劳动基准法效能——合同规定用人单位向劳动者提供的劳动条件和待遇不得低于国家相关的劳动标准要求，对用人单位和全体劳动者具有约束力，职工个人与用人单位签订的劳动合同约定的待遇不得低于集体合同相关条款规定的待遇。从以上特征我们再衡量案例二中的《厨房承包合同》是否是集体合同：第一点特征，它已经不具备；第二点特征有相似之处；第三点特征也完全不具备；第四点特征，可以说比较模糊；第五点特征，合同仅仅针对于厨师团体而非酒店全体劳动者，而一个用人单位是不能与劳动者签订两份集体合同的；第五点特征有三点完全不具备，说明酒店与厨师长签订的承包合同不是集体合同。

相关知识

小资料

劳动法的渊源

（1）宪法中有关劳动问题的规定。宪法具有最高的法律效力，是立法基础，任何法律不能与宪法冲突。

（2）法律—— 全国人民代表大会及其常委会制定，作用仅次于宪法。

（3）行政法规——国务院根据宪法和法律的有关原则制定发布，是我国当前调整劳动关系最主要的依据。

（4）部门劳动规章——国务院各部委制定。

（5）地方性劳动法规—— 省、直辖市人民代表大会及其常委会，可以制定和发布地方性法规，报全国人大常委会备案；民族自治区地方的人民代表大会，有权依照当地民族的政治、经济、文化的特点，制定和发布自治条例和单行法规，报全国人大常委会批准后生效；地方各级人大、人大常委、县以上各级人民政府，依照法律规定的权限，发布决定和命令。

（6）我国政府批准生效的国际劳工组织通过的劳动公约和建议书。

（7）工会制定的经政府部门认可或工会与国务院有关部委联合公布的有关劳动问题的规范性文件。

（8）司法解释。法院在审理案件的过程中对相关法律、法规等的解释。

思考：劳动法与宪法、法律、法规、规章、劳动公约和建议书、有关劳动问题的规范性文件及司法解释的区别与联系。

一、劳动法的概念

我国对劳动法有广义和狭义之说。狭义的劳动法是指由国家最高权力机关颁布的，调整劳动关系以及与劳动关系有密切联系的其他关系的综合性法律（即 2007 年 6 月 29 日第十届全国人民代表大会常务委员会第二十八次会议通过的《中华人民共和国劳动合同法》；广义的劳动法则指调整劳动关系以及与劳动关系有密切联系的其他关系的法律规范的总称。

二、劳动法的调整对象

我国劳动法的调整对象是劳动关系以及与劳动关系有密切联系的其他关系。其中劳动关系是主要的调整对象。广义的劳动关系指人们从事劳动过程中发生的社会关系（包括人与人的关系）。狭义的劳动关系则指在实现劳动过程中，劳动者与所在单位（用人单位）之间发生的关系。

1．劳动关系的特征

（1）与劳动（过程）有直接联系。劳动关系是在实现劳动过程中所发生的关系。

（2）劳动关系的当事人，一方是劳动者，另一方肯定是提供生产资料的用人单位（企业、个体组织、一定范围的国家机关、事业单位等）。

（3）隶属关系。劳动者是用人单位中的一员，要遵守用人单位的管理制度，服从用人单位的工作安排。

（4）有偿性。劳动者提供了正常的劳动，用人单位有义务支付相应的劳动报酬。

2．劳动关系的种类

（1）按劳动者是否在编，分为用人单位与正式工间的劳动关系、用人单位与临时工间的劳动关系。

（2）按是否订立书面劳动合同，分为劳动合同关系与事实劳动关系。事实劳动关系，就是用人单位与劳动者虽然没有订立书面劳动合同，但双方实际履行了劳动法所规定的劳动权利义务而形成了劳动关系。事实上的劳动关系与其他劳动关系相比，仅仅是欠缺了书面合同这一形式要件，但并不影响劳动关系的成立。

3．与劳动关系密切联系的其他关系

（1）管理劳动力方面的关系，指国家劳动行政部门与单位或职工之间因就业、培训等问题而发生的关系。

（2）社会保险方面的关系，如失业保险，养老保险，死亡职工家属领取抚恤金、丧葬费、救济金等。这些关系是在原来劳动关系基础上发生的。

（3）处理劳动争议所发生的某些关系，指劳动争议调解委员会和劳动争议仲裁委员会与劳动争议双方当事人之间的非司法诉讼性质的关系等，是为维护劳动法的合法性而存在的关系。

（4）工会组织与单位、行政部门之间的关系（工会的民主管理、民主监督、参加劳动争议处理的权利等）。

（5）有关国家机关对执行劳动法进行监督检查而发生的关系（劳动行政部门、卫生主管部门在检查劳动法执行方面，如劳动安全、卫生检查等）。

三、劳动合同

1．概念

劳动合同是劳动者和用人单位之间关于确立、变更和终止劳动权利和义务的协议。《劳动法》第16条规定：劳动合同是劳动者和用人单位确立劳动关系，明确双方权利和义务的协议。建立劳动关系应当订立劳动合同。

2．劳动合同的特征

（1）主体的特定性　一方是劳动者，另一方是用人单位。

（2）诺成、有偿、双务性　诺成性是指只要双方当事人意思表示一致，合同即成立；

有偿性是指等量劳动相交换，即劳动者为用人单位提供了劳动，用人单位要支付相应的劳动报酬；双务性指劳动者和用人单位互有一定的义务，一方的权利是另一方的义务。

（3）内容规定的特殊性　劳动合同中确定了双方当事人的权利和义务，包括必备条款（劳动合同期限、试用期、工作内容、劳动保护和劳动条件、劳动报酬、劳动纪律、劳动合同终止条件等）、协商约定条款。

3．劳动合同的种类

（1）按照劳动合同期限的长短可分为 3 种。

1）有固定期限的劳动合同。它是指企业等用人单位与劳动者订立的有一定期限的劳动协议。合同期限届满，双方当事人的劳动法律关系即行终止。如果双方同意，还可以续订合同，延长期限。

2）无固定期限的劳动合同。它是指企业等用人单位与劳动者订立的，没有期限规定的劳动协议。劳动者在参加工作后，长期在一个企业等用人单位内从事生产或工作，不得无故离职，用人单位也不得无故辞退。这种合同一般适用于技术性较强，需要持续进行的工作岗位。

3）以完成一定工作为期限的劳动合同。它是指以劳动者所担负的工作任务来确定合同期限的劳动合同，如以完成某项科研，以及带有临时性、季节性的劳动合同。合同双方当事人在合同存续期间建立的是劳动法律关系，劳动者要加入劳动单位集体，遵守劳动单位内部规则，享受某种劳动保险待遇。

为了充分保护劳动者的合法权益，劳动法特别规定“劳动者在同一用人单位连续工作满 10 年以上，当事人双方同意续延劳动合同的，如果劳动者提出订立无固定期限的劳动合同，应当订立无固定期限的劳动合同”，避免用人单位只使用劳动者的“黄金年龄”。

（2）按照劳动合同产生的方式可分为 3 种。

1）录用合同。它是指用人单位在国家劳动部门下达的劳动指标内，通过公开招收、择优录用的方式订立的劳动合同。录用合同一般适用于招收普通劳动者。目前，全民所有制企业、国家机关、事业单位、社会团体等用人单位招收录用劳动合同的特点是：用人单位按照预先规定的条件，面向社会，公开招收劳动者；应招者根据用人单位公布的条件，自愿报名；用人单位全面考核、择优录用劳动者；双方签订劳动合同。

2）聘用合同。又称聘任合同，它是指用人单位通过向特定的劳动者发聘书的方式，直接建立劳动关系的合同。这种合同一般适用于招聘有技术业务专长的特定劳动者，如企业聘请技术顾问、法律顾问等。

3）借调合同。又称借用合同，它是借调单位、被借调单位与借调职工个人之间，为借调职工从事某种工作，明确相互责任、权利和义务的协议。借调合同一般适用于借调单位急需的工人或职工。当借调合同终止时，借调职工仍回原单位工作。

（3）按照劳动者一方人数的不同可分为 2 种。

一种是个人劳动合同，一般是由劳动者个人同用人单位签订；另一种是集体合同，一般是指在中外合资企业中，由工会代表劳动者集体同企业签订的合同。

（4）按照生产资料所有制性质的不同可分为全民所有制单位劳动合同、集体所有制单位劳动合同、个体单位劳动合同、私营企业劳动合同和外商投资企业劳动合同等。

（5）按照用工制度种类的不同可分为固定工劳动合同、合同工劳动合同、农民工劳动合同、临时工（季节工）劳动合同等。

4. 劳动合同的形式

劳动合同的形式是指订立劳动合同的方式。劳动合同的形式一般有书面形式和口头形式两种。书面合同是由双方当事人达成协议后，将协议的内容用文字形式固定下来，并经双方签字，作为凭证的合同。口头合同是双方当事人口头承诺即告成立，不必用文字写成书面形式的合同。我国劳动法规定，劳动合同应当以书面形式订立。法律之所以这样规定，其目的在于用书面形式明确劳动合同当事人双方的权利与义务、有关劳动条件、工资福利待遇等事项，便于履行和监督检查，在发生劳动争议时，便于当事人举证，也便于有关部门处理。

5. 劳动合同的内容

劳动合同的内容是指劳动者与用人单位双方通过平等协商达成的关于劳动权利和义务的具体条款，它是劳动合同的核心部分。

（1）必备条款　双方当事人签订的时候必须具备的条款。劳动合同的必备条款是指法律规定的劳动合同必须具备的内容。在法律规定了必备条款的情况下，如果劳动合同缺少此类条款，劳动合同就不能成立。我国劳动法第 19 条第 1 款规定："劳动合同应当以书面形式订立，并具备以下条款：①劳动合同期限；②工作内容；③劳动保护和劳动条件；④劳动报酬；⑤劳动纪律；⑥劳动合同终止的条件；⑦违反劳动合同的责任。"新《劳动合同法》第 17 条删去了劳动纪律、劳动合同终止条件、违反劳动合同的责任等内容，同时增加了工作时间、工作地点、职业病危害防护等内容。

（2）法定可备条款　法定可备条款是指法律明文规定的劳动合同可以具备的条款。对于某些事项，法律不作强制性规定，由当事人根据意愿选择是否在合同中约定，我们可以将这种条款称为可备条款，劳动合同缺乏这种条款并不影响其效力。劳动合同的某些内容是非常重要的，关系到劳动者的切身利益，但是这些条款不是在每个劳动合同中都应当具备的，所以法律不能把其作为必备条款，只能在法律中特别予以提示。根据劳动法第 19 条第 2 款规定，劳动合同除必备条款外，当事人可以协商约定其他内容。《劳动合同法》第 17 条第 2 款规定："劳动合同除前款规定的必备条款外，用人单位与劳动者可以协商约定试用期、培训、保守商业秘密、补充保险和福利待遇等其他事项。"这里所规定的"试用期、培训、保守商业秘密、补充保险和福利待遇"都属于法定可备条款。

6. 劳动合同的变更、解除和终止

（1）劳动合同的变更　履行劳动合同过程中由于情况发生变化，经双方当事人协商一致，可以对劳动合同部分条款进行修改、补充。劳动合同的未变更部分继续有效。劳动合同的变更主要反映在 4 个方面：①生产或者工作任务的增加或减少；②劳动合同期限的延长或缩短；③劳动者工种或职务的变化或变动；④对劳动者支付劳动报酬的增加或减少。例如，一些国有企业由于产业结构的调整，生产经营情况发生了重大变化，需要安排部分职工下岗，致使原劳动合同的条款无法履行，这部分下岗职工要进入企业再就业服务中心，并与中心签订基本生活保障和再就业协议，就需要同时变更原来与企业签订的劳动合同，使之与经济发展的形势相适应。又如，劳动者因意外事故致伤、致残，不能从事原岗位劳动，工作岗位需要作适当调整；国家颁布了新的法律、法规，原劳动合同的某些条款与新的法规、法规相悖；由于不可抗力（如水灾、地震、战争）等因素，造成企业或劳动者无法履行原劳动合同时，经双方当事人平等协商，都可以变更劳动合同的相关内容。

（2）劳动合同的解除　劳动合同签订后，尚未履行完毕前，由于某种因素导致双方提前终止劳动合同的法律行为，包括法定解除和协商解除。劳动合同的解除可以是双方的法律行为，也可以是单方的法律行为。

1）双方协商解除。经双方协商一致，劳动合同可以解除，但必须达成解除劳动合同的书面协议。由用人单位提出的，应根据劳动者在单位的工作年限给予经济补偿金，每满 1 年给予相当于 1 个月的工资，不满 1 年按 1 年计算，最多不超过 12 个月。

2）用人单位单方解除劳动合同。

① 随时解除合同，不承担经济补偿的情况。情形如下：劳动者在试用期间证明不符合录用条件的；严重违反劳动纪律或用人单位规章制度的；严重失职，营私舞弊，对用人单位利益造成重大损害的；被依法追究刑事责任的。

② 需提前 30 天书面通知，并承担经济补偿责任的情况。情形如下：劳动者患病或非因工负伤，医疗期满后，不能从事原工作也不能从事由用人单位另行安排的工作的，用人单位因此解除劳动合同，应按劳动者在本单位工作年限，工作时间每满 1 年，发给相当于 1 个月工资的经济补偿金，同时还应发给不低于 6 个月工资的医疗补助费；患重病和绝症的还应增加医疗补助费，患重病的增加部分不低于医疗补助费的 50%，患绝症的增加部分不低于医疗补助费的 100%。要注意的是，在医疗期间，用人单位不能单方解除劳动合同，必须医疗期满后才可解除（无 12 个月限制）；劳动者不能胜任工作，经培训或调整工作岗位，仍不能胜任的，单位解除劳动合同，应按其在本单位工作年限，每满 1 年发给相当于 1 个月工资的经济补偿金，最多不超过 12 个月；劳动合同订立时所依据的客观情况发生重大变化，致使原劳动合同无法履行，经当事人协商不能就变更劳动合同达成协议的，用人单位解除劳动合同，应按劳动者在本单位工作年限，工作时间每满 1 年，发给相当于 1 个月工资的经济补偿金（无 12 个月限制）。

③ 经济裁员的情况。情形如下：用人单位濒临破产进行法定整顿期间；生产经营状况发生严重困难。具体程序是：提前 30 天向工会或全体职工说明情况，并提供有关生产经营状况的资料；提出裁员方案（名单、时间、实施步骤、经济补偿）；征求工会或者职工的意见，并对方案进行修改和完善；向劳动行政部门报告并听取意见；公布裁员方案，办理解除劳动合同手续，支付经济补偿金。用人单位裁减人员，在 6 个月内录用新员工的，应当优先录用被裁减的人员。经济补偿金的支付标准也是工作每满 1 年发给相当于 1 个月工资的经济补偿金。

④ 用人单位不得解除劳动合同的情况。情形如下：患职业病或因工负伤并被确认丧失或部分丧失劳动能力的；患病或非因工负伤，在规定的医疗期的。根据劳动部《企业职工患病或非因工负伤医疗期规定》，医疗期的具体标准为：连续工龄 10 年以下、在本单位工作年限（本企业工龄）5 年以下的，医疗期为 3 个月；本企业工龄 5 年以上的，医疗期为 6 个月；连续工龄 10 年以上、本企业工龄 5 年以下的，医疗期为 6 个月；本企业工龄 5 年以上、10 年以下的，医疗期为 9 个月；本企业工龄 10 年以上 15 年以下的，医疗期为 12 个月；本企业工龄 15 年以

上20年以下的，医疗期为18个月；本企业工龄20年以上的，医疗期为24个月。工龄包含试用期，女职工的孕期、产期、哺乳期，以及法律、法规规定的其他情形。

3）劳动者单方解除劳动合同。

① 可随时解除。情形如下：试用期，不属于违约；用人单位未按劳动合同的约定支付劳动报酬或提供劳动条件的；用人单位以暴力、威胁、非法限制人身自由的手段强迫劳动的。

② 提前30天书面通知用人单位。劳动者提出辞职无须征得用人单位同意，超过30天，劳动者向用人单位提出办理解除劳动合同的手续，用人单位应予以办理。《劳动法》之所以规定劳动者解除劳动合同要提前30天书面通知用人单位，是出于维护劳动合同的严肃性，维持劳动关系的相对稳定考虑。一方面使用人单位有所准备，安排他人接替工作；另一方面，也便于审查合同的解除是否符合法律规定或合同约定。如果劳动者解除劳动合同是违反法律规定或合同的约定的，给用人单位造成了经济损失，就要赔偿用人单位的下列损失：

- 招收录用费用。
- 培训费，双方另有约定的按约定办理。
- 对生产经营和工作造成的直接经济损失。
- 约定的其他赔偿费用，一般为主要的。如果用人单位招用尚未解除劳动合同的劳动者，对原用人单位造成了经济损失的，除该劳动者承担直接赔偿责任外，新的用人单位要承担连带赔偿责任。其赔偿份额应不低于对原用人单位造成经济损失总额的70%。此时，应向原单位赔偿下列损失：对生产、经营、工作造成的直接经济损失；因获取商业秘密给原用人单位造成的经济损失。

（3）劳动合同的终止　劳动合同的终止，是指终止劳动合同的法律效力。劳动合同订立后，双方当事人不得随意终止劳动合同，只有在劳动法律、法规允许的情况下，当事人才可以终止劳动合同。按照我国劳动法的规定，劳动合同依法终止的条件有：

1）劳动合同期限届满，双方当事人的权利和义务已经履行完毕，劳动合同自行终止。

2）劳动合同双方当事人约定的劳动合同终止的条件出现，劳动合同即行终止。

3）劳动合同还可以基于一定的法律事实而终止。

能够引起劳动合同终止的法律事实主要有：

① 作为劳动合同一方当事人的劳动者死亡，致使无法继续履行劳动合同规定的义务，劳动合同终止。

② 劳动合同在履行过程中，企业被撤销，职工由劳动主管部门另作分配，企业与职工原来订立的劳动合同终止。

③ 在劳动合同履行过程中，企业依据《破产法（试行）》的有关规定，宣告破产。企业宣告破产，表明此时企业已无法按照劳动合同履行其权利和义务，只能终止劳动合同。

④ 用人单位在招工时违反法律、法规，徇私舞弊，非法招收职工，一经发现，必须进行清退，随之单位与职工订立的劳动合同即行终止。

必须指出：新《劳动合同法》规定的98个条款中有关终止劳动合同后给予员工经济补偿的规定，是一个引起用人单位和劳动者特别关注的一个条款，在劳动立法中具有里程碑的历史意义。

四、集体合同

1. 概念

集体合同又称团体协议或集体协议，是集体协商双方代表根据法律、法规的规定就劳动报酬、工作时间、休息休假、劳动安全卫生、保险福利等事项在平等协商一致基础上签订的书面协议。

2. 集体合同与劳动合同的区别

（1）合同当事人不同　劳动合同的一方当事人是劳动者个人，另一方是用人单位；集体合同的一方当事人是劳动者团体（工会或企业全体职工），另一方是用人单位或用人单位团体。

（2）合同内容不同　劳动合同规定的是劳动者个人的劳动条件，集体合同规定的是劳动者团体的劳动条件。由于劳动者团体的实力强于劳动者个人，可以争取更加有利于劳动者的劳动条件。

（3）合同效力范围不同　劳动合同对作为当事人的劳动者个人有约束力，集体合同对全体劳动者（职工）有约束力。

（4）合同订立时间不同　劳动合同在劳动者参加某个用人单位劳动时订立，集体合同在个别劳动关系已经建立或运行过程中订立。

（5）合同目的不同　劳动合同的目的主要在于建立劳动关系，集体合同的目的在于完善整个企业、行业及地区的劳动关系，进而改善个别劳动者的劳动条件。

3. 集体合同与劳动合同的联系

两者的联系主要表现在集体合同的效力高于劳动合同。集体合同规定的劳动条件就是每个劳动者的具体劳动条件，在集体合同订立之前已订立劳动合同的，如果规定的劳动条件低于集体合同规定的劳动条件标准的，以集体合同规定的劳动条件为准；在集体合同订立之后订立劳动合同的劳动者，可以按集体合同规定的劳动条件与用人单位订立劳动合同。

4. 集体合同的具体内容

（1）规定适用本企业的劳动报酬标准（劳动报酬）包括：工资分配方式；工资、奖金的发放时间；工资支付办法；工资增减幅度；延长工作时间付酬标准等。

（2）工作时间　包括：上下班时间；加班加点制度；轮班岗位的轮班形式及时间等。

（3）休息休假　包括：日休息时间；周休息时间安排；法定休假日；病假、事假、探亲假、年休假及相应报酬。

（4）劳动安全与卫生　包括：安全卫生的具体规程、操作制度；劳动保护的具体措施；改进劳动条件和卫生状况的各项措施；有职业危害作业劳动者的健康检查；劳动保护品的发放等。

（5）合同期限　集体合同期限一般为1～3年。

（6）社会保险和职工福利　包括：工伤、医疗、养老、失业、生育等社会保险；企业补偿保险的设立项目、资金来源及享受的条件和标准等；福利，包括企业集体福利设施的修建、职工文化和体育活动的经费来源、职工补贴和津贴等。

（7）职工培训　包括：职工岗前培训、在岗培训、转岗培训；培训的周期和时间；培训期间的工资、福利；基金来源和对培训基金的管理与使用。

（8）劳动纪律　包括：本公司规章制度；奖罚范围和方法。

（9）其他有关涉及职工合法权益的问题

5．集体合同的订立

（1）签订集体合同的当事人　工会代表（职工代表）与企业性质代表。

（2）集体合同的签订程序

1）制定集体合同草案。企业与工会（职工代表）在充分酝酿、交换意见的基础上，共同草拟集体合同的草案。集体协商代表每方 3～10 名，双方人数对等，并各确定 1 名首席代表（工会一方首席代表不是主席的，应由工会主席书面委托），双方另行指定一名记录员，且各项条款应从实际出发，立足全局观念，正确处理国家、集体和个人三者的关系。

2）集体讨论。集体合同的草案制定出来后，应发动全体职工和职工代表大会对草案进行讨论、修改、补充和最后通过。

3）签字。由用人单位的工会负责人和用人单位行政领导（厂长或经理）签字。

4）备案审查。7 日内，由企业一方将集体合同文本一式三份及说明材料送劳动行政部门审查。报送 15 日后未提出异议的，自第 16 日起集体合同即告生效。

5）公布生效。合同生效后，用人单位应将集体合同公布，以便每一个劳动者都能充分了解集体合同的内容，并按要求履行。

6．集体合同的变更、解除和终止

（1）集体合同变更和解除的条件

1）当事人双方在协商一致情况下，可以变更或解除集体合同。

2）国家法律、政策发生变化可以变更或解除集体合同。

3）因不可抗力发生，可以变更或解除集体合同。

4）企业破产、转产、停产、合并等，使集体合同全部或部分不能履行。

5）一方当事人违约，使集体合同部分或全部履行成为不必要。

（2）集体合同的变更和解除的程序

1）一方提出建议，向对方说明需要变更或解除的集体合同的条款和理由。

2）双方协商，并达成书面协议。

3）协议书应交职工（代表）大会通过，并报送劳动行政部门，经审议生效。

课外阅读

案例 1　劳动合同（文本）

甲方（用人单位）名称：

地址：

性质：

法定代表人（委托代理人）：

乙方（劳动者）姓名：

性别：

出生年月：

家庭住址：

居民身份证号码：

甲乙双方根据《中华人民共和国劳动法》等法律、法规、规章的规定，在平等自愿、协商一致的基础上，同意订立本合同，共同遵守本合同所列条款。

一、合同期限和工作内容

第一条　本合同自____年__月__日起至____年__月__日止。期限为____年（月）。

试用期自____年__月__日至____年__月__日止。期限为__天。

第二条　根据甲方工作需要，乙方同意从事____岗位（工种）工作。经甲、乙双方协商同意，可以变更工作岗位。

第三条　乙方应按照甲方的要求，按时完成规定的工作数量，达到规定的质量标准。

二、工作时间和休息休假

第四条　甲方安排乙方执行____工时制。

（一）实行标准工时工作制的，甲方安排乙方每日工作时间不超过 8 小时，每周不超过 40 小时。甲方由于工作需要，经与工会和乙方协商后可以延长工作时间，一般每日不得超过 1 小时，因特殊原因需要延长工作时间的，在保障乙方身体健康的条件下延长工作时间每日不得超过 3 小时，每月不得超过 36 小时。

（二）实行综合计算工时工作制的，平均每日工作时间不得超过 8 小时，平均每周工作时间不得超过 40 小时。

（三）实行不定时工作制的，工作时间和休息休假由乙方自行安排。

第五条　甲方延长乙方工作时间，应依法安排乙方同等时间补休或支付加班加点工资。

第六条　乙方在合同期内享受国家规定的各项休息、休假的权利。每周至少休息 1 天。

三、劳动保护和劳动条件

第七条　甲方不得录用未满 16 周岁的未成年人，并按国家规定对女职工实行特殊劳动保护。

第八条　甲方有义务负责对乙方进行政治思想、职业道德、业务技术、劳动安全卫生及其有关规章制度的教育和培训。

四、劳动报酬

第九条　甲方每月____日以货币形式足额支付乙方工资，工资不低于____元，其中试用期间工资为____元（试用期间工资不得低于本单位同工种、同岗位职工工资的 80%）。甲方支付的工资应不违反国家有关工资规定。

第十条　实行计时或岗位工资的，每月标准工资为____元。实行计件工资的，每月底薪为____元，计件单价为____元或完成工作额的____%提成。

第十一条　甲方安排乙方延长工作时间，支付不低于工资 150%的工资报酬，每小时加班加点工资为____元。

公休日安排乙方工作又不能安排补休的，支付不低于工资 200%的工资报酬，每小时加班加点工资为____元或每个工作日的加班工资为____元。

第十二条　甲方安排乙方在每日22时到次日6时工作的，每个工作日夜班补贴____元。

第十三条　非因乙方原因造成甲方停工、歇业，未超过1个月的，甲方应按本合同约定的工资标准支付乙方工资；超过1个月未安排乙方工作的，甲方应按不低于当地失业保险标准支付乙方停工生活费。

第十四条　乙方依法享受年休假、探亲假、丧假等假期期间，甲方应按国家和地方有关规定标准，或劳动合同约定的标准，支付乙方工资。

五、保险福利待遇

第十五条　甲方应按国家和地方有关社会保险的法律、法规和政策规定为乙方缴纳基本养老、失业、工伤、生育保险费用；社会保险费个人缴纳部分，甲方可从乙方工资中代扣代缴。

甲乙双方解除、终止劳动合同时，甲方应按有关规定为乙方办理社会保险有关手续。

第十六条　乙方在孕期、产期、哺乳期等各项待遇，按国家和地方有关生育保险政策规定执行。

第十七条　甲方为乙方提供以下福利待遇：

1.

2.

3.

六、劳动纪律和规章制度

第十八条　甲方依法制定的各项规章制度应向乙方公示。

第十九条　乙方应严格遵守甲方制定的规章制度，完成劳动任务，提高职业技能，执行劳动安全卫生规程，遵守劳动纪律和职业道德。

第二十条　乙方有权拒绝甲方安排违法、不道德或损害乙方身心健康的行为，有权提出批评并向有关部门检举控告。

第二十一条　乙方应保守甲方的商业秘密。甲方对乙方的个人资料，未经乙方同意不得公开和泄露。

第二十二条　乙方违反劳动纪律，甲方可依据本单位规章制度给予相应的行政处分、行政处理、经济处罚等，直至解除本合同。

七、劳动合同的变更、解除、终止、续订

第二十三条　订立劳动合同时，甲方不得以任何形式向乙方牟取不正当利益，不得向乙方收取抵押金、抵押物、保证金、定金或其他财物，不得要求强迫乙方集资入股，也不得扣押乙方的身份证等证件。

第二十四条　经甲乙双方协商一致，可以变更本合同相关内容或解除本合同。

第二十五条　甲方解除本合同，应提前30日以书面形式通知乙方。乙方有下列情形之一，甲方可以解除本合同。

1. 在试用期间，被证明不符合录用条件的；

2. 严重违反劳动纪律或甲方规章制度的；

3. 严重失职、营私舞弊，对甲方利益造成重大损害的；

4. 被依法追究刑事责任或劳动教养的。

第二十六条　乙方解除劳动合同，应当提前30日以书面形式通知甲方。

有下列情形之一，乙方可以随时通知甲方解除本合同，甲方应当支付相应的劳动报酬并依法缴纳社会保险：

1. 在试用期内的；

2. 甲方以暴力、威胁、监禁或者非法限制人身自由的手段强迫劳动的；

3. 甲方不能按照本合同规定支付劳动报酬或者提供劳动条件的。

第二十七条　本合同期限届满，劳动合同即终止。甲乙双方经协商同意，可以续订劳动合同。

第二十八条　本合同期限届满后，未办理终止劳动合同手续仍存在劳动关系，乙方要求续订劳动合同，双方就续订的劳动合同期限协商不一致时，续订的劳动合同期限从签字之日起不得少于___月，乙方符合续订无固定期限劳动合同条件的，甲方应与其签订无固定期限劳动合同。

八、经济补偿与赔偿

第二十九条　甲方违反劳动合同的，应按下列标准支付乙方经济补偿金：

1. 甲方克扣或者无故拖欠乙方工资的，以及拒不支付乙方延长工作时间工资报酬的，从发薪日第___日起，每天按拖欠乙方本人工资额的____%赔偿乙方损失，直至支付工资之日止，与工资一并发给乙方，同时，还需加发相当于工资报酬25%的经济补偿金；

2. 甲方支付乙方的工资报酬低于本地最低工资标准的，要在补足低于标准部分的同时，另外支付相当于低于部分25%的经济补偿金。

第三十条　甲方解除乙方劳动合同，除本合同第二十六条规定情形外，甲方应按国家和地方有关规定支付乙方经济补偿金。

第三十一条　乙方违反规定或本合同的约定解除本合同，对甲方造成损失的，乙方应赔偿甲方下列损失：

1. 由甲方出资培训和招收的人员，为其支付培训费和招收录用费；

2. 对生产、经营和工作造成的直接经济损失；

3. 本合同约定的其他赔偿费用。

九、违反劳动合同的责任

第三十二条　当事人一方违反本合同时应承担违约责任，向对方支付违约金____元。

第三十三条　其他违约责任。

十、双方约定的其他事项

第三十四条

十一、劳动争议处理

第三十五条　因履行本合同发生的劳动争议，当事人可以向本单位劳动争议调解委员会申请调解。不愿调解或调解不成，当事人一方要求仲裁的，应当自劳动争议发生之日起60日内向劳动争议仲裁委员会申请仲裁。当事人一方也可以直接向劳动争议仲裁委员会申请仲裁。对仲裁裁决不服的，可以向人民法院提起诉讼。

十二、其他

第三十六条　以下专项协议和规章制度作为本合同的附件，与本合同具有同等法律效力。

（一）

（二）

（三）

第三十九条　本合同未尽事宜，双方可另行协商解决；与今后国家法律、行政法规等有关规定相悖的按有关规定执行。

第四十条　本合同一式两份，甲乙双方各执一份。

第四十一条　乙方确定下列地址为劳动关系管理相关文件、文书送达地址。如地址发生变化，乙方应书面告知甲方。

（特别提示：以上条款内容甲乙双方在签署本合同前均应事先仔细阅读，并详细了解本合同以及附件内容，双方签字后即行生效）

甲方：（盖章）　　　　　　　　　　　　乙方：（签名）

法定代表人或委托代理人：（签名）

年　月　日　　　　　　　　　　　　年　月　日

鉴证机关：（盖章）　　　　　　　　　　鉴证人：（盖章）

年　月　日

案例 2　集体合同（文本）

甲方：

法人代表：　　　　　　　　地址：

乙方：

性别：　　　　　　　　身份证号：　　　　　　　　家庭住址：

甲乙双方本着自愿、平等、协商的原则，一致同意签订本协议。

第一条　协议期限

1. 协议有效期自____年 ___月 ___日至_____年 ___月 ___日止，为期____年。

2. 协议有效期满，协议即告终止。因工作需要，经甲、乙双方协商同意，可以续签协议。

第二条　工作岗位

1. 甲方安排乙方在酒店_________部门担任_______________工作（职位）。

2. 甲方确因工作需要，可以临时安排乙方做其他工作或依照乙方的能力（专业、工作、体能）和工作表现，调整乙方的工作岗位。

3. 乙方必须按照甲方确定的岗位责任，按时、按质、按量完成工作。

4. 乙方有参加酒店集体劳动的义务。

第三条　工作条件和劳动保护

1. 甲方为乙方提供符合国家规定的安全卫生的工作环境，保证乙方在人身安全及人体不受危害的环境条件下从事工作。

2. 甲方根据乙方岗位的实际情况，按照甲方规定向乙方提供必要的劳动防护用品。

第四条　试工和工作时间

1. 不同的岗位有不同的工作时间，按各部门规定执行。

2. 乙方按企业规定可享受每月公休假____天，及企业有薪年假_____天。

3. 因为工作需要等特殊情况，甲方可以要求乙方适当延长工作时间或公司规定假日工作，甲方按规定发给加班工资或调整休息。

第五条　劳动报酬和福利

1. 按甲方现行工资制度暂定乙方月标准工资_______元（大写），甲方实行新工资制度时，乙方的工资待遇按新的制度予以调整。

2. 甲方发放给乙方的工资中含有养老保险、工伤险、失业保险、医疗保险、生育保险共五险，由员工自行交纳。

3. 甲方给乙方增交意外伤险。

4. 甲方发薪日为每月 15 号。

5. 甲方根据经营情况按月向乙方发放生活福利。

第六条　劳动纪律

1. 乙方应遵守国家法律法规。

2. 乙方应遵守甲方的各项规章制度，遵守甲方规定的工作秩序、保密规定等制度。

3. 乙方触犯国家的法律，被判刑、劳教的，本协议自动解除。

第七条　奖惩

1. 甲方对于模范遵守规章制度，在完成工作任务、技术革新、改善经营管理、保护甲方财产方面做出优异成绩和贡献的员工按不同情况分别给予不同的荣誉奖励和物质奖励。

2. 甲方对违反各项规章制度和劳动纪律的员工按照有关规定，分别给予批评教育或处分、罚款，直至辞退、开除。

第八条　职业技术培训费

甲乙双方在签订劳动协议后，乙方需向甲方支付本人____月的工资______元（大写）作为职业技术培训费，作为其培训费用。在协议期满后由甲方承担并返还乙方。

注：随着乙方工资待遇的不断上调，甲方对乙方的职业技术培训费一并按以上原则调整，直至本协议终止日。

第九条　解除和不得解除协议的规定

1. 符合下列条件之一的，甲方可以解除本协议，辞退乙方。

   A. 乙方严重违反劳动纪律、犯有严重工作错误、渎职的。（甲方不返还乙方职业技术培训费；甲方有权处置已为乙方缴纳的保险金）

   B. 乙方因病或非因工负伤在规定的医疗期满后仍不能从事原工作的。

   C. 甲方因经营发展乙方的技术已不再适应所担当的职位，继续工作会造成劳动效率低下的。

D. 甲方因技术、经营情况发生变化而冗余的员工。（B、C、D 三项情况下，甲方返还职业技术培训费）

2. 符合下列情况之一，甲方不得解除协议，辞退乙方。

A. 乙方因病、非因工负伤在规定医疗期内，休假超过一个月者，按实际休假时间递延协议期限。

B. 乙方拒绝甲方不符合法律的规章制度的情况下。

3. 有下列情况之一的乙方可以解除本协议。

A. 经国家有关部门确认，甲方劳动安全、卫生条件恶劣，严重危害乙方身体健康的。

B. 甲方无故不按照本协议规定支付乙方劳动报酬的。

C. 乙方本人因特殊情况需要辞职并经甲方同意的。

以上 A、B 项情况下，甲方返还职业技术培训费；C 项情况下，甲方有权处置已为乙方缴纳的保险金，双方协商是否返还职业技术培训费及返还金额。

4. 甲乙双方任何一方提出解除协议，均应提前一个月书面通知对方，方可办理解除协议的手续，乙方被辞退不提前通知。

5. 如果乙方在本协议期内，由甲方出资进修（含境内、外实习培训）需要延长协议期限的，由甲乙双方另签协议。

6. 如果乙方在本协议期内，未经甲方同意，自行离职的，甲方不返还乙方职业技术培训费并有权处置已为乙方缴纳的保险金。

第十条　劳动争议

甲乙双方履行协议和因辞退、除名、开除乙方而发生劳动争议时，适用如下劳动争议程序：

1. 甲乙双方协商解决。

2. 有争议的一方和双方向劳动争议仲裁委员会申请仲裁。

第十一条　劳动协议附约

1. 乙方在来酒店工作之前的债务，各种纠纷及其他酒店对乙方的未知事项，酒店概不负责。

2. 乙方在酒店工作期间因非工作关系与外界发生债权、债务及纠纷，本酒店概不负责。

3. 协议期满乙方领取甲方返还的职业技术培训费，甲乙双方脱离关系，乙方此后的行为与酒店毫无关系。

第十二条　其他

本协议经甲乙双方签字后生效。

甲方法人或代表签字（章）:　　　　　　　　　　乙方签字:

年　月　日　　　　　　　　　　年　月　日

任务结论

劳动关系是饭店人力资源管理工作涉及的基本经济关系，在饭店人力资源战略中具有重要地位。劳动关系从劳动合同生效开始到劳动合同终止结束，是一系列权利和义务的总和。劳动关系涉及的领域广泛，包括劳动合同管理、劳动者权益保护、劳动保险等方面。

项目 2 维护劳动者的基本权利

任务 1 合理安排劳动时间与休息休假

任务描述

案例一：黄某在一饭店当前台接待员，饭店实施的是两班制翻班工作，做二休二。黄某两天要上 24 小时的班，也就是每四天 48 个小时。饭店这样的安排是否违反《劳动法》的规定？黄某可否向有关部门投诉？

案例二：某星级饭店有服务员 100 多名，2006 年 6 月，该饭店要接待会议团体，为期 1 个月。饭店领导为了做好服务工作，组织服务人员加班加点，每天工作 12 小时，一律不放假。两周后，员工们意见很大，认为饭店的决定根本不考虑员工的具体困难。第三周星期天，按理应放假休息，有 3 名员工拒绝再来加班，饭店对这 3 名员工作了处分。员工们不服，向劳动争议仲裁委员会申请仲裁。用人单位能否随意延长工作时间呢？

任务实施

案例一中，黄某周均工作时间已超过 44 小时，黄某可以向有关部门投诉，也可以要求饭店减少工作时间，或要求饭店对超过的工作时间发放相应的加班费。

案例二的主要法律问题是该饭店延长工作时间没有与工会或劳动者商量并且加班时间大大超过劳动法规定的上限。饭店让员工每天工作 12 小时，并且连续两周，显然违反了《劳动法》的有关规定。同时，饭店对 3 名员工作出处分缺乏合法依据。

任务分析

目前，我国普遍适用标准工时制，绝大多数劳动者实行标准工作日。标准工作日是工作时间立法的基础，是指一般情况下劳动法规定的统一工作日。

我国《劳动法》第 36 条规定，国家实行劳动者每日工作时间不超过 8 小时、平均每周工作时间不超过 44 小时的工时制度。同时，《劳动法》规定：用人单位“由于生产经营需要”而需延长工作时间的，须“经与工会和劳动者协商”，延长工作时间一般每日不超过 1 小时，特殊情况下每日也不得超过 3 小时，每月累计不超过 36 小时。

任务 2 支付劳动者工资

任务描述

案例一：某镇办饭店，由于某月营业收入较少，当月发工资时，每位员工少发人民币

100 元，用一套西服替代。饭店领导解释，该套西装的价值是 400 元人民币，饭店倒贴 300 元，只扣 100 元作为西装价款。有些职工发现，西装的质量很差，意见很大。饭店能否用实物代替货币发放工资？

案例二：丁某是一家星级饭店职工，一直以来他都有一个困惑，每个月他的工资具体发放时间都不知道，导致他对一个月的收入和开支没法制定合理的计划。他曾经向公司财务部门询问，财务部门人员和管理者的解释是，《劳动法》规定，工资要按月支付，只要在一个月之内发工资都是符合法律规定的。丁某很想知道财务部门的解释是否合理？

任务实施

案例一中，该饭店未经职工同意，用实物代替法定货币（人民币）发放工资是不合法的，劳动者可以向劳动争议仲裁委员会申请仲裁。

案例二中，公司管理者的做法，既违反了劳动合同的约定，也违反了国家关于工资支付的规定，财务部门的解释没有合理性。

任务分析

工资支付形式，是指劳动者获得劳动报酬的形式。我国的法定货币是人民币，这就是说，工资应当以人民币支付。《劳动法》第 50 条规定，工资应以货币形式按月支付给劳动者本人：

（1）必须为法定货币，不得以实物及有价证券替代。

（2）支付给劳动者本人，特殊情况下可由亲属或委托人代领，也可委托银行发工资。

《工资支付暂行规定》则进一步规定，工资应当以法定货币支付，不得以实物及有价证券替代货币支付，工资必须在用人单位与劳动者约定的日期支付，如果约定的工资支付日恰遇节假日或休息日，则应提前在最近的工作日支付。工资至少每月支付一次。

相关知识

小资料

1995 年 2 月 17 日，国务院第八次会议规定：自 1995 年 5 月 1 日，开始实施 8 小时/天，40 小时/周工作制，国家机关、事业单位实行统一工作时间，周六、日为周休息日。

思考：什么是合理的工作时间？

一、工作时间的相关范畴

1．含义

工作时间是指法律规定的劳动者在一昼夜或一周内从事生产或工作的时间，即劳动者每天应工作的时数或每周应工作的天数。

2. 工作时间的种类

工作时间一般包括工作周和工作日。

（1）工作周　工作周是指法律规定的劳动者在一周（7 天）内从事劳动和工作的时间。工作周以日历周为计算单位，一年有 52 个工作周。

（2）工作日　工作日是指法律规定的以日（1 昼夜）为计算单位的工作时间。

1）标准工作日。国家法律统一规定的，在一般情况下劳动者从事工作或劳动的时间。《劳动法》规定的标准工作时间是劳动者每日工作不超过 8 小时，平均每周工作不超过 44 小时。

2）缩短工作日。法律规定的少于标准工作日或标准工作周时数的工作日，即每日少于 8 小时，或每周少于 40 小时的工作日。它是在特殊情况下对标准工作日长度的缩短，目的是保护特殊条件下从事劳动和有特殊情况的劳动者的身体健康。目前我国已实行缩短工作日的劳动者主要有：①从事矿山井下、高山、有毒有害、特别繁重体力劳动的劳动者。②从事夜班工作的劳动者。夜班工作指在晚 22 时至次日 6 时从事劳动。实行三班制的企业，从事夜班工作的劳动者，其日工作时间比标准工作日缩短 1 小时，并按规定发给夜班津贴，连续生产不容间隔的（如发电、钢铁冶炼），可按标准工作日，但增发夜班津贴。③哺乳期内的女职工和怀孕妇女。哺乳不满一周岁婴儿的，每工作日内有两次哺乳时间，每次不超过半小时，多一个婴儿加半小时，路远的可以合并时间。

3）不定时工作日（无定时工作日）。无固定工作时数限制的工作日。实行不定时工作日的，职工平均每周工作时间不得超过 40 小时，且企业实行不定时工作制的，应履行审批手续。以下为不定时（无定时工作日）工作对象：企业中的高级管理人员、外勤人员、推销人员、部分值班人员和其他因工作无法按标准工作时间衡量的职工；长途运输人员、出租汽车司机和铁路、港口等部分装卸人员，以及因工作性质特殊需机动作业的职工；其他因生产特点、工作特殊需要或职责范围的关系适合实行不定时工作制的职工，如技术工作人员等。

经批准实行不定时工作制的职工，不受劳动法规定的延长工作时间标准的限制，但用人单位应采用弹性工作时间等适当的工作和休息方式，确保职工的休息休假权利和生产工作任务的完成。

4）综合计算工作日。用人单位根据生产和工作的特点，分别以周、月、季、年等为周期计算工作时间，其平均日、周工作时间与法定标准工作时间基本相同。超过标准工作日的，应视为延长工作时间并支付工资报酬，法定休假日工作的，按劳动法规定支付工资报酬。

以下为综合计算工作日的工作对象：交通、铁路、邮电、水运、航空、渔业等行业中因工作性质特殊，需连续作业的职工；地质、勘探、建筑、制盐、制糖、旅游等受季节和自然条件限制行业的部分职工；其他适合实行综合计算工时工作制的职工。

5）计件工作时间。以劳动者完成一定劳动定额为标准的工作时间。《劳动法》第 37 条规定：对实行计件工作的劳动者，用人单位应根据《劳动法》第 36 条的工时制度合理确定其劳动定额和计件报酬标准，即用人单位应根据一般劳动者在一个标准工作日或一个标准工作周内完成的劳动定额来确定基本劳动定额。

二、延长工作时间的规定

延长工作时间是指劳动者的工作时数超过法律规定的标准工作时间，包括加班和加点。加班，指职工根据用人单位的要求，在法定节日或公休假日从事生产或工作，如周末加班、节假日加班。加点，指职工根据用人单位的要求，在标准工作日以外继续从事生产或工作。

1．延长工作时间的一般规定

（1）延长条件

1）必须是生产经营需要。

2）必须与工会和劳动者协商，不得强迫劳动。

（2）时间限制　一般每日延长不得超过 1 小时，因特殊原因需要延长工作时间的，在保障劳动者身体健康的条件下，每日延长不得超过 3 小时，但每月不得超过 36 小时。《劳动法》规定："用人单位违反本法规定，延长劳动者工作时间的，由劳动行政部门给予警告，责令改正，并可以处以罚款。"

2．延长工作时间的特殊规定

《劳动法》规定，在下列情形下，工作时间的延长是不受限制的：

（1）发生自然灾害、事故或因其他原因，威胁劳动者生命健康和财产安全，需要紧急处理的。

（2）生产设备、交通运输线路、公共设施发生故障，影响生产和公众利益，必须及时抢修的。

（3）法律、法规规定的其他情形。因特殊情况在法定节日或公休日不能间断工作的，如公交车；必须利用法定节日或公休日的停产期间进行设备检修、保养的；为完成国防紧急任务等。

3．延长工作时间的相关报酬规定

虽然法律规定了劳动者的休息休假权利，但我们知道，对于在一些外企、私营企业中工作的劳动者来说，加班加点已经成了家常便饭。由于劳动者在延长工作时间期间的劳动付出的额外性，所以，《劳动法》规定，用人单位应当支付高于劳动者正常工资的报酬：

（1）安排劳动者延长工作时间的，支付不低于工资的 150%的工资报酬。

（2）安排劳动者在休息日工作又不能安排补休的，支付不低于工资 200%的报酬。

（3）安排劳动者在法定节假日工作的，支付不低于工资的 300%的工资报酬。

三、休息休假制度

休息休假，指劳动者在国家规定的法定工作时间外自行支配的时间，包括日休息、周休息天数、节假日、年休假、探亲假等。

根据《劳动法》及《国务院关于职工工作时间的规定》《全国年节及纪念日放假办法》等法律、法规的规定，国家实行劳动者每日工作时间不超过 8 小时、平均每周工作时间不超过 40 小时的工时制度；用人单位应当保证劳动者每周至少休息 1 日，并且在元旦、春节、国际劳动节、国庆节和法律法规规定的其他休假节日，依法安排劳动者休假。用人单位由于生产经营需要，经与工会和劳动者协商后可以延长工作时间，一般每日不得超过 1 小时，因特殊原因需要延长工作时间的，在保障劳动者身体健康的条件下延长工作时间每日不得超过 3 小时，但是每月不得超过 36 小时。

四、最低工资制度

小资料 最低工资制度

《劳动法》规定，国家实行最低工资保障制度，用人单位支付劳动者的工资不得低于当地最低工资标准。最低工资的具体标准由省、自治区、直辖市人民政府规定，报国务院备案。

思考：什么是最低工资制度？

1．含义

最低工资是指劳动者在法定工作时间内提供正常劳动的前提下，用人单位应支付的最低劳动报酬。用人单位支付劳动者工资不得低于最低工资标准。劳动者在法定工作时间或劳动合同约定的工作时间内从事劳动得到的实际劳动报酬，包括工资、奖金等。加班加点工资、津贴、法律法规规定的劳动保险、福利待遇等不得作为最低工资组成部分。

2．规范用人单位工资支付行为

实行计件工资形式的用人单位，要通过平等协商合理确定劳动定额和计件单价，保证劳动者在法定工作时间内提供正常劳动的前提下，应得工资不低于当地的最低工资标准；劳动者在完成计件定额任务后，由用人单位安排在日法定工作时间以外、休息日和法定休假节日工作的，应分别按照不低于其本人法定工作时间计件单价的150%、200%、300%支付工资。

3．规范用人单位执行最低工资标准的条件和程序

生产经营正常、经济效益持续增长的用人单位，原则上不得以最低工资标准支付劳动者在法定工作时间内提供劳动的工资；因生产经营原因确须以最低工资标准支付全体劳动者或部分岗位劳动者工资的，应当经全体职工或职工代表大会讨论同意，并报当地劳动保障部门备案。

课外阅读

案例1 关于职工全年月平均工作时间和工资折算问题的通知（劳社部发[2008]3号）

各省、自治区、直辖市劳动和社会保障厅（局）:

根据《全国年节及纪念日放假办法》（国务院令第513号）的规定，全体公民的节日假期由原来的10天增设为11天。据此，职工全年月平均制度工作天数和工资折算办法分别调整如下:

一、制度工作时间的计算

年工作日：365天−104天（休息日）−11天（法定节假日）=250天

季工作日：250天÷4季=62.5天/季

月工作日：250 天÷12 月=20.83 天/月

工作小时数的计算：以月、季、年的工作日乘以每日的 8 小时

二、日工资、小时工资的折算

按照《劳动法》第 51 条的规定，法定节假日用人单位应当依法支付工资，即折算日工资、小时工资时不剔除国家规定的 11 天法定节假日。据此，日工资、小时工资的折算为：

日工资：月工资收入÷月计薪天数

小时工资：月工资收入÷（月计薪天数×8 小时）。

月计薪天数=（365 天−104 天）÷12 月=21.75 天

三、2000 年 3 月 17 日劳动保障部发布的《关于职工全年月平均工作时间和工资折算问题的通知》（劳社部发[2000]8 号）同时废止。

劳动和社会保障部

二〇〇八年一月三日

任务结论

企业劳动争议的内容是多方面的。综合起来说，这些基本内容具体涵盖以下 10 个主要方面：①有关工资、津贴和奖金等问题；②有关集体合同的执行、解除和终止以及重新谈判等问题；③有关个人劳动合同的执行、解除、变更和终止等问题；④有关工人的录用、辞退、辞职和工作变动等问题；⑤有关工会的成立、运作管理和代表权的承认等问题；⑥有关工作安全和劳动卫生等问题；⑦有关工作时间和休息、休假等问题；⑧有关就业培训和职业训练等方面的问题；⑨有关劳动保险、劳动福利以及女职工、未成年劳工特殊保护等方面的问题；⑩有关社会宏观因素和企业外部环境等问题，如通货膨胀、失业、社会保障、国家投资、政治因素和税率等。劳动争议的一般处理可包括调解、仲裁和劳动争议诉讼。

项目 3　维护劳动者社会保险权利

任务 1　保障劳动者退休待遇

任务描述

刘某今年 56 周岁，是某酒店公司的男保洁员，在公司工作了 30 年。公司最近经济效益大幅度下降，公司领导考虑进行裁员。有一天，领导找刘某谈话，要求刘某办理退休手续。刘某家里经济情况不好，不希望太早退休，而且他听说，退休年龄应该是 60 周岁。于是刘某拒绝提前退休。

公司要求刘某退休是否有法律依据？

任务实施

本案例反映了退休、提前退休和因病提前退休的条件问题。刘某年届 56 周岁，在本企业工作达 30 年，但不符合提前退休的条件，公司要求其提前退休的理由是不合法的。

任务分析

一般退休条件是男性年满 60 周岁，女性年满 50 周岁，连续工龄满 10 年。从事井下、高空、高温、特别繁重体力劳动或其他有害健康的工作，男性年满 55 周岁，女性年满 45 周岁，连续工龄满 10 年（工种、年龄、工龄条件）可办理提前退休；男性年满 50 周岁，女性年满 45 周岁，连续工龄满 10 年，由医院证明并经劳动鉴定委员会确认，完全丧失劳动能力（年龄、工龄、完全丧失劳动能力条件），可办理因病提前退休；由医院证明并经劳动鉴定委员会确定完全丧失劳动能力，可办理因工致残提前退休。

任务 2　保障劳动者工伤保险待遇

任务描述

王某系某私营酒店职工，于 2007 年与该企业签订了 3 年的劳动合同，合同约定试用期为 6 个月。2009 年 3 月，王某在工作中因工负伤住院治疗 1 个月。病愈后，企业拒绝支付王某的全部医疗费用，只报销了药费。另外，还以误工为由，扣发了王某住院期间的一半工资。王某多次找单位交涉，要求报销全部的住院治疗费用和住院期间的伙食补助，并补发住院期间被扣发的工资，用人单位不予理睬。理由是：王某的试用期未满，不是单位的正式职工，不能享受全部的工伤待遇。王某不服，向当地劳动争议仲裁委员会提出申诉，要求用人单位按工伤待遇处理。

王某可以得到哪些待遇？

任务实施

本案例中，企业已报销了王某医疗费中的药费，却不愿支付其在治疗工伤期间的其他医疗费和住院期间的伙食补助费，这是违法的。《劳动法》规定，劳动者享受的社会保险金“必须按时足额支付”，任何企业都不能例外。在企业宣告破产之前，工伤职工的保险待遇必须得到保障。因此，以无钱支付等客观原因为由，逃避工伤保险责任，是违反国家法律法规规定的，是侵犯劳动者合法权益的行为，绝对不能允许。

任务分析

职工因工负伤或者患职业病需要停止工作接受治疗的，实行工伤医疗期。工伤医疗期是指职工因工负伤或者患职业病停止工作接受治疗和领取工伤津贴的期限。在工伤医疗期内，企业不得强行解除合同，更不能将工伤医疗期内的病休算作旷工而将劳动者除名。工伤医疗期应当按照轻伤和重伤的不同情况确定为 1 个月至 24 个月，严重工伤或者职业病需要延长医疗期的，最长不超过 36 个月。

另外，《企业职工工伤保险试行办法》第 17 条明确规定了工伤医疗待遇的具体内容：工伤职工治疗工伤或职业病所需的挂号费、住院费、医疗费、药费、就医路费全额报销。工伤职工需要住院治疗的，按照当地因公出差伙食补助标准的 2/3 发给住院伙食补助费；经批准转外地治疗的，所需交通、食宿费用按照本企业职工因公出差标准报销。这项费用应列入统筹项目，统筹办法由各地制定实施。

任务 3　保障劳动者失业保险待遇

任务描述

谭某是某酒店的在职员工，因违反单位规章制度并给单位造成重大经济损失，被单位解除劳动合同，单位开具有关证明。谭某不服单位的决定，但既不申请劳动争议仲裁，又不办理失业登记。6 个月后，因生活困难，到当地失业保险经办机构申领失业保险金。

谭某是否可以领取失业保险金？

任务实施

本案例中，谭某在失业后 6 个月中没有办理失业登记，不符合领取失业保险金和享受失业保险其他待遇的条件，所以不能领取失业保险金。谭某若申领失业保险金，应先办理失业登记，失业保险金自办理失业登记之日起计算。

任务分析

《失业保险条例》第 14 条规定，具备下列条件的失业人员，可以领取失业保险金和享受其他失业保险待遇：①按照规定参加失业保险，所在单位和本人已按规定履行缴费义务满 1 年的；②非因本人意愿中断就业的；③已办理失业登记并有就业要求的。同时，根据《失业保险条例》第 15 条，失业人员在领取失业救济金期间有下列情形之一的，停止领取失业救济金和享受其他失业保险待遇：①重新就业的；②应征服兵役的；③移居境外的；④享受基本养老保险待遇的；⑤被判刑收监执行或被劳动教养的；⑥无正当理由拒不接受政府指定的部门或机构介绍的工作的。

任务 4　保障劳动者医疗保险待遇

任务描述

李某是某酒店的餐厅服务员，和企业签订了 7 年的劳动合同。在合同的第 6 年的 9 月份，李某被医院确诊患有急性肠炎，需住院治疗 2 个月。出院后，李某遵循医生的要求，在家又休息了 1 个月。病愈后李某去上班，酒店告知与其的劳动合同已满，合同解除。

酒店在李某医疗期间解除劳动合同是否合法？

任务实施

本案例涉及的主要问题是劳动合同期满，但医疗期未届满时劳动合同能否终止的问题。李某的劳动期限已满，但李某的医疗期还未满，企业不能单方面解除劳动合同，用人单位要求李某办理终止劳动合同手续是违法的。

任务分析

根据劳动部《企业职工患病或非因工负伤医疗期规定》的规定，职工因患病和因非因工负伤，而要停止工作医疗时，根据本人实际参加工作年限和在本单位工作年限，给予 3～24 个月的医疗期。医疗期内，用人单位不能单方面解除合同。

任务 5　保障劳动者生育保险待遇

任务描述

案例一：某酒店内部明文规定，新来的女职工最少 3 年后才能结婚、生育。女职工黄某工作 1 年后怀孕，到酒店人事部门要求开具婚姻状况证明，准备登记结婚。人事部门以违反酒店规章制度为由拒绝。后经黄某再三恳求，人事部门同意出具证明，但要黄某必须书面保证 2 年内不得生育。酒店后得知黄某已怀孕，以黄某严重违反规章制度、欺骗领导为由，将黄某辞退。据查，黄某和其丈夫符合结婚条件和计划生育条件。

酒店的做法是否合理？

案例二：已婚的李小姐是上海某合资企业的白领职员，她与单位的劳动合同于今年 7 月底即将到期，李小姐很想与单位续约，单位也对她的工作感到满意。就在这时，李小姐发现自己已经怀孕，遂向单位提出一些实际要求，想将合同期限自动延续到哺乳期结束。不料单位在得知这一情况后，表示将不再与李小姐续签合同。对此，李小姐指出，依我国《劳动法》的规定，单位在女职工处于孕期、产期、哺乳期这“三期”内不得解除同该职工的合同。另外，《上海市劳动合同条例》也明确规定：女职工在孕期、产期、哺乳期内的，劳动合同期限顺延至情形消失。而单位方面则辩解说：“《上海市劳动合同条例》是今年 5 月 1 日才正式实施，而按照条例的实施原则‘新合同新办法，老合同老办法’，单位与李小姐之间的劳动合同应适用原《上海市劳动合同规定》，而规定里面并没有这一条。而且企业并没有解除合同，而是原合同期限届满，已经自动终止。是否再签，要看双方的意思，现在单位不想续约，是很正常的，企业与个人之间自原合同期满之日起已不存在劳动关系。”李小姐感到很困惑，想知道自己的权益是否可以得到保障。

该用人单位在合同期满时，是否可以终止劳动合同呢？

案例三：王小姐是某知名外企的行政管理人员，这家外企对女性员工的生育政策非常优厚，除了按照国家有关规定照发产假内的基本工资之外，还有很高的生活补助。王小姐的劳动合同是今年 2 月份到期，公司按照有关规定顺延到今年 6 月份她的“三期”结束，然后要求王小姐和公司续签合同，而王小姐此时却找到了有着更好薪资待遇的新东家，所以“三期”一过就提出了辞职。

王小姐的做法是否妥当？

任务实施

案例一中，企业的“规章制度”违法，没有效力，企业在女职工怀孕期间不得与其解除劳动合同。黄某可以享受相关的产假，可以享受生育津贴和报销生育医疗费用。

案例二中，用人单位辩解说并未解除与李小姐的合同，而是合同期限届满，应当自动终止，这是否于法有据呢？应当说，该单位未解除合同是事实，合同已期限届满也是事实，但所谓的“应当自动终止”却不合法律的规定。从法律角度看，对于本案的具体情况，我国《劳动法》并未明文给出规定。但是，我们在相关的法规中却可以找到相应的答案。依据劳办计字（1990）21号文件，即《劳动部办公室对〈关于外商投资企业女职工在孕期、产期、哺乳期间解除、终止劳动合同问题的请示〉的复函》中规定：“对实行计划生育的女职工，在‘三期’内劳动合同期满，也不能解除，必须延续到哺乳期满。”由此可见，用人单位以与李小姐的合同期限已满，故应自动终止为由，不给予其“三期”保护，是违反了法律规定的，李小姐完全有权利要求其单位将合同顺延至其哺乳期满为止。除此之外，企业在女性员工孕期、产期、哺乳期期间，亦不得降低其基本工资。

案例三中，王小姐的行为，目前还没有相关的法律法规来约束，而用人单位对此的说法是，不能因为一个人的行为而否定整个企业生育政策，因为良好的福利待遇是吸引人才和留住人才的基础，王小姐仅是个案。

任务分析

目前，我国生育保险实行两种制度并存：

第一种是由女职工所在单位负担生育女职工的产假工资和生育医疗费。根据国务院《女职工劳动保护规定》及劳动与社会保障部《关于女职工生育待遇若干问题的通知》，女职工怀孕期间的检查费、接生费、手术费、住院费和药费由所在单位负担。产假期间工资照发。

第二种是生育社会保险。根据劳动与社会保障部《企业职工生育保险试行办法》规定，参加生育保险社会统筹的用人单位，应向当地社会保险经办机构缴纳生育保险费；生育保险费的缴费比例由当地人民政府根据计划内生育女职工的生育津贴、生育医疗费支出情况等确定，最高不得超过工资总额的1%，职工个人不缴费。参保单位女职工生育或流产后，其生育津贴和生育医疗费由生育保险基金支付。生育津贴按照本企业上年度职工月平均工资计发；生育医疗费包括女职工生育或流产的检查费、接生费、手术费、住院费和药费（超出规定的医疗服务费和药费由职工个人负担），以及女职工生育出院后，因生育引起疾病的医疗费。

对此，我们要分清劳动合同的解除与劳动合同的终止二者间的区别。劳动合同的解除是指在合同规定的履行期尚未期满前，合同的一方或双方表示不再履行合同的一种行为。劳动合同的终止包括两种情况：一是履行期已届满，二是双方约定的终止条件出现。依据我国《劳动法》第 25、26、27、29 条的规定，用人单位只有在以下 4 种情况下，才能在女职工处于孕期、产期、哺乳期这“三期”之内时解除劳动合同：①在试用期间被证明不符合录用条件的；②严重违反劳动纪律或者用人单位规章制度的；③严重失职、营私舞弊，对用人单位利益造成重大损害的；④被依法追究刑事责任的。除此之外，用人单位均不能解除处于“三期”内的女职工的劳动合同。

相关知识

一、社会保险的基本特征

（1）强制性　社会保险是国家立法加以确认并强制实施的。社会保险覆盖范围内，所有的单位和个人都必须依法参加社会保险，缴纳社会保险费，并且不能自行选择缴费标准。对逾期不缴纳的，可以加收滞纳金。

（2）社会性　由国家设立专门的社会保险机构统一管理，社会保险基金的筹集、发放、调剂由社会保险机构依照国家规定的标准统一进行管理。享受保险对象范围广泛，包括社会上不同层次、不同行业、不同所有制形式和不同身份的劳动者。

（3）补偿性　劳动者通过劳动创造价值或财富，一部分以劳动报酬返回给劳动者，另一部分纳入政府收入，社会保险基金中政府所负担部分，最初来自劳动者的劳动，国家通过社会保险将这部分再返回给劳动者。

二、养老保险

小资料

退休条件

（1）年龄　根据国务院《关于工人退休、退职的暂行办法》第 1 条，除男年满 60 周岁、女年满 50 周岁的一般年龄条件外，男年满 55 周岁、女年满 45 周岁，从事特殊岗位工作的也应该退休，男年满 50 周岁、女年满 45 周岁由医院证明并经劳动鉴定委员会确认完全丧失劳动能力的也应该退休。

（2）工龄　工龄有总工龄和连续工龄之分，总工龄是劳动者所有工作年限之和，连续工龄一般是指劳动者在某个用人单位连续工作的年限。根据国务院《关于工人退休、退职的暂行办法》第 1 条，退休养老要求连续工龄 10 年。

（3）缴费年限　也称投保年限，是指用人单位和劳动者共同缴纳养老保险费的年限。国际劳工组织建议为 15 年，我国许多地方，如上海市要求为 10 年。

思考：什么是养老保险？

养老保险，是指对符合法定退休条件的劳动者给予基本生活保障的社会保险项目。养老保险是社会保险的重要组成部分，因为每个劳动者的法定劳动年龄是有限的，劳动者达到法定退休年龄后，就要退出劳动（工作）岗位，其基本生活保障问题就要由养老保险基金来支付。根据《劳动保险条例》的规定，我国的养老保险类似于统付型养老保险。1991 年 6 月，国务院《企业职工养老保险制度改革决定》中规定，我国的退休养老保险应当采取用人单位（企业）、劳动者个人和政府三方出资建立保险基金的模式（政府财政适当拨款补贴不足，主要由用人单位和劳动者个人按月缴纳保险费），相当于投保资助型养老保险。

三、医疗保险

小资料 **职工的医疗保险待遇**

在医疗期间，职工主要享受3项保险待遇：

（1）医疗待遇　职工因工负伤治疗（包括工伤事故和职业病），享受工伤医疗待遇。如果是工伤的旧伤复发，经确认需要治疗，或者是医疗期满后需继续治疗的，也同样享受工伤医疗待遇。但是，工伤职工治疗非工伤范围的疾病，其医疗费用按照医疗保险的规定执行，个人要负担一定的费用。

（2）工伤津贴　工伤职工在工伤医疗期内停发工资，改为按月发给工伤津贴。工伤津贴标准相当于工伤职工本人受伤前12个月内平均月工资收入。工伤医疗期满或者评定伤残等级后应当停发工伤津贴，改为享受伤残待遇，大多数返回工作岗位的工伤职工还可以领取工资。

（3）福利待遇　与本单位其他职工享受同等福利待遇。

思考：什么是医疗保险？

医疗保险是对劳动者患病或非因工负伤发生困难时给予一定经济援助的一种社会保险制度。

1. 医疗期期限

所谓医疗期，是指企业职工因患病或非因工负伤停止工作治病休息不得解除劳动合同的时限。根据劳动部《企业职工患病或非因工负伤医疗期规定》的规定，职工因患病和非因工负伤而要停止工作进行医疗时，根据本人实际参加工作年限和在本单位工作年限，给予3个月到24个月的医疗期。具体为：

（1）实际工作年限10年以下、在本单位工作年限5年以下的，医疗期为3个月；5年以上的，医疗期为6个月。

（2）实际工作年限10年以上、在本单位工作年限5年以下的，医疗期为6个月；5年以上10年以下的，医疗期为9个月；10年以上15年以下的，医疗期为12个月；15年以上20年以下的，医疗期为18个月；20年以上的，医疗期为24个月。

（3）医疗期为3个月的，按6个月内累计病休时间计算；医疗期为6个月的，按12个月内累计病休时间计算；医疗期为9个月的，按15个月内累计病休时间计算；医疗期为12个月的，按18个月内累计病休时间计算；医疗期为18个月的，按24个月内累计病休时间计算；医疗期为24个月的，按30个月内累计病休时间计算。另根据劳动部《关于贯彻<企业职工患病或非因工负伤医疗期规定>的通知》的精神，医疗期的计算应从病休第一天开始，累计计算；病休期间，公休、假日和法定节假日包括在内；对于患特殊病的职工在24个月内尚不能痊愈的，经企业和劳动主管部门批准，可以适当延长医疗期。

2．医疗保险费的计发

具体费用：职工门诊、住院所需的诊疗费、手术费、住院费、普通药费等。挂号费、出诊费、住院的膳食费、路费、营养费、滋补药品费由个人负担。

四、工伤保险

小资料 **属于工伤的鉴定**

劳动者受伤害或所患疾病是否属于工伤，必须经专门的鉴定机构鉴定，并按照鉴定的伤残等级享受工伤待遇。将工伤和职业病致残程度分为 10 个等级登记，其中 1～4 等级为全部丧失劳动能力，5～6 等级为大部分丧失劳动能力，7～10 等级为部分丧失劳动能力的职工。

思考：什么是工伤保险？

工伤保险是国家为预防和使受到职业伤害者及其家属恢复正常生活而采取的社会保障措施。

1．覆盖对象

包括各类企事业单位的职工。

2．保险范围

（1）从事本单位日常生产、工作或本单位负责人临时指定的工作，或在紧急情况下，虽未经本单位负责人制定但从事直接关系到本单位重大利益的工作的职工。

（2）经本单位负责人安排或同意，从事与本单位有关的科学试验、发明创造和技术改进工作的职工。

（3）在生产工作时间和区域内，由于不安全因素造成意外伤害的，或者由于工作紧张突发疾病造成死亡或经第一次抢救治疗后全部丧失劳动能力的职工。

（4）因在生产工作环境中接触职业性有害因素造成职业病的职工。

（5）因履行职责导致人身伤害的职工。

（6）从事抢险、救灾、救人等维护国家、社会和公众利益的活动的职工。

（7）因公、因战致残的军人复员转业到企业工作后旧伤复发的职工。

（8）因公外出期间，由于工作原因遭受交通事故或其他意外事故造成伤害或失踪的，或因突发疾病造成死亡或经第一次抢救治疗后全部丧失劳动能力的职工。

（9）在上下班的规定时间和必经路线上，发生无本人责任或非本人主要责任的道路交通机动车事故的职工。

（10）法律、法规规定的其他情形。

3．工伤鉴定及待遇

（1）根据我国《劳动法》规定，劳动者因工致残被鉴定为 1 级至 4 级的，应当退出生产、工作岗位，终止与企业的劳动关系，发给工伤伤残抚恤证件，办理工伤退休手续：

1）伤残抚恤金。标准分别为：1 级每个月领取平均工资的 90%，相应地，2 级为 85%，3 级为 80%，4 级为 75%。

2）一次性伤残补助金。标准相当于伤残职工本人 18～24 个月工资，其中 1 级 24 个月，2 级 22 个月，3 级 20 个月，4 级 18 个月。

3）患病时，按医疗保险有关规定执行，对其中执行个人部分有困难的，由工伤保险基金酌情补助。

4）易地安家的，发给相当于本省、自治区、直辖市上年度职工平均工资 6 个月的安家补助费。旅途所需的车船费、旅馆费、行李搬运费和伙食补助费，按照本单位职工因公出差标准报销。

5）到达退休年龄时，继续由工伤保险基金支付伤残抚恤金。伤残抚恤金低于按养老保险规定计发的养老金标准的，应当按养老金的标准由工伤保险基金补足差额部分。社会保险经办机构同时应将该职工在养老保险基金中个人账户的个人缴费部分转入工伤保险基金。

（2）根据我国《劳动法》规定，劳动者因工致残被鉴定为 5 级至 10 级的，原则上由企业安排适当工作，并享受：

1）按伤残等级发给一次性伤残补助金，标准相当于伤残职工本人 6～16 个月工资。其中 5 级 16 个月，6 级 14 个月，7 级 12 个月，8 级 10 个月，9 级 8 个月，10 级 6 个月。

2）因伤残造成本人工资降低时，由所在单位发给在职伤残补助金，标准为工资降低部分的 90%，因本人技能提高而晋升工资时，在职伤残补助金予以保留。

3）旧伤复发经确认需要治疗和休息的，享受工伤医疗待遇和工伤津贴。

4）伤残程度被评为 5 级和 6 级且企业难以安排工作的，按月发给相当于本人工资 70% 的伤残抚恤金。

5）伤残程度被评为 7～10 级，职工愿意自谋职业并经企业同意的，或者劳动合同期满终止合同后本人另行择业的，可以发给一次性伤残就业补助金。

（3）护理费待遇。劳动者经评残并确认需要护理的，还应当发给与护理等级相对应的护理费，其标准为当地职工月平均工资的一定百分比，属于全部护理依赖的为 50%，大部分护理依赖的为 40%，部分护理依赖的为 30%。因日常生活或辅助生产劳动需要，必须安置假肢、义眼、镶牙和配置代步车等辅助器具的，按国内普及型标准报销费用。

五、失业保险

小资料　失业保险

失业保险，是指劳动者因法定原因暂时失去职业时，国家和社会对其提供物质帮助的社会保险项目。失业保险的具体含义是：①失业保险在劳动者失业时起作用，劳动者在就业年龄中没有失业的，不享受失业保险金，缴纳的失业保险费也不返还。在有的国家，劳动者不缴纳失业保险费；②失业保险享受有期限，失业者根据其缴纳保险费年限的长短，享受期限不同的领取失业保险金待遇。

思考：什么是失业保险？

失业保险是保障劳动者因各种原因失去工作，在重新恢复工作期间的基本生活需要，而设立的社会保障制度。

1．失业保险对象

（1）非因本人意愿中断职业者。

（2）按规定参加了失业保险，所在单位和本人按规定缴纳保险费满 1 年者。

（3）已办理失业登记，并有求职要求者；或者，暂时失去工作的劳动者，有劳动能力并有就业愿望但失去工作者。

2．失业救济金的领取期限

我国《劳动法》规定，失业救济最长不能超过 24 个月。失业人员失业前，所在单位及个人累计缴费时间为 1～5 年的，领取时间最长为 12 个月；累计缴费时间为 5～10 年，领取时间为 18 个月；累计缴费时间为 10 年以上的，领取时间为 24 个月。上次失业的领取期限内未领取部分，若重新就业后再次失业，其领取期限可以累加，但最长不能超过 24 个月。

3．限制领取失业救济金和享受其他失业保险待遇的情形

（1）重新就业的。

（2）应征服兵役的。

（3）移居境外的。

（4）享受基本养老保险待遇的。

（5）被判刑收监执行或被劳动教养的。

（6）无正当理由拒不接受政府指定的部门或机构介绍的工作的。

4．失业救济金金额

标准由当地民政部门根据有关规定制定。

六、生育保险

小资料

生育权

生育是女性特有的生理功能，在孕期、产期、哺乳期等的整个过程中，女性需要获得特殊的照顾和保护。所以，生育保险不仅处理事后待遇，而且关照整个生育过程。

思考：生育保险的范围和待遇有哪些？

生育保险，是指女性劳动者因生育子女而暂时失去劳动能力时，从社会获得物质帮助的社会保险项目。符合法定结婚条件和计划生育要求的女性劳动者，可以享受相关的生育保险待遇。

1．保险范围

分娩前后的特定时间，给予适当的医疗条件和医疗费用、产假及其产假间的工资和生活费等。

2．生育保险待遇

国务院法制办公布《女职工特殊劳动保护条例》意见稿，征求意见稿规定，将产假由 90 天增至 14 周。女职工怀孕未满 4 个月流产的，不少于 2 周的产假；怀孕满 4 个月流产的，不少于 6 周的产假。女职工生育或者流产的，其工资或者生育津贴，以及生育、流产的医疗费用，未参加生育保险的，由用人单位支付。

（1）禁忌劳动范围应书面告知　用人单位应当加强女职工特殊劳动保护，不得安排女职工从事禁忌的劳动，并将本单位属于女职工禁忌劳动范围的岗位书面告知女职工。

（2）怀孕 7 个月以上，不得安排夜班工作　用人单位应当在劳动时间内合理安排怀孕女职工的休息时间，或者相应减少其劳动定额；经与女职工协商一致，用人单位可以调整其工作岗位。女职工怀孕 7 个月以上的，用人单位不得延长其劳动时间或者安排其夜班劳动。

（3）产前检查可算作劳动时间　怀孕女职工在劳动时间内的产前检查时间算作劳动时间。

（4）产前可提前 2 周休产假　女职工生育享受不少于 14 周的产假，其中产前可以休假 2 周；难产的，增加产假 2 周；生育多胞胎的，每多生育一个婴儿，增加产假 2 周。

（5）流产的至少休 2 周产假　女职工怀孕未满 4 个月流产（含人工流产）的，享受不少于 2 周的产假；怀孕满 4 个月流产（含人工流产）的，享受不少于 6 周的产假。

（6）未参加生育保险的单位埋单　女职工生育或者流产，用人单位已经参加生育保险的，由生育保险基金按照用人单位上年度职工月平均工资标准支付女职工生育津贴；用人单位未参加生育保险的，由用人单位按照女职工生育或者流产前工资标准支付工资。女职工生育或者流产的医疗费用，用人单位已经参加生育保险的，由生育保险基金支付；用人单位未参加生育保险的，由用人单位支付。

（7）哺乳期不得安排夜班劳动　女职工哺乳（含人工喂养）未满 1 周岁的婴儿期间（以下称哺乳期间），用人单位不得延长其劳动时间或者安排其夜班劳动。用人单位应当在每日的劳动时间内为哺乳期间女职工安排不少于 1 小时的时间作为哺乳时间；生育多胞胎的，每多哺乳 1 个婴儿，每日增加 1 小时的哺乳时间。

（8）孕期禁忌劳动范围　包括：作业场所空气中铅及其化合物、汞及其化合物、苯、镉、铍、砷、氰化物、氮氧化物、一氧化碳、二硫化碳、氯、乙内酰胺、氯丁二烯、氯乙烯、环氧乙烷、苯胺、甲醛等有毒物质浓度超过国家职业卫生标准的作业；从事抗癌药物、已烯雌酚生产，接触麻醉剂气体等易导致流产或者胎儿发育畸形的作业；非密封源放射性物质的操作，核事故与放射事故的应急处置；在密闭空间、高压室作业或者潜水作业，伴有强烈振动的作业，或者需要频繁弯腰、攀高、下蹲的作业等。

（9）哺乳期禁忌劳动范围　怀孕期间禁忌从事的劳动范围的第一项、第三项、第九项；作业场所空气中锰、氟、溴、甲醇、有机磷化合物、有机氯化合物等有毒化学物质的浓度超过国家职业卫生标准的作业。

（10）用人单位违反条例规定将要担责　用人单位违反本条例规定的，由县级以上人民政府安全生产监督管理部门、卫生行政部门、人力资源社会保障行政部门按照本条例第十二条的职责分工，责令用人单位限期改正，按照受侵害女职工每人 1 000 元以上 5 000 元以下处以罚款，或者对直接负责的主管人员及其他直接责任人员依法给予处分。给女职工造成损害的，应当承担赔偿责任；对构成犯罪的直接负责的主管人员以及其他直接责任人员，依法追究刑事责任。用人单位违反本条例规定，侵害女职工合法权益的，女职工可以依法向有关行政部门投诉、举报或者申诉，依法向劳动人事争议调解仲裁机构申请调解仲裁，或者向人民法院提起诉讼。

课外阅读

案例 1 学《劳动合同法》谨防 10 大误区

《劳动合同法》即将施行，劳动保障部门提醒，广大用人单位和劳动者在学、用新法时，要谨防陷入以下 10 大误区：

误区一：《劳动合同法》只保护劳动者

《劳动合同法》在维护用人单位合法权益的同时，侧重于维护处于弱势一方的劳动者的合法权益，以实现双方之间力量与利益的平衡，从而促进劳动关系和谐稳定，促进社会主义和谐社会的构建。《劳动合同法》统筹兼顾了用人单位和劳动者双方的利益，适当向劳动者作了倾斜，但同时也根据实际需要增加了维护用人单位合法权益的内容。比如，为了保护用人单位的商业秘密，促进创新、促进公平竞争，新规定了竞业限制制度。为了适应企业结构调整、参与市场竞争的需要，放宽了用人单位依法解除劳动合同的条件，新规定了在企业转产、重大技术革新、经营方式调整，经变更劳动合同后，仍需裁减人员的；其他因劳动合同订立时所依据的客观经济情况发生重大变化，致使劳动合同无法履行的，企业可以依法裁减人员。

误区二：《劳动合同法》只适用于企业

“劳动者”有广义和狭义之分。《劳动合同法》里的“劳动者”显然是狭义的，是有明确的法律适用范围的。《劳动合同法》第 2 条规定：“中华人民共和国境内的企业、个体经济组织、民办非企业单位等组织与劳动者建立劳动关系，订立、履行、变更、解除或者终止劳动合同，适用本法。国家机关、事业单位、社会团体和与其建立劳动关系的劳动者，订立、履行、变更、解除或者终止劳动合同，依照本法执行。”要指出的是，公务员和参照公务员管理的人员不适用《劳动合同法》。法律同时明确，事业单位与实行聘用制的工作人员之间也应订立劳动合同，但考虑到事业单位实行的聘用制度与一般劳动合同制度在劳动关系双方的权利和义务方面、管理体制方面存在一定的差别，因此允许其优先适用特别规定。法律、行政法规或者国务院未作规定的，依照《劳动合同法》有关规定执行。

误区三：职工必须无条件服从企业的规章制度

单位的规章制度职工当然得遵照执行，如有违反，也当然照章处罚。但作为合法有效的规章制度必须有两个前提：一是程序合法，二是实体内容不得与现行法律相违背。《劳动合同法》第 4 条规定：“用人单位应当依法建立和完善劳动规章制度，保障劳动者享有劳动权利、履行劳动义务。用人单位在制定、修改或者决定有关劳动报酬、工作时间、休息休假、劳动安全卫生、保险福利、职工培训、劳动纪律以及劳动定额管理等直接涉及劳动者切身利益的规章制度或者重大事项时，应当经职工代表大会或者全体职工讨论，提出方案和意见，与工会或者职工代表平等协商确定。在规章制度和重大事项决定实施过程中，工会或者职工认为不适当的，有权向用人单位提出，通过协商予以修改完善。用人单位应当将直接涉及劳动者切身利益的规章制度和重大事项决定予以公示，或者告知劳动者。”同样需要指出的是，如果用人单位以暴力、威胁或者非法限制人身自由的手段强迫劳动者劳动的，或者用人单位违章指挥、强令冒险作业危及劳动者人身安全的，劳动者可以拒绝执行，也可以立即解除劳动合同，这不算违反合同和用人单位制度。用人单位规章制度违法，给劳动者造成损害的，劳动者还可以随时解除劳动合同。

误区四：无固定期限劳动合同不能解除

不少用人单位和劳动者对于无固定期限劳动合同的解除都存在误解，认为无固定期限劳动合同一经签订就不能解除。这样误解的结果是，一些劳动者把无固定期限劳动合同视为“护身符”，千方百计要与单位签订，而很多用人单位则将无固定期限劳动合同看成了“终身包袱”，想方设法逃避签订。《劳动合同法》对无固定期限劳动合同给出了明确界定：“无固定期限劳动合同，是指用人单位与劳动者约定无确定终止时间的劳动合同。”无确定终止时间就表明劳动合同的终止是不确定的，是由用人单位与劳动者协商一致或者出现法定的解除情形时就可以解除的。其实，许多单位的实践经验表明，与符合条件的职工签订无固定期限劳动合同有利于增加凝聚力，保持职工队伍的稳定；而大多数职工也明白，不好好工作或者不与单位同舟共济，就是签了无固定期限合同也无用。

误区五：订立合同是企业跟职工的事，与工会无关

我国《工会法》第2条规定：“中华全国总工会及其各工会组织代表职工的利益，依法维护职工的合法权益。”《劳动合同法》第6条明确：“工会应当帮助、指导劳动者与用人单位依法订立和履行劳动合同，并与用人单位建立集体协商机制，维护劳动者的合法权益。”工会的维权其实是很具体的，比如参与劳动合同文本的制定和修改，为劳动者提供法律咨询服务，代表职工与用人单位签订集体合同，还包括对用人单位单方解除劳动合同有权提出意见等。既然法律赋予了工会这一神圣职责，用人单位就必须予以配合和协助，而职工应该学会紧紧依靠工会组织，依法维护好自己的权益。

误区六：收押金违法但可以要求职工提供担保

收取职工押金、扣押身份证等违法违规行为这几年遭到严厉地打击和查处，于是一些单位转而要求职工提供担保，否则就不予以录用。《劳动合同法》首次明令禁止用工担保，其第9条规定：“用人单位招用劳动者，不得扣押劳动者的居民身份证和其他证件，不得要求劳动者提供担保或者以其他名义向劳动者收取财物。”作为用人单位，应该遵循平等自愿的原则，与劳动者协商一致签订劳动合同。不得利用强势地位，要求职工提供担保或者以其他名义收取费用、扣押各种证件。如果用人单位违反这一规定，作为职工来讲，应大胆举报，以维护自己的就业权、财产权不受侵犯。

误区七：事实劳动关系提前通知就可终止

对应订未订合同形成事实劳动关系的，根据现行规定，单位只要提前一个月通知就可终止，只不过要根据未订合同的期限支付劳动者经济补偿。随着《劳动合同法》的实施，这种做法就不一定可行了，除非与劳动者协商达成一致，否则，即使没签订书面劳动合同，劳动关系也不能被以提前通知的形式终止掉，而且，用人单位还将为不签合同的违法行为付出代价——1个月以上1年以内违法不与劳动者订立书面劳动合同，应当向劳动者每月支付两倍的工资。用工满1年不与劳动者订立书面劳动合同的，视为用人单位与劳动者已订立无固定期限劳动合同。

误区八：使用劳务派遣工责任义务少

由于对劳务派遣这种新生事物缺乏法律规范，使一些用工单位认为，使用劳务派遣工责任义务少。一些被派遣劳动者的社会保险、休息休假、劳动保护等权益往往受到侵害，发生工伤等问题后，还会出现两家单位互相推诿的情况。为防止用工单位规避劳动保障法律法规，维护被派遣劳动者的合法权益，《劳动合同法》明确规定，用工单位应当履行下列义务：①执行国家劳动标准，提供相应的劳动条件和劳动保护；②告知被派遣劳动者的工作要求和劳动报酬；③支付加班费、绩效奖金，提供与工作岗位相关的福利待遇；④对在岗被派遣劳动者进行工作岗位所必需的培训；⑤连续用工的，实行正常的工资调整机制。用工单位不得将被派遣劳动者再派遣到其他用人单位。同时规定，被派遣劳动者享有与用工单位的劳动者同工同酬的权利。被派遣劳动者合法权益受到侵害时，用工单位与劳务派遣单位承担连带赔偿责任。

误区九：求职应聘须如实回答所有提问

一些用人单位认为，全面了解求职者的情况是自己的权利，于是许多女性应聘者面试时会被问及“你有没有男朋友”、“什么时候想要孩子”等问题，甚至必须通过尿检和妊娠反应检查，确定没有怀孕后，才能被录用。为保护劳动者的隐私权，《劳动合同法》第 8 条明确规定：“用人单位招用劳动者时，应当如实告知劳动者工作内容、工作条件、工作地点、职业危害、安全生产状况、劳动报酬，以及劳动者要求了解的其他情况；用人单位有权了解劳动者与劳动合同直接相关的基本情况，劳动者应当如实说明。”也就是说，不属于“与劳动合同直接相关的基本情况”，单位都无权过问，劳动者也有权拒绝作答。与劳动合同直接相关的基本情况包括知识技能、学历、职业资格、工作经历以及部分与工作有关的劳动者个人情况，如家庭住址、主要家庭成员构成等。

误区十：裁员是用人单位想裁就裁的

一些企业认为裁员是企业说了算的，想裁就裁，想裁多少就裁多少。面对单位的裁员，许多劳动者也表示无奈。《劳动合同法》不仅对裁员的条件有明确规定，对裁员的程序也作出了明确规定，裁员并非是企业想裁就裁的。用人单位可以裁减人员的情形仅限于 4 种：①依照企业破产法规定进行重整的；②生产经营发生严重困难的；③企业转产、重大技术革新或者经营方式调整，经变更劳动合同后，仍需裁减人员的；④其他因劳动合同订立时所依据的客观经济情况发生重大变化，致使劳动合同无法履行的。至于裁员程序，《劳动合同法》规定，需要裁减人员 20 人以上或者裁减不足 20 人但占企业职工总数 10%以上的，用人单位提前 30 日向工会或者全体职工说明情况，听取工会或者职工的意见后，裁减人员方案经向劳动行政部门报告，可以裁减人员。

（《解放日报》2007 年 12 月 10 日）

案例 2　企业用工须防范 8 大诉讼风险

随着法释〔2006〕6 号《最高人民法院关于审理劳动争议案件适用法律若干问题的解释（二）》（以下简称《解释二》）实施之日（2006 年 10 月 1 日）的到来，本报法律事务中心提醒企业，用工管理需要防范 8 大诉讼风险。

风险一：工资支付争议不能再拿时效说事儿

根据《解释二》之规定，在劳动关系存续期间产生的工资支付争议，用人单位能够证明已经书面通知劳动者拒付工资的，书面通知送达之日为劳动争议发生之日；用人单位不能证明的，劳动者主张权利之日为劳动争议发生之日。

风险二：没有送达证明的，离职员工可以随时来告你

《解释二》规定：因解除或者终止劳动关系产生的争议，用人单位不能证明劳动者收到解除或者终止劳动关系书面通知时间的，劳动者主张权利之日为劳动争议发生之日。

风险三：扣押档案、社保关系也会成被告

《解释二》规定：劳动者与用人单位解除或者终止劳动关系后，请求用人单位返还其收取的劳动合同定金、保证金、抵押金、抵押物产生的争议，或者办理劳动者的人事档案、社会保险关系等移转手续产生的争议，经劳动争议仲裁委员会裁决后，当事人依法起诉的，人民法院应予受理。

风险四：单位不服预先支付裁决，不得起诉

原劳办发[1994]391号《劳动部办公厅关于在劳动争议仲裁程序中能否适用部分裁决问题的复函》规定，3类争议可以采用部分裁决：①企业无故拖欠。扣发或停发工资超过3个月，致使职工生活确无基本保障的；②职工因工负伤，企业不支付急需的医疗费的；③职工患病，在规定的医疗期内，企业不支付急需的医疗费的。企业对仲裁委员会因上述原因作出的部分裁决不服的，可以参照《民事诉讼法》第99条的规定，向原仲裁委员会申请复议一次，仲裁委员会应在接到复议申请7日内作出决定，维持部分裁决的，该裁决即具有法律效力，企业如不执行，职工可以申请人民法院强制执行，当事人不得单独就部分裁决向人民法院起诉。《解释二》关于“当事人不服劳动争议仲裁委员会作出的预先支付劳动者部分工资或者医疗费用的裁决，向人民法院起诉的，人民法院不予受理”的规定，将从根本上促进这一规定的实施。

风险五：使用劳务派遣也会成共同被告

无论是《解释二》还是《劳动合同法（草案）》都规定：劳动者因履行劳动力派遣合同产生劳动争议而起诉，以派遣单位为被告；争议内容涉及接受单位的，以派遣单位和接受单位为共同被告。这也就是说，如果劳务派遣人员因工资、社会保险、经济补偿金问题与派遣单位发生争议，接受单位也会有承担连带责任的风险。

风险六：职工信访也属于时效中断的事由

《解释二》规定，当事人能够证明在申请仲裁期间内具有下列情形之一的，人民法院应当认定申请仲裁期间中断：①向对方当事人主张权利；②向有关部门请求权利救济；③对方当事人同意履行义务。申请仲裁期间中断的，从对方当事人明确拒绝履行义务，或者有关部门作出处理决定或明确表示不予处理时起，申请仲裁期间重新计算。只要职工在仲裁中能提供发生争议后60日内曾向企业主管部门或国家行政机关反映，企业就不能以职工过时效作为抗辩理由。

风险七：职工申请财产保全的可能性加大

《解释二》规定：在诉讼过程中，劳动者向人民法院申请采取财产保全措施，人民法院经审查认为申请人经济确有困难，或有证据证明用人单位存在欠薪逃匿可能的，应当减轻或者免除劳动者提供担保的义务，及时采取保全措施。这样一来，职工申请保全的门槛就降低了。

风险八：合同的效力高于规章制度

合同约定与规章制度规定不一致时，到底以哪个为准。《解释二》关于“用人单位制定的内部规章制度与集体合同或者劳动合同约定的内容不一致，劳动者请求优先适用合同约定的，人民法院应予支持”的规定，将为这一争议画上一个句号。

（《中国劳动保障报》2007 年 9 月 17 日）

任务结论

社会保险是指国家通过法律手段对全体社会劳动者强制征集专门资金，用于对其中丧失劳动能力或失去劳动机会者，在丧失劳动能力或在工作中断期间保证其基本生活需求的一种特殊制度。社会保险与社会保障是有区别的，社会保险是社会保障的一部分。

课堂训练与测评

一、课堂实训

（1）分成不同小组，组织一场某饭店与待招聘员工的谈判。请分别代表用人单位和劳动者，进行沟通、谈判，达成协议。

例如，招聘客房服务员 10 名、厨师 2 名。

（2）请你为该饭店制作一份劳动合同，并学会代表双方签署书面合同。

二、能力提升

劳动争议处理制度中的调解是针对劳动关系当事人的一种政府管理形式，具有强制性的特点。劳动争议仲裁是劳动争议仲裁机构根据劳动争议当事人双方的申请，依法就劳动争议的事实和当事人应承担的责任作出判断和裁决的活动。劳动争议仲裁是一种劳动行政执法行为，不具有司法性特征。综合而言，劳动争议处理制度的基本特点是对劳动关系的行政性调整。

请指出上述描述中存在的 5 处错误，并予以改正。

（1）____________________

（2）____________________

（3）____________________

（4）____________________

（5）____________________

三、案例讨论

刘某于 2003 年 8 月 18 日到甲饭店工作，双方未签订书面劳动合同，饭店没有为刘某办理社会保险。2004 年 11 月 25 日，饭店张贴关于未签订劳动合同职工的通知，通知说员工与饭店的劳动关系于 2004 年 12 月 31 日终止，请员工务必在 2005 年 1 月 1 日至 5 日到饭店办理离岗手续并结算工资。同年 12 月 13 日，刘某患病数次就诊。2005 年 1 月 4 日刘某与甲饭店就结算工资发生分歧，之后未上班，并向劳动监察部门举报，后未解决。

2005 年 7 月，刘某向劳动仲裁部门申请仲裁，同时要求回甲饭店上班。饭店在庭审时明确不同意刘某回单位工作，认为双方劳动关系已终止。

问题：

（1）如果你是刘某，应要求甲饭店补偿哪些利益？

（2）刘某和甲公司之间的劳动关系是否已终止？

模块8

职业生涯规划设计

教学目标

能力目标

能够使用相关的测试问卷，清楚认识自己的性格、兴趣、爱好、专业和职业倾向；能够据此规划饭店员工的职业生涯。

知识目标

理解职业生涯规划的内涵；理解职业锚理论；了解职业生涯规划设计的意义。

态度情感与价值观目标

熟悉饭店人力资源部培训专员的工作职能。

任务1 测试职业倾向

任务描述

胜利饭店人力资源部李经理最近正在引进职业生涯规划设计课程，对骨干员工进行职业倾向测试，并把结果作为职位晋升的参考依据。

如果你是李经理，应该怎样设计员工的职业倾向测试呢？

任务实施

职业倾向测试是职业生涯诊断的一个重要环节，它能够帮助个人真正了解自己，并且进一步评估内外环境的优势、限制，设计出合理且可行的职业生涯发展方向。职业倾向测试主要采用职业倾向测验量表。

职业倾向测试

下面的测试可以帮助了解自己的人格特征更适合从事哪方面的工作。与你的实际情况相符合的用“√”表示，得2分；不符合的用“×”表示，得0分；难以回答的用“？”表示，得1分。对于没有从事过的工作，你也可以在假设的情况下作出判断。

现实型（R）问题（1～18）：

（1）你会用拼插玩具或积木搭出许多造型吗？（　）

（2）你在中学里喜欢做实验吗？（　）

（3）你曾经将家里的某件物品全部拆散并能独立地将它装起来吗？（　）

（4）你很喜欢做手工吗？（　）

（5）当你家里有些东西需要修修补补时，常常是由你来做吗？（　）

（6）你常常摆弄机器或机械吗？（　）

（7）看到老师傅在修车，你能很快地、准确地模仿他吗？（　）

（8）你喜欢把一件事做完后再做另一件事吗？（　）

（9）在做事情前，你经常害怕出错，而对工作安排反复检查吗？（　）

（10）你是否深深体会到身边有一把镊指钳或老虎钳等工具，会给你提供许多便利呢？（　）

（11）你经常亲自动手制作一些东西，并且能够从中得到乐趣吗？（　）

（12）你喜欢使用锤子、斧头一类的工具吗？（　）

（13）你曾渴望当一名汽车司机吗？（　）

（14）小时候，你经常把玩具拆开，把里面看个究竟吗？（　）

（15）你喜欢修理自行车、电器一类的工作吗？（　）

（16）你喜欢跟各类机械打交道吗？（　）

（17）如果掌握一门手艺，并能以此为生，你会感到非常满意吗？（　）

（18）你亲手制作或修理的东西经常令你的朋友满意吗？（　）

研究型（I）问题（19～36）：

（19）你经常对别人解不开的难题感兴趣吗？（ ）

（20）你喜欢去书店看书吗？（ ）

（21）你对一件新产品或新事物的构造或工作原理感兴趣吗？（ ）

（22）当有人向你请教某项工作如何做时，你总喜欢讲清内部原理，而不仅仅是操作步骤吗？（ ）

（23）你常常会对一件想知道但又无法详细知道的事物想象出它将是什么或将怎么变化吗？（ ）

（24）你喜欢参加单位组织的智力竞赛吗？（ ）

（25）看到别人在为一个有趣的难题争论不休时，你会加入进去或者独自一人思考，直到解决为止吗？（ ）

（26）你喜欢看推理小说或电影吗？（ ）

（27）你喜欢做一些智力测试游戏吗？（ ）

（28）相比而言，你更喜欢独自一人思考问题吗？（ ）

（29）你的理想是当一名科学家吗？（ ）

（30）你经常不停地思考某一问题，直到想出正确的答案吗？（ ）

（31）你喜欢抽象思维的工作吗？（ ）

（32）你喜欢阅读自然科学方面的书籍、报刊、杂志吗？（ ）

（33）你能够做那种需要持续集中注意力的工作吗？（ ）

（34）你喜欢解答较难的问题吗？（ ）

（35）你喜欢研究思考数学或物理难题吗？（ ）

（36）你喜欢独自在实验室里做实验吗？（ ）

艺术型（A）问题（37～54）：

（37）你参加过文艺演出、绘画训练或经常写写诗歌、短文吗？（ ）

（38）你对艺术作品感兴趣吗？（ ）

（39）你关注文艺界动向吗？（ ）

（40）你喜欢把自己的房间布置得比较优雅并有品位吗？（ ）

（41）你喜欢评价别人的服装、外貌以及家具摆设吗？（ ）

（42）你认为一个人的仪表美主要是为了表现一个人对美的追求，而不是为了得到别人的赞扬或羡慕吗？（ ）

（43）你觉得工作之余坐下来听听音乐，看看画册或欣赏戏剧等，是你最大的乐趣吗？（ ）

（44）遇到有关美术展览会、歌星演唱会等活动，你常常去观赏吗？（ ）

（45）你喜欢成为人们注意的焦点吗？（ ）

（46）你喜欢不时地夸耀一下自己取得的成就吗？（ ）

（47）你喜欢做戏剧、音乐、歌舞、摄影等方面的工作吗？（ ）

（48）你能较为准确地分析美术作品吗？（ ）

（49）音乐能使你陶醉吗？（ ）

（50）你爱幻想吗？（ ）
（51）与纪实性小说相比，你更喜欢言情小说吗？（ ）
（52）当接受一项新任务后，你喜欢以自己独特的方法去完成它吗？（ ）
（53）你认为自己有文艺方面的天赋吗？（ ）
（54）看情感影片或小说时，你常禁不住眼圈发红吗？（ ）

社会型（S）问题（55～90）：

（55）你很愿意参加学校、单位或社会团体组织的各种活动吗？（ ）
（56）你常常主动约朋友聚会吗？（ ）
（57）你经常主动关心你的朋友吗？（ ）
（58）你看到不相识的人遇到困难时，能主动去帮助他，或向他表示你同情与安慰的心情吗？（ ）
（59）你喜欢结交新朋友吗？（ ）
（60）对一些令人讨厌的人，你常常会由于某种理由原谅他、同情他甚至帮助他吗？（ ）
（61）你十分注意仪容风度，是为了让人产生良好的印象吗？（ ）
（62）你被周围的人认为是一名勤劳踏实、愿为大家服务的人吗？（ ）
（63）在火车上或飞机上，你喜欢与陌生人交谈吗？（ ）
（64）你喜欢参加各种各样的聚会吗？（ ）
（65）你很容易结识同性朋友吗？（ ）
（66）你乐于解除别人的痛苦吗？（ ）
（67）有些活动，虽然没有报酬，但你觉得这些活动对社会有好处，就积极参加吗？（ ）
（68）对于社会问题，你很少持中庸的态度吗？（ ）
（69）听别人谈“家中被盗”一类的事，很容易引起你的同情吗？（ ）
（70）你通常不喜欢一个人独处吗？（ ）
（71）在工作中，你喜欢听取别人的意见吗？（ ）
（72）与别人在一起时，你经常能打破沉闷，找到恰当的话吗？（ ）

企业型（E）问题（73～90）：

（73）你常常为别人提出建议吗？（ ）
（74）你常常认为自己的预测是正确的吗？（ ）
（75）你在上学时喜欢并且担任过某些社团职务，如班干部吗？（ ）
（76）你喜欢关注商界动态吗？（ ）
（77）你常常能说服别人接受你的观点吗？（ ）
（78）你对一大堆枯燥无味的数字感到头疼吗？（ ）
（79）做一件事情时，你常常事先仔细考虑它的利弊得失吗？（ ）
（80）在别人跟你算账或讲一套理由时，你常常能换一个角度考虑，而发现其中的漏洞吗？（ ）
（81）你认为在管理活动中以个人的意志影响别人的行为是很必要的吗？（ ）

（82）如果待遇相同，你宁愿当一名商品推销员，而不愿当一名机关办事员吗？（　　）

（83）当你开始做一件事后，即使碰到再多的困难，你也执著地做下去吗？（　　）

（84）你曾经渴望有机会参加探险吗？（　　）

（85）你总是主动地向别人提出自己的建议吗？（　　）

（86）你更喜欢自己下了赌注的比赛或游戏吗？（　　）

（87）对你来说，和不熟悉的人交谈毫不困难吗？（　　）

（88）和别人谈判时，你不愿放弃自己的观点是吗？（　　）

（89）你在集体讨论中愿意发表自己的观点吗？（　　）

（90）你不愿意从事虽然工资少，但是比较稳定的职业是吗？（　　）

常规型（C）问题（91～108）：

（91）无论做什么你都非常认真吗？（　　）

（92）你希望领导给你指派工作吗？（　　）

（93）你能按领导要求做好每一件事吗？（　　）

（94）在讨论会上你不愿意发表自己的观点是吗？（　　）

（95）你常常觉得在你周围有不少人比你更有才能吗？（　　）

（96）你喜欢重复别人已经做过的事情，而不喜欢做那些要求自己动脑筋摸索着干的工作是吗？（　　）

（97）你喜欢做那些已经很习惯了的工作，同时最好这种工作责任心小一些，工作时还能聊聊天，听听歌曲，是吗？（　　）

（98）你能够经常将非常琐碎的事情整理好吗？（　　）

（99）你赴约非常准时吗？（　　）

（100）对别人借你的和你借别人的东西，你都能记得很清楚吗？（　　）

（101）你喜欢经常请示上级吗？（　　）

（102）你喜欢按部就班地完成要做的工作吗？（　　）

（103）你喜欢踏踏实实而非创新出奇是吗？（　　）

（104）你是一个沉静而不易动感情的人吗？（　　）

（105）你喜欢把一切安排得整整齐齐、井井有条吗？（　　）

（106）你经常收拾房间，保持房间整洁吗？（　　）

（107）你做任何事情常常思前想后吗？（　　）

（108）对于急躁、爱发脾气的人，你仍能以礼相待吗？（　　）

请你将上述 6 个类型问题测试的得分，分别填入表 8-1。

表 8-1　职业倾向自我测评登记表

类　型	得　分
现实型（R）	
研究型（I）	
艺术型（A）	
社会型（S）	
企业型（E）	
常规型（C）	

任务分析

如果你在某一类型得分明显高出其他类型，说明你属于该种典型类型的人。详见表 8-2。

表 8-2 职业兴趣类型以及爱好、能力和职业

	现实型（行动者）	研究型（思想者）	艺术型（创造者）	社会型（辅助者）	企业型（管理者）	常规型（组织者）
爱好	整修家具；种植；修补器皿；动手制作东西	图书俱乐部；使用计算机做拼图字谜；参观博物馆；收集石头、邮票	摄影；表演写作故事、诗歌；缝纫；玩音乐	义务工作；带孩子；宗教活动；集体体育活动	开创自己的服务或生意；领导一个组织；竞选；推广宣传主张	收集纪念品；布置家具；玩电脑、打扑克；研究税法；撰写家族史
能力或兴趣	修理；种植；使用工具；参加体育项目；演奏乐器	抽象思维；解数学题；复杂计算；使用显微镜；看懂说明书	素描；画画；唱歌；舞蹈；设计服装；室内装潢；写文章、诗歌；音乐	教授训练他人；表达自己；领导小组讨论；调解争端；善于合作	发起活动；说服人；销售商品或推广主张；组织活动；领导一群人	在一个系统内工作；有条不紊保留精确记录；使用计算机；起草商业信函
相关职业	空调技工；考古学家；建筑制图师；体育教练；汽车工程师；汽车修理工；烘烤师、厨师；木匠；飞机驾驶员；建筑工人；牙科助手；电气工程师；光缆技师；花卉设计师；林业工人；工艺美术教师；配光师；石油化工工程师；警官；家电维修工；软件技工；卡车司机；超声波技师	保险统计员；麻醉师；人类学家；考古学家；生物化学家；生物学家；化学工程师；化学技师；计算机分析师；计算机程序员；牙医；生态学家；经济学家；地质学家；有害废物处理技师；医疗技师；护士；内科医生；心理学家；统计师；技术撰稿人；兽医；网站管理员	演员；艺术家；电视广播高级主管；摄像师；服装设计师；广告词撰写人；舞蹈演员；艺术教师；英语教师；时装设计师；时装图解员；家具设计师；平面设计师；室内装潢设计师；新闻从业人员；景观设计师；图书馆员；医疗图解员；博物馆管理员；音乐家；摄影师；作家	航空控制员；体育教练；牧师；学院教师；消费者关系经理；美容师；咨询顾问；牙科保健师；历史学家；家庭主妇；医院行政主管；邮递员；医疗记录管理员；护士；职业病理疗师；法律辅助人员；警察；放射技师；房地产估价师；教师；社区工作人员；语言病理学家；青少年服务人员	广告高级主管；汽车推销员；银行家；理财师；采购员；保险理赔员；计算机管理员；信贷经理；牙医助理；金融理财师；航空乘务员；餐厅经理；殡仪馆主持；旅馆经理；生产工程师；保险经纪人；新闻工作者；律师；办公室行政经理；政治家；公共关系代表；房地产经纪人；股票经纪人；城市规划师	会计师；行政助理；银行职员；预算分析师；建筑检验员；商业教师；图书目录；管理员；保险理赔员；计算机操作员；成本会计；议员；地区助理；法院文书；海关检验员；小学教师；金融分析师；保险员；审计员；法律秘书；医疗记录技师；税务顾问；旅行代理

任务 2　分析职业环境

任务描述

根据自己所处的环境，进行相应的职业环境分析。

任务实施

（1）行业趋势分析　请写出 3 个你有兴趣的行业名称，列举能证明该行业发展前景的有关资料，填入表 8-3。

表 8-3 行业趋势分析表

趋势分析 / 行业名称	主要优势列举		
	发展政策优势	发展机会优势	其他优势
行业 1			
行业 2			
行业 3			

（2）行业 SWOT 分析　请从表 8-3 中选择你最有兴趣和背景条件的行业进行分析，填入表 8-4。

（注：职业背景条件指家乡的地理位置、家长和近亲的职业圈、亲人的职业人脉、祖传的技术或绝技等外部职业发展资源）

表 8-4　SWOT 分析表

优势： 1. 2. 3.	劣势： 1. 2. 3.
机会： 1. 2. 3.	威胁： 1. 2. 3.

任务分析

职业生涯不是几年的工夫，而是几十年的光景，必须面对时代的变迁，在时间的面前谁都是个孩子。无论自己处于什么年龄阶段，都要积极吸取时代变革中新的事物和技术，防止被时代甩在后面。

任务 3　设计职业生涯规划方案

任务描述

根据自己的职业发展需要，设计一份饭店员工的职业生涯规划方案。

任务实施

职业生涯规划方案的主体是职业生涯发展的规划书，见表 8-5。

表 8-5 职业生涯发展规划书

填写日期：

姓　　名	性　　别	年　　龄	所 学 专 业	所 在 班 级	家庭所在地

个性特征测试结果（我喜欢做什么？）	
职业兴趣与职业倾向	
性格与职业倾向	
能力与职业倾向	
个性特征自我描述（我是谁？）	
适合我的职业定向（我喜欢做什么？）	
例如：同学对我的评价：你最适合当律师啊！（常用语）	
同学评价	
老师评价	
朋友评价	
父母评价	
其他评价	

职业长期目标定向和定位的 SWOT 分析结果（我能够做什么？）				
目标行业	第一目标	第二目标	第三目标	
目标产业				
目标职业				
目标岗位				
职业生涯发展规划阶段分解目标（我的职业价值观是什么？）				
1. 学习目标	近　　期	中　　期	长　　期	
学历				
职业资格证				
其他				
2. 收入目标	起薪	职务或职称收入	职业总收入	
职业收入				
其他				
3. 家庭目标	找对象时间段	结婚时间段	住房	老人
4. 职务目标	职务岗位	晋升岗位	职务总目标	
5. 职称目标	初级职称	中级职称	高级职称	专家
6. 健康目标	健康途径	保健途径	医疗途径	应急措施

（续）

姓　　名	性　　别	年　　龄	所 学 专 业	所 在 班 级	家庭所在地

职业生涯发展道路（如何实现我的职业理想？）			
职业道路选择	红____黄____蓝____		
理由 1			
理由 2			
理由 3			
路径选择	升学____考公务员____出国____创业____考职业资格证____ SOHO____		
路径 A			
路径 B（备用）			
路径 C（急用）			
职业生涯保健期（列出时间周期）			
在校期间学习生涯规划（我现在的从何做起？）			
1．课程目标	列出重点必修课	列出相关选修课	列出学习方式
	1． 2． 3．	1． 2． 3．	
2．职业资格目标	列出证书名称		考证期限
	1． 2． 3．	1． 2． 3．	第　学期 第　学期 第　学期
3．职业素质目标	课外学生社团选择	参加竞赛项目选择	假期社会实践内容选择
	1． 2． 3．	1． 2． 3．	
4．健康目标			
心理健康方面			
身体健康方面			
竞技方面			
其他有关职业规划要说明的内容			
职业生涯规划心得：			
导师的评语与建议：			

任务分析

职业生涯规划是一个清晰自我发展路径的过程，也是一个需要随着环境和条件的变化不断调整的过程，不会一劳永逸。所以，最初制定职业生涯规划时，可以根据自己的实际情况选择短期或中期的规划。制定职业生涯规划一般要经过以下 3 步：

（1）以“刺猬原则”进行职业定向　职业定向是职业生涯设计的开始，越早越有利于职业能力的积累，职业成功机会也更大。职业定向贯穿在小学、中学、大学、工作整个时期。有的人从小就明确自己将来要做什么，有的人工作一段时间以后才逐渐了解自己适合做什么。职业定向早，可以在年轻时就有针对性地加强学习与职业准备，使自己从事理想职业的机会增加。

职业定向的关键是明确自己的兴趣、能力和性格，以最大限度地提升职业核心竞争力为目的。美国著名管理学家柯林斯教授的著作《从优秀到卓越》中把人分成狐狸型和刺猬型两种，狐狸型的人同时追求不同的目标，方向多变，没有重点，没有主见。刺猬型的人把复杂的事化为简单的系统化观念，目标明确，专心致志。正确的职业定向应该运用刺猬原则，将职业测评的结果即个人兴趣、能力、性格三者的交叉部分，确定为自己未来的职业选择方向。

（2）用 SWOT 竞争分析法进行职业目标定位

（3）选择职业生涯的三条发展路径

（4）制定职业生涯计划书

相关知识

一、职业生涯规划设计的基本概念

1．职业生涯

所谓职业生涯，是指一个人一生的工作经历，特别是职业、职位的变动及工作理想实现的整个过程。

2．职业生涯规划设计

职业生涯规划设计，是指组织或者个人把个人发展与组织发展相结合，对决定个人职业生涯的个人因素、组织因素和社会因素等进行分析，制定有关个人一生中在事业发展上的战略设想与计划安排。

3．职业生涯规划设计的分类

按照时间的长短来分类，职业生涯规划设计可分为人生规划、长期规划、中期规划与短期规划 4 种类型。见表 8-6。

表 8-6　职业生涯规划设计的分类

类　型	时　间	任　务	类　型	时　间	任　务
人生规划	40 年左右	设定整个人生的发展目标	中期规划	2～5 年	设定明确的目标和任务
长期规划	5～10 年	设定较长远的目标	短期规划	2 年以内	主要明确具体的目标和任务

二、职业生涯规划设计的意义

小资料 **走出沙漠**

有一位探险家在撒哈拉大沙漠中发现了一个小村庄，令他奇怪的是，在此之前从没有任何人说起过这个地方，而这里的村民居然对沙漠之外的世界也一无所知。他就问村民为什么不走出沙漠看一看，村民的回答是：走不出去！原来自从他们的祖先定居此地之后，每隔几年就会有人试图走出沙漠去，但不管朝哪一个方向行进，结果都一样：绕一个大圈子之后又回到了村子里，没有一次例外！

探险家感觉非常有趣，他走过无数的地方，这样的情况还是头一次遇到。于是他决定做一个实验，邀请一位村里的青年做向导，收起自己的先进仪器，跟在青年身后走进了沙漠。11 天之后，他们两人果然在绕了个大圈子之后回到了村子里！尽管如此，探险家却已经明白是怎么回事了。

几天之后，当探险家准备离开时，他找到了上次和他合作的那位青年，对他说："你按照我的办法，一定能走出沙漠！这个办法很简单——白天睡觉晚上走。但千万记住，一定要对着北方天空最亮的那颗星星走，绝对不能改变方向！"

探险家离开了村子，半信半疑的青年最后决定照着探险家的方法试一试。果然，只不过用了 3 个夜晚，他真的走出了大沙漠！

原来，村民们之所以走不出大沙漠，是因为他们根本就不认识北斗星！他们没有朝着一个目标努力！

思考：什么是职业目标？

1. 对个人

（1）以既有的成就为基础，确立人生的方向，提供奋斗的策略。

（2）突破并塑造全新充实的自我。

（3）准确评价个人特点和强项。

（4）评估个人目标和现状的差距。

（5）准确定位职业方向。

（6）重新认识自身的价值并使其增值。

（7）发现新的职业机遇。

（8）增强职业竞争力。

（9）将个人、事业与家庭联系起来。

2. 对公司

（1）可以更深入地了解员工的兴趣、愿望、理想，以使他能够感觉到自己是受到重视的人，从而发挥更大的作用。

（2）由于管理者和员工有时间接触，使得员工产生积极的上进心，从而为单位的工作作出更大的贡献。

（3）由于了解了员工希望达到的目的，管理者可以根据具体情况来安排对员工的培训。

（4）可以适时地用各种方法引导员工进入单位的工作领域，从而使个人目标和单位的目标更好地统一起来，降低员工的失落感和挫折感。

（5）能够使员工看到自己在这个单位的希望、目标，从而达到稳定员工队伍的目的。

三、职业生涯发展周期

每个人的职业生涯发展都需要经过几个阶段，个人需要依据职业生涯发展周期调整个人的知识水平和职业偏好。尽管从原则上可以把个人的职业生涯发展周期分为5个阶段，即成长阶段、探索阶段、确立阶段、维持阶段和下降阶段，但是并不是每个人的职业生涯发展周期都是一样的，每个人都会有自己的特点。

1．成长阶段

成长阶段大体上可以界定为从一个人出生到14岁这一年龄段上。在这一阶段，个人通过对家庭成员、朋友以及老师的认同以及与他们之间的相互作用，逐渐建立起自我的概念。角色扮演在这一阶段的开始是极为重要的，儿童将尝试各种不同的行为方式，而这使得他们形成了人们如何对不同的行为作出反应的印象，并且帮助他们建立起一个独特的自我概念或个性。到这一阶段结束的时候，进入青春期的青少年（在这个时候人们已经形成了对自己的兴趣和能力的某些基本看法）就开始对各种可选择的职业进行带有某种现实性的思考了。

2．探索阶段

探索阶段大约发生于一个人的15～24岁这一年龄段上。在这一阶段中，个人将认真地探索各种可能的职业选择。人们试图将自己的职业选择与自己对职业的了解以及通过学校教育、休闲活动和工作等途径中所获得的个人兴趣和能力匹配起来。在这一阶段的开始时期，人们往往作出一些带有试验性质的较为宽泛的职业选择。然而，随着个人对所选择职业以及对自我的进一步了解，人们的这种最初选择往往会被重新界定。到了这一阶段结束的时候，一个看上去比较恰当的职业就已经被选定，人们也已经做好了开始工作的准备。

3．确立阶段

确立阶段大约发生在一个人的24～44岁这一年龄段上，这一阶段是大多数人工作生命周期中的核心部分。有些时候，个人在这期间（通常是希望在这一阶段的早期）能够找到合适的职业并随之全力以赴地投入到有助于自己在此职业中取得永久发展的各种活动之中。人们通常愿意（尤其是在专业领域）早早地就将自己锁定在某一已经选定的职业上。然而，在大多数情况下，在这一阶段人们仍然在不断地尝试与自己最初的职业选择所不同的各种能力和理想。

4．维持阶段

到了45～65岁这一年龄段上，许多人就很简单地进入了维持阶段。在这一阶段的后期，人们一般都已经在自己的工作领域中为自己创立了一席之地，因而人们的大部分精力主要就放在保有现有位置上了。

5．下降阶段

当临近退休的时候，人们就不得不面临职业生涯中的下降阶段。在这一阶段中，许多人都不得不面临这样一种前景：接受权力和责任减少的现实，学会接受一种新角色，学会成为年轻人的良师益友。再接下去，就是几乎每个人都不可避免地要面对的退休，这时，人们所面临的选择就是如何度过原来用在工作上的时间。

四、职业锚

1. 职业锚含义

职业锚理论产生于在职业生涯规划领域具有“教父”级地位的美国麻省理工大学斯隆商学院、美国著名的职业指导专家埃德加·H·施恩（Edgar. H. Schein）教授领导的专门研究小组，是对该学院毕业生的职业生涯研究中演绎成的。斯隆管理学院的44名MBA毕业生，自愿形成一个小组接受施恩教授长达12年的职业生涯研究，包括面谈、跟踪调查、公司调查、人才测评、问卷等多种方式，最终分析总结出了职业锚理论，又称职业定位理论。

所谓职业锚，又称职业系留点。锚，是使船只停泊定位用的铁制器具。职业锚，实际上就是人们选择和发展自己的职业时所围绕的中心，是指当一个人不得不作出选择的时候，他无论如何都不会放弃的职业中的那种至关重要的东西或价值观，它是自我意向的一个习得部分。个人进入早期工作情境后，由习得的实际工作经验所决定，与在经验中自省的动机、价值观、才干相符合，达到自我满足和补偿的一种稳定的职业定位。职业锚强调个人能力、动机和价值观三方面的相互作用与整合。职业锚是个人同工作环境互动作用的产物，在实际工作中是不断调整的。

了解职业锚的概念，要注意几个方面：

（1）职业锚以员工的工作经验为基础。职业锚发生于早期职业阶段，新员工已经工作若干年，习得工作经验后，方能够选定自己稳定的长期贡献区。个人在面临各种各样的实际工作生活情境之前，不可能真切地了解自己的能力、动机和价值观以及在多大程度上适应可行的职业选择。因此，新员工的工作经验产生、演变和发展了职业锚。换句话说，职业锚在某种程度上由员工的实际工作所决定，而不只是取决于潜在的才干和动机。

（2）职业锚不是员工根据各种测试出来的能力、才干或者作业动机、价值观，而是在工作实践中，依据自省和已被证明的才干、动机、需要和价值观，现实地选择和准确地进行职业定位。

（3）职业锚是员工自我发展过程中的动机、需要、价值观、能力相互作用和逐步整合的结果。

（4）员工个人及其职业不是固定不变的。职业锚，是个人稳定的职业贡献区和成长区。但是，这并不是意味着个人将停止变化和发展。员工以职业锚为其稳定源，可以获得该职业工作的进一步发展，以及个人生物社会生命周期和家庭生命周期的成长、变化。此外，职业锚本身也可能变化，员工在职业生涯的中、后期可能会根据变化了的情况，重新选定自己的职业锚。

2. 职业锚类型

（1）技能型职业锚　技能型职业锚雇员具有特有的职业工作追求、需要和价值观，强调实际技术或某项职能业务工作，热爱自己的专业技术或职能工作，注重个人专业技能的发展，一般多从事工程技术、营销、财务分析、系统分析、企业计划等工作。

（2）管理型职业锚　管理型职业锚雇员愿意担负管理责任，且责任越大越好。他们与不喜欢甚至惧怕全面管理的技能型职业锚的人不同，他们倾心于全面管理，掌握更大权力，肩负更大责任。具体的技术工作或职能工作仅仅被看作通向更高、更全面管理层的必经之路。他们从事一个或几个技术职能工作，只是为了更好地展现自己的能力，是获取专职管理权之必需。

（3）创造型职业锚　创造型职业锚是定位很独特的一种职业锚，在某种程度上，它同其他类型的职业锚有重叠。追求创造型职业锚的人要求有自主权、管理能力，能施展自己的才干。但是，这些不是他们的主动机、主价值观，创造才是他们的主要动机和价值观；

（4）安全型职业锚　安全型职业锚又称作稳定型职业锚，职业的稳定和安全，是这一类职业锚雇员的追求、驱动力和价值观。他们的安全取向主要为两类：一类是追求职业安全，主要是在一个给定组织中成为稳定的成员资格，例如大公司组织安全性高，作其成员稳定系数就高；另一类是注重情感的安全稳定，包括一种定居、使家庭稳定和使自己融入团队的感情。

（5）自主型职业锚　自主型职业锚又称作独立型职业锚，这种职业锚雇员的特点是，最大限度地摆脱组织约束，追求能施展个人职业能力的工作环境。他们认为组织生活太限制人，是非理性的，甚至侵犯个人私生活。他们追求自由自在、不受约束或少受约束的工作生活环境。

课外阅读

案例1　哈佛：一次关于人生目标的调查

有一年，一群意气风发的天之骄子从美国哈佛大学毕业了，他们即将开始穿越各自的“玉米地”，他们的智力、学历、环境条件都相差无几。在临出校门时，哈佛对他们进行了一次关于人生目标的调查。结果是这样的：

27%的人，没有目标；

60%的人，目标模糊；

10%的人，有清晰但比较短期的目标；

3%的人，有清晰而长远的目标。

以后的25年，他们将穿越玉米地。

25年后，哈佛再次对这群学生进行了跟踪调查。结果又是这样的：

3%的人，25年间他们朝着一个方向不懈努力，几乎都成为了社会各界的成功人士，其中不乏行业领袖，社会精英；

10%的人，他们的短期目标不断地实现，成为各个领域中的专业人士，大都生活在社会的中上层；

60%的人，他们安稳地生活与工作，但都没有什么特别成绩，几乎都生活在社会的中下层；

剩下的27%的人，他们的生活没有目标，过得很不如意，并且常常在抱怨他人、抱怨社会、抱怨这个“不肯给他们机会”的世界。

其实，他们之间的差别仅仅在于：25年前，他们中的一些人知道为什么要穿越玉米地，而另一些人则不是很清楚甚至根本不清楚。

通过阅读这个故事，你认为职业生涯设计的核心是什么？思考一下，你的职业目标是什么，打算如何去实现它？

案例 2　漳州职业技术学院旅游专业某学生的职业生涯规划设计

姓名：小陈

学校：漳州职业技术学院

专业：旅游管理

前言

我是漳州职业技术学院旅游与酒店管理系一名旅游管理专业大二学生。我自认为自己只是一只小猪猪，没有他人的 EQ 和 IQ，也没有他人的运气，更没有他人的背景，所以我常常告诉自己：想要成功，就必须比别人付出更多的努力。所以，我也一直很努力地去奔跑。

如今的社会，是一个就业竞争异常激烈的社会。而且，这个时代对于 90 后的不好呼声，让我不得不开始思考自己未来的就业——在机遇与挑战粉墨登场中，我该扮演怎样的一个角色呢？突然，想起自己过往岁月里的点点滴滴，觉得自己很不自信，很多的事不敢放手大胆地去做，而且做事时精力不够集中、效率不高，待人接物的态度也不够端正。

青春只有短短的几年，如果我不从现在开始改变自己的这种糟糕状态，抓紧时间多学点知识充实自己，那么，我将会虚度我余下的大学生活。同时，在以后的社会中，我也将没有什么资本可以让我去与他人竞争，所以我决定要好好地设计自己的大学，并进行职业生涯规划。我在充分识别自我、认识自我、评定自我的基础上，制定可行的规划，明确可行的目标，为实现成功的人生奠定坚实的基础。

我的职业生涯规划书包括了我对职业岗位的分析，我现在所读专业的未来就业方向分析，以及我感兴趣的职业方向等的分析。在此基础上，我对自己进行了彻底的剖析。首先，我分析了自己的性格、家庭环境、我现在所处的环境；然后，通过职业分析，分析自己今后应该在怎么样的岗位上就业，是符合自己性格、兴趣呢，还是与自己现在所学的专业对口。由于计划赶不上变化，所以最后我给自己设置了一些弹性的评估调整规划，以便适应未来复杂多变的社会。

一、分析职业岗位

根据我对旅游管理专业的理解和我的个人兴趣，我分析了自己未来的就业方向，大致如下：

旅行社：导游、计调、销售

酒店：大堂经理、部门经理、销售经理

旅游局：公务员

其他：新闻工作者等。

二、自我分析

当我在确定目标之前，我做了一番自我盘点。用“不妄自菲薄，不随意浮夸”的态度看待自己，清楚地知道自己在社会中所扮演的角色，以及自己的优势和劣势。

1．职业兴趣

我的人才素质测评报告中，职业兴趣前三项分别是管理型（30）、研究型（22）、社会型（21）。

我的个人风格是：主动大胆，富有冒险精神，喜欢从事有挑战性的工作，倾向于从事管理方面的工作。我有个人见解，喜欢别人按照自己的指示行事，也喜欢按照自己的意见去影响他人，不愿意受制于人，见下表。

类型名称	得　　分	类型解释
管理型	30	乐观主动，好表达意见，有管理才能
研究型	22	思维缜密，擅长分析，倾向于创新
社会型	21	为人热情，擅长与人沟通，人际关系佳
常规型	13	忠实可靠，情绪稳定，缺乏创造力，遵守秩序
现实型	11	做事踏实，为人安分，不擅长社交
艺术型	9	思维活跃，创造力丰富，感情丰富

2．**职业能力**

我的具体情况是：管理能力、经营能力还不错，行动能力需要进一步加强。

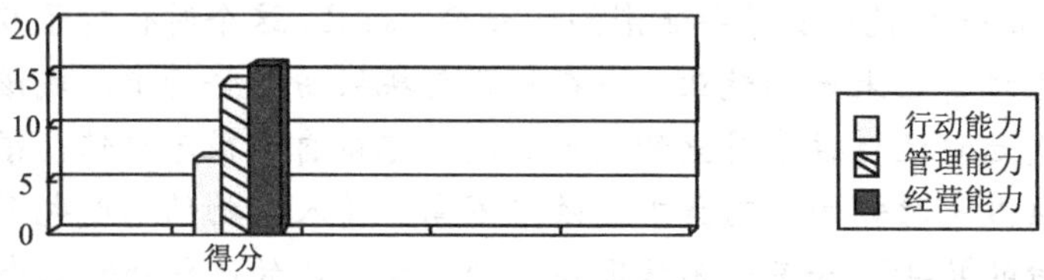

职业能力水平对管理人员或专业性工作效率的影响很大，高的职业能力水平是优秀领导者的必要条件。调查发现，作为领导者，职业能力水平要求在中上水平，一般管理者智力在中等偏上水平，而职业能力水平较低者，可以担任基层管理，但在竞争中则可能处于劣势。我的能力测试显示：我的行动能力（7）、管理能力（14）、经营能力（16），可以成为一个管理人员，但想要成为高级的管理人员还需进一步的学习与努力。

3．**个人特质**（或性格特征）

我的性格测试显示：我是一个吸引人的冒险家。（我有着令人兴奋的、高度活泼的、相当容易冲动的个性；我是一个天生的领袖人物，是一个做决定很快的人，虽然我的决定不总是对的，但是我大胆，喜欢冒险且愿意尝试任何事情至少一次，是一个很愿意尝试机会且欣赏冒险的人。因为我的身上散发着“刺激”的味道，所以大家都喜欢和我一起。

现实中的我是：活泼开朗，性格乐观向上，喜欢与他人交流。责任心强，喜欢探索与创新，很多事情都有属于自己的新奇想法，喜欢不断尝试新鲜事物，经常是一个活动的组织者、策划者，能够较好且较快地适应新环境，喜欢管理他人。不管是工作上还是生活上，我都一样不喜欢受拘谨，不受制于人，喜欢按着自己的思维去生活、去工作，同时，不喜欢繁琐、一成不变的工作，所以我想自己开酒店，自己去挑战未来社会的风风雨雨，哪怕最后会跌得头破血流，我也愿意。我，就是我，就是这样一个无拘无畏的人。

三、职业分析

1．**家庭环境分析**

家庭条件谈不上十分宽裕，但是也可以让我衣食无忧。父母皆是普通的工人，姐姐是会计专业毕业，现在在泉州上班，弟弟在厦门理工学院读外语专业。父亲一直期望我可以学习会计专业，因为那样意味着我将有机会可以在以后不用很辛苦，可以进入银行工作。

2．**学校环境分析**

我所学的是旅游管理专业。我们学院的这个专业致力于培养专业基础扎实、知识面宽、能力强、素质高、富有时代特征和创新精神的中高级旅游管理应用型、复合型人才。几年来，学院始终坚持以就业为导向，强化学生职业素养的养成，重视提升学生职业技能水平，建设有茶艺、模拟旅行社、模拟导游、形体、餐厅、前厅客房等校内实训室，并建设了一批稳定的校外实训基地，与周边地区各高星级酒店和旅行社建立了长期合作关系，为学生的实习及就业创造良好条件。学生的就业方向是：可从事国内、国际旅行社导游，旅行社业务，餐饮服务，酒店接待，高级宾馆酒店中级管理，航空业，相关旅游接待工作，以及政府机关、涉外企事业办公室等工作。

3．社会环境分析

（1）经济环境分析

2010 年全年，我国国内生产总值 397 983 亿元，比 2009 年增长 10.3%。其中，第一产业增加值 40 497 亿元，增长 4.3%；第二产业增加值 186 481 亿元，增长 12.2%；第三产业增加值 171 005 亿元，增长 9.5%。第一产业增加值占国内生产总值的比重为 10.2%，第二产业增加值比重为 46.8%，第三产业增加值比重为 43.0%。“十一五”期间，我国国内生产总值的复合增长率为 11.2%，至 2015 年年平均将增长 7%，服务增加值比重将增加 4 个百分点达到 47%。数据表明中国宏观经济形势依然良好。

2010 全年城镇居民人均可支配收入 19 109 元，实际增长 7.8%。城镇居民家庭食品消费支出占消费总支出的比重为 35.7%。据统计，“十一五”期间中国城镇居民人均可支配收入年均增长 9.7%，随着人民收入水平的提高，旅游业也将迎来其发展的黄金期，见下表。

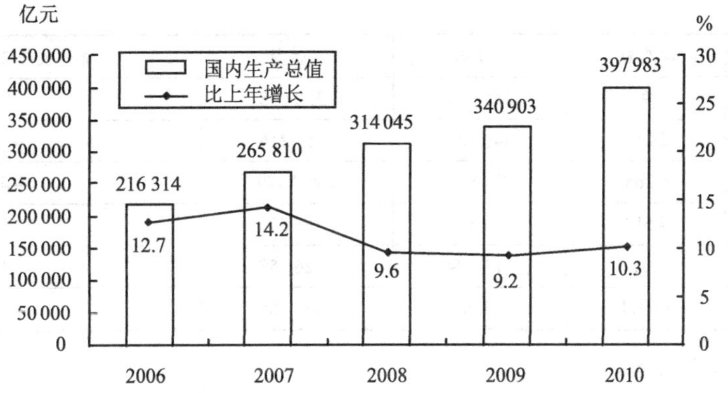

2006-2010 年国内生产总值及其增长速度

（数据来源：国家统计局）

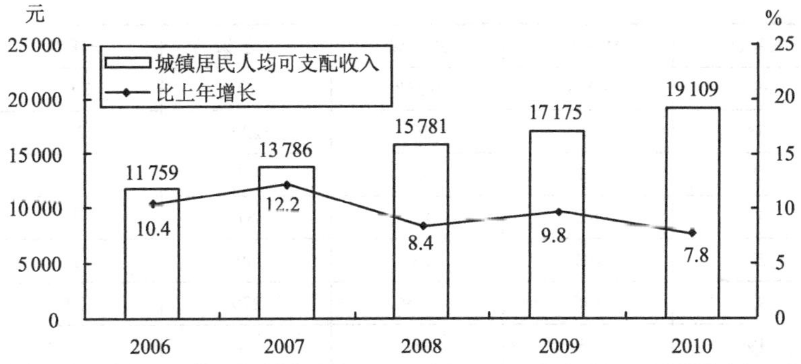

2006-2010 年城镇居民人均可支配收入情况

（数据来源：国家统计局）

（2）旅游酒店业分析

《关于加快发展旅游业的意见》获得国务院通过，对于旅游产业的重视首次上升到中央战略级别，国家有意把旅游业培育成国民经济的战略性支柱产业，这对国家产业结构调整和包括旅游在内的整个大消费崛起有相当的导向作用。2010 年 12 月 29 日，国家旅游局、中国银行在京签署了《支持旅游产业发展合作备忘录》，中国银行将在遵循国家法律法规、金融政策和市场化原则的前提下，利用自身“全产品、全平台、全方位”整体优势，与国家旅游局共同探讨支持旅游产业发展的有效途径和机制，积极探索构建旅游项目评价标准体系，为国内各类旅游者、旅游企业提供完善的金融服务。

根据国家旅游局的统计，截至 2010 年年底，全国共有酒店 13 991 家，客房数 1 709 966 间，床位数 2 981 277 张。其中，五星级酒店 595 家，客房数 218 064 间；四星级酒店 2 219 家，客房数 449 207 间。

1）星级酒店结构（按性质）

2010 年年底按注册登记类型划分，在全国 13 991 家星级饭店中，国有饭店 4 713 家，占全国星级总数的 33.69%；集体饭店为 590 家，占 4.22%；港澳台投资饭店为 298 家，占 2.13%；外商投资饭店为 274 家，占 1.96%；联营、股份、私营等其他注册登记类型的饭店共有 8 116 家，占全部星级饭店总数的 58.01%，见下表。

（单位：家）

2010 年	酒店数	客房数	床位数	酒店数与 2009 年相比
五星级	595	218 064	330 068	95
四星级	2 219	449 207	751 216	+235
三星级	6 268	714 850	1 284 670	+451
二星级	4 612	313 871	588 516	−763
一星级	297	13 974	26 757	−138
合　计	13 991	218 064	330 068	−120

（数据来源：国家旅游局）

2）地区星级酒店数（按规模）

2010 年星级饭店数量分布情况

（单位：家）

地区	五星级	四星级	三星级	二星级	一星级	总数
全国	595	2 219	6 268	4 612	297	13 991
北京	58	131	261	232	26	708
天津	10	34	46	17	2	109
上海	43	63	123	67	2	298
福建	23	101	197	89	1	411
广东	92	195	649	229	10	1 175
海南	19	53	99	27	6	204
云南	15	62	199	448	42	766

（数据来源：国家旅游局）

3）中国酒店管理集团规模

中国酒店管理集团规模统计表

排序	集团名称	客房/间	饭店/家
1	锦江国际	105 149	703
2	开元集团	24 610	83
3	港中旅酒店	23 964	74
4	金陵酒店	23 057	92
5	首旅建国	20 283	67
6	山东蓝海	16 239	51
7	碧桂园凤凰城	15 707	50
8	岭南国际	14 511	55
9	雷迪森旅业	13 782	70
10	湖南华天	13 266	63
11	国宾友谊	12 346	37
12	世贸君澜	12 032	42
13	粤海国际	12 024	41
14	河南中州	11 998	62
15	岷山饭店	10 132	69
16	阳光酒店	9 698	53
17	宁波南苑	9 566	69
18	山东银座	8 585	66
19	陕西旅游	7 810	46
20	世纪金源	7 400	16
21	天伦国际	7 105	28
22	凯莱国际	6 754	27
23	上海衡山	6 504	26
24	东方嘉柏	5 606	18
25	福建中旅	5 580	29
26	杭州旅游	5 121	31
27	深航酒店	4 983	24
28	福州西湖	4 496	24
29	四川锦江	4 298	15
30	浙江旅游	4 041	18
	总计	426 647	2 049

（数据来源：国家旅游局）

从总体存量上看，多数集团在2010年实现了规模上的快速增长。根据《Hotels》杂志2010年10月发布的最新全球酒店集团规模排名，锦江国际、港中旅、金陵集团和首旅建国4个集团均入围前50名，在规模上向国际水平进一步靠拢，形成了我国本土酒店集团的第一阵营；而客房数量在1万至2万间之间的集团有10个，它们的客房总数为132 037间，占30个集团客房总数的30.9%，组成了我国本土酒店集团的第二阵营；还有15个集团客房数量尚不足1万间，仍有较大的发展空间，但是同时也说明，我国酒店产业结构仍未形成产业规模壁垒。

4. 职业环境分析

（1）随着国家改革开放的政策和旅游业的持续较快发展，我国的旅游业在未来十几年的历史时期内将再一次迎来历史性的大发展，而作为旅游业基础产业之一的酒店业也将获得空前大发展的机遇。

（2）经济全球化的进程将进一步促进国内外酒店集团在本土的竞争。

（3）连锁化、集团化将是较长时期内中国酒店业的发展方向。

（4）民营企业将在中国酒店业扮演举足轻重的角色。酒店业是竞争性极强的行业，国家的政策是：国有资产将有选择性地逐步退出酒店领域，并在3～5年内减少国有资产在酒店领域的市场占有率。因此，民营企业将是中国未来酒店业市场的主力军。国家在政策法规、金融环境和维护公平有序的市场竞争环境等方面所提供的支持，都有利于民营企业的发展。这些因素都为民企介入酒店业提供了良好的宏观环境。

（5）酒店人力资源的现状：人力资源供过于求，人才资源供不应求。今后若干年饭店业较为紧缺的人才主要有3类：一是酒店企业经营管理需要的常规人才，如高层管理者，从事人力资源管理与开发、市场营销、物业管理等人才；二是随着饭店业发展需要的一些新的专业人才，如从事电子商务、分时度假饭店网络管理、饭店资本运营等人才；三是在未来社会竞争需要的创造型、复合型、协作型人才。我认为我的条件与兴趣比较适合旅游管理中的饭店管理人员。

5. SWOT分析

S（优势点）	W（劣势点）
●有较强的综合技能，书面、口头表达能力出色 ●专业基础扎实，形式以旅游专业学科为核心、其他相关学科为补充的合理知识结构 ●对一些区域文化有一定的了解 ●有创新精神，能用新方法、新的观点影响他人 ●智商、情商较高	●旅游区域性的知识较为匮乏，需进一步增加综合知识弥补自身弱点 ●外语水平一般，英语口语及听力水平一般
O（机会点）	**T（威胁点）**
●社会对旅游专业人才有巨大的需求 ●卖方市场到买方市场的进一步转化，促使旅游业成为社会工作中的重中又重 ●旅游专业是近来新兴的专业方向 ●旅游学院旅游专业为重点专业，社会各界看好	●名牌大学旅游管理专业的毕业者有专业基础，较宽的知识面，有较强综合技能，认同旅游的价值 ●非名牌大学旅游管理专业者综合技能一般，无专业基础，难以认同旅游的价值

综上所述，伴随着旅游业的不断发展，酒店行业一定会吃香的，所以我完全可以进入酒店从基层做起，然后一步步地去晋升自己，从而为自己积累经验，积累资金，等到经验、资金足以担负的时候，我就自己出来开办一家酒店。

四、职业定位

分析了我的性格爱好和我现在所处的家庭以及社会环境后，现在我要给自己的职业做出选择和目标定位。

1. 职业选择

职业选择	成为酒店管理者
理由	未来酒店方向的就业前景乐观，而且专业对口，有一定的专业技能，并且我兴趣于从事管理工作
路径选择	面对未来的就业市场，我不知道考研究生是否一定就会很好，也不知道大专毕业就出来工作是否就一定不好。但不管怎么样，我还是想选择先出来工作，挣点经验
路径	考取证书→面试进企业→从基层开始→积累经验、资本→创业→管理者
路径（备用）	考取公务员→面试进入企业→从基层开始→做管理者
路径（急用）	读研究生→增长专业技能→面试进入企业→从基层开始→做管理者

2．职业目标

职业生涯目标	短期目标	考取相关证书	大一上学期至大二下学期
	中期目标	实习、工作	大三一学年至工作第二年
	长期目标	经验积累，创业	工作第二年至工作第四年

五、计划实施

职业定位了，目标也有了，现在就要开始实施计划了。余世维博士说过，目标实现是要分阶段的，所以我要分阶段实施我的目标。

1．细致计划

短期计划	大学第一年（上学期）	准备一下学期的考证
	大学第一年（下学期）	考取英语四级，计算机等级考试
中期目标	大学第二年	导游证，会计证
	大学第三年（上学期）	寻找实习岗位
	大学第三年（下学期）	上岗实习
长期计划	工作第一年	实习，积累经验
	工作第二年	上岗就业
	工作第三年	挣经验，积累资本
	工作第四年	自己创业

2．直观计划

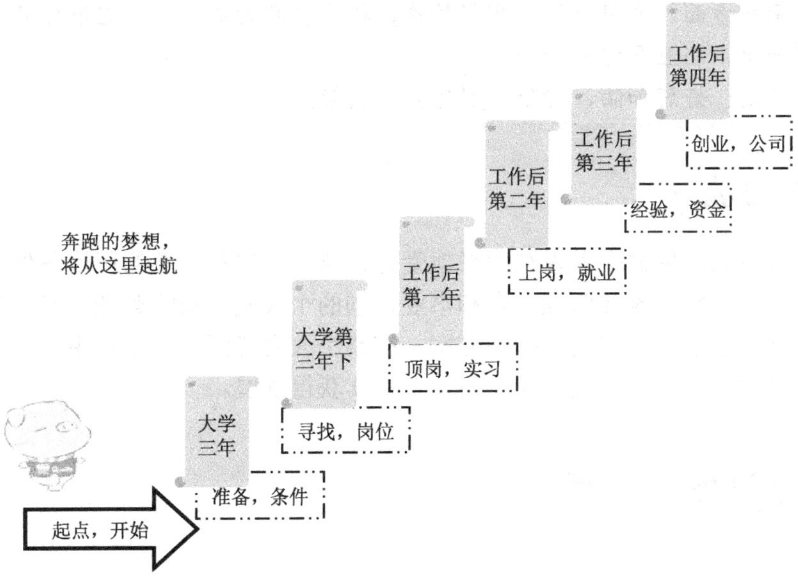

为此，我将做如下的行动：

每天坚持锻炼身体至少 1 小时；

每天坚持练习英语口语至少 1 小时；

大一下学期通过英语 4 级考试；

每年争取保持成绩优秀并拿到奖学金；

大二下学期通过导游证考试；

平时要不断了解时事，尤其是了解旅游行业动态，并及时作出分析；

计划大三到与专业相关的单位实习，向有经验的人学习，投递求职简历；

毕业之后即可找到一份相关工作就业。

六、调整评估

1. 计划调整

调整时间	调整内容	调整理由
第一学年	放弃考取旅游行业资格证书	无法坚持 英语太差
第二学年	转向考取会计证等其他证书	金融行业升温，市场变化 家人希望 兴趣转移 考取导游证等受挫
第三学年	转向专升本	家人安排 就业困难 机遇

2. 评估原则

以自己的兴趣为主，但也会听从家人的意见与安排。

七、结束语——梦想，将从这里起航

确定了职业生涯目标，我就要努力去行动。我知道没有达成目标的行动，目标就难以实现，也就谈不上事业的成功。为达成目标，在工作方面，我计划采取措施，提高工作效率；在业务素质方面，学习知识，掌握技能，提高自身素质能力；在潜能开发方面，我要多参加社团活动，而且要定时检查。

我对自己说：好好加油，猪猪，圆你奔跑的梦。

任务结论

职业生涯规划是依据个人内在的兴趣爱好、能力倾向和外部的环境条件，为自己选择职业方向和职业目标，设计职业教育和事业计划的个人发展战略蓝图，具体体现为实现个人事业目标而确定的行动时间和行动方案。在整个人力资源管理工作中，职业生涯规划工作是培训工作的升华，它的意义在于使员工持续获得发展。

课堂训练与测评

一、动动脑、动动嘴

你的职业兴趣类型测验结果是什么？测试结果是否反映了你本人的真实情况？与你的同桌讨论：哪些测试结果的描述反映了你的真实情况？哪些不符合你的真实情况？

二、动动手

设计一份自己的职业生涯规划书。

参 考 文 献

[1] 姜大源．职业教育学研究新论[M]．北京：教育科学出版社，2007.

[2] 欧盟 Asia-Link 项目“关于课程开发的课程设计”课题组．学习领域课程开发手册[M]．北京：高等教育出版社，2007.

[3] 教育部高等教育司，全国高职高专校长联席会．点击核心——高等职业教育专业设置与课程开发导引[M]．北京：高等教育出版社，2004.

[4] 顾沉珠．饭店人力资源管理实务[M]．南京：东南大学出版社，2007.

[5] 加里·德斯勒．人力资源管理[M]．北京：中国人民学出版社，1999.

[6] 拉尔夫 G 尼科尔斯，等．有效沟通[M]．北京：中国人民大学出版社，2001.

[7] 爱德华·拉齐尔．人事管理经济学[M]．刘昕，译．北京：生活·读书·新知三联书店，2000.

[8] 迈克尔·波特，等．麦肯锡最佳管理[M]．长春：长春出版社，2003.

[9] 大卫·约里克，等．未来人力资源管理：48 位世界思想领袖谈人力资源管理变革[M]．北京：机械工业出版社，2003.

[10] 斯蒂芬 P 罗宾斯．组织行为学[M]．北京：中国人民大学出版社，1997.

[11] 昆德．公司精神[M]．昆明：云南大学出版社，2002.

[12] 彼得·杜拉克．杜拉克管理思想全书[M]．北京：九洲出版社，2001.

[13] 赫伯特 A 西蒙．管理行为[M]．北京：机械工业出版社，2003.

[14] 宏泰顾问．世界级优秀企业的卓越理念[M]．北京：中国纺织出版社，2003.

[15] 斯图尔特·克雷纳．管理百年[M]．海口：海南出版社，2003.

[16] 拉里·博西迪，等．执行——如何完成任务的学问[M]．北京：机械工业出版社，2003.

[17] 拉里 A 萨默瓦，等．跨文化沟通[M]．北京：中国人民大学出版社，2004.

[18] 约翰·科特，等．企业文化与经营绩效[M]．北京：华夏出版社，1997.

[19] 李志刚．饭店人力资源管理[M]．北京：中国旅游出版社，2005.

[20] 贺湘辉，徐明．酒店人力资源管理实务[M]．沈阳：辽宁科学技术出版社，2005.

[21] 李长禄，尚久悦．企业人力资源开发与管理[M]．大连：大连理工大学出版社，2007.

[22] 徐文苑，贺湘辉．饭店人力资源管理[M]．北京：清华大学出版社，2005.

[23] 吴慧，黄勋敬．现代酒店人力资源管理与开发[M]．广州：广东旅游出版社，2005.

[24] 袁继荣．饭店人力资源管理[M]．北京：北京大学出版社，2006.

[25] 栗书河．饭店人力资源管理[M]．北京：旅游教育出版社，2007.

[26] 顾沉珠，田刚，于丽华．饭店人力资源管理实务[M]．南京：东南大学出版社，2007.

[27] 吴中祥，王春林，周彬．饭店人力资源管理[M]．上海：复旦大学出版社，2007.

[28] 文贤．人力资源总监：人力资源管理创新[M]．上海：复旦大学出版社，2005.

[29] 夏兆敢．人力资源管理[M]．上海：上海财经大学出版社，2006.

[30] 陈维政，余凯成．人力资源管理与开发高级教程[M]．北京：高等教育出版社，2004.

[31] 中国就业培训技术指导中心．企业人力资源管理（三级）[M]．北京：中国劳动社会保障出版社，2007.

[32] 韩明，包庆华．人力资源：职务说明与管理制度范本[M]．北京：中国纺织出版社，2007.
[33] 夏宏毅．人力资源管理战略与实务[M]．北京：人民邮电出版社，2007.
[34] 德斯靳，曾湘泉．人力资源管理[M]．10 版．北京：中国人民大学出版社，2007.
[35] 孙宗虎，邹晓春．人力资源管理工作细化执行与模板[M]．北京：人民邮电出版社，2008.
[36] 彭剑锋．人力资源管理概论[M]．上海：复旦大学出版社，2005.
[37] 郑晓明．人力资源管理导论[M]．北京：机械工业出版社，2005.
[38] 孟庆伟．人力资源管理通用工具[M]．北京：清华大学出版社，2007.
[39] 孙宗虎，王瑞永．人力资源管理流程设计与工作标准[M]．北京：人民邮电出版社，2006.
[40] 张德．人力资源开发与管理[M]．3 版．北京：清华大学出版社，2007.
[41] 罗辉，孙宗虎．人力资源管理操作全案[M]．北京：人民邮电出版社，2008.
[42] 刘永安．企业人力资源管理经典案例[M]．北京：清华大学出版社，2007.
[43] 周文霞．职业生涯管理[M]．上海：复旦大学出版社，2004.
[44] 栗书河．饭店人力资源管理[M]．北京：旅游教育出版社，2007.
[45] 李中斌，等．人力资源管理[M]．北京：中国社会出版社，2006.
[46] 袁继荣．饭店人力资源管理[M]．北京：北京大学出版社，2006.
[47] 魏洁文．现代饭店人力资源管理[M]．北京：人民邮电出版社，2006.
[48] 林这，李俊．饭店人力资源管理[M]．2 版．重庆：重庆大学出版社，2007.
[49] 郭防．饭店管理概论[M]．北京：旅游教育出版社，2007.
[50] 陈志学．现代饭店培训[M]．北京：中国旅游出版社，2003.
[51] 徐文苑，贺湘辉．饭店管理概论[M]．北京：北京师范大学出版社，2007.
[52] 邱萍．现代饭店管理概论[M]．北京：北京大学出版社，2007.
[53] 廖钦仁．酒店人力资源管理实务[M]．广州：广东经济出版社，2008.
[54] 王珑，徐文苑．酒店人力资源管理[M]．广州：广东经济出版社，2007.
[55] 胡建宏，刘雪梅．企业管理实务与操作[M]．大连：大连理工大学出版社，2006.
[56] 李宏飞．职业化——21 世纪第一竞争力[M]．北京：新华出版社，2007.
[57] 刘继芳，张艳．大学生职业指导课程实训手册[H]．漳州：漳州职业技术学院，2008.
[58] 李贵强．员工薪酬福利管理[M]．北京：电子工业出版社，2006.
[59] 孙宗虎，宗立娟．薪酬体系设计实务手册[M]．北京：人民邮电出版社，2007.
[60] 廖泉文．人力资源管理[M]．北京：高等教育出版社，2003.
[61] 杨剑．激励导向的薪酬设计[M]．北京：中国纺织出版社，2002.
[62] 王大悟．酒店管理 180 个案例[M]．北京：中国旅游出版社，2007.
[63] 黄英，贺湘辉．新编酒店培训管理[M]．北京：中国人民大学出版社，2006.
[64] 顾英伟，杨春晖．人力资源培训与开发[M]．北京：电子工业出版社，2007.
[65] 马西斯，等．人力资源管理[M]．10 版．北京：北京大学出版社，2004.
[66] 梅洛．战略人力资源管理[M]．吴雯芳，译．北京：中国财政经济出版社，2004.
[67] 诺伊，等．人力资源管理：赢得竞争优势[M]．刘昕，译．5 版．北京：中国人民大学出版社，2005.
[68] Janssens, Maddy. Developing a Culturally Synergistic Approach to International Human Resource Management[J]. Journal of World Business, 2001, 36(4) : 438.

[69] Theodore P Stankl. Supply Chain Collaboration and Logistical Service Performance[J]. Journal of Business Logistics, 2001, 22 (1): 29-49.

[70] A Michael Knemeyer, Paul R Murphy. Evaluating the Performance of Third-Party Hotel Human Resource Arrangements: A Relations Marketing Perspective[J]. Journal of Supply Chain Management, 2004, 40 (1).

[71] Singer, Marc, Maureen Fleming. Effective Human Resource Measurement Techniques[M]. Alexandria, VA: Society of Human Resource Management, 1997.

[72] Pfeiffer, Jeffrey. Human Equation: Building Profits by Putting People First[M]. Cambridge, Mass: Harvard Business School Press, 1998.

[73] Frederick Herzberg. One More Time: How Do You Motivate Employees[J]. Harvard Business Reviews On Motivating People, 2003, (1): 87-96.

[74] Richard Majuka, Timothy Baldwin. Team-Based Employee Involvement Programs: Effects of Design and Administration[J]. Personnel Psychology, 1991, Vol44: 06.

[75] Theodore P Stank, Thomas J Goldsby, Shawnee K Vickery, Katrina Savitskie. Hotel Human Resource Service Performance: Estimating Its Influence on Market Share[J]. Journal of Business Hotel Human Resource, 2003, 24(1).

[76] Britta Gammelgaard, Paul D Larson. Hotel Human Resource Skills and Competencies for Supply Chain Management[J]. Journal of Business Hotel Human Resource, 2001, 22(2).

[77] Gustafsson, Asa. Hotel Human Resource Services as Competitive Means-Segmenting the Retail Market for Softwood Lumber [J]. Silva Fennica, 2003, (37).

[78] Brooks, Mary R. Performance Evaluation of Carriers by North American Hotel Human Resource Service Firms[J]. Transport Reviews, 1999, (19).

[79] Ross L Chapman, Claudine Soosay, Jay Kandampully. Innovation in Hotel Human Resource, Services and the New Business Model: A Conceptual Framework[J]. International Journal of Physical Distribution & Hotel Human Resource Management, 2003, 33(7).

[80] Vijayan, Jaikumar. Hotel Human Resource Outsourcing Creates Opportunities[J]. Compute World, 1999(33).

[81] Thierry Sauvage. The Relationship between Technology and Hotel Human Resource Third-party Providers[J]. International Journal of Physical Distribution & Hotel Human Resource Management, 2003, 33(3): 236.

[82] Michael Knemeyer, Homas M Corsi, Paul R Murphy. Hotel Human Resource Outsourcing Relationships: Customer Perspectives[J]. Journal of Business Hotel Human Resource, 2003, 24(1).

[83] Andy C L Yeung, T C Edwin Cheng, Ling-Yau Chan. From Customer Orientation to Customer Satisfaction: The Gap between Theory and Practice[J]. IEEE TRANSACTIONS ON ENGINEERING MANAGEMENT, 2004, 51(1): 85-97.

[84] Stanley E Fawcett, M Bixby Cooper. Hotel Human Resource Performance Measurement and Customer Success[J]. Industrial Marketing Management, 2000(1).

[85] J Schmitz, K Platts. Supplier Hotel Human Resource Performance Measurement: Indications from a Study in the Automotive Industry[J]. Int J Production Economics, 2004: 89.